Chaque jour,
j’écoute battre mon cœur

DU MÊME AUTEUR
AUX ÉDITIONS J'AI LU

L'amour dans le sang, n° 8060

De cœur inconnu, n° 10362

N'oublie pas de m'aimer, n° 10564

Le 8e ciel, n° 11113

CHARLOTTE VALANDREY

avec Jean Arcelin

Chaque jour, j'écoute battre mon cœur

La force de l'optimisme vrai

TÉMOIGNAGE

J'AI LU

Pour Anne-Marie, mon inoubliable.
Pour que se taisent ces émotions, qui font « sous-vivre ».
Que mes mots réchauffent la solitude.

Avant-propos

Regarder la vérité en face

Vous ne pouvez pas trouver la paix
en évitant la vie.

Virginia Woolf

Éviter la vie, qu'est-ce que ça veut dire ? C'est se mentir, se limiter, vivre ailleurs que dans la vraie vie, dans le passé ou le futur, dans nos peurs, dans une bulle, une illusion, des rêves irréalistes, c'est fuir dans une vie parallèle d'addictions, de compensations quelles qu'elles soient.

Éviter la vie, c'est décider de ne pas faire face à la réalité. C'est passer à côté de sa vie.

Virginia Woolf évoque la paix comme une quête, car elle était en prise à de profonds tourments. La paix pour elle était la définition du bonheur.

La paix m'intéresse, car elle s'oppose à la peur, à la colère, à la culpabilité, tous ces émois du cœur qui font « sous-vivre ».

L'*optimisme vrai*, c'est « ne pas éviter la vie », lui faire face entièrement, y croire en avançant avec courage, vérité et ambition. C'est un optimisme réaliste, efficace, qui s'appuie sur les épreuves de la vie sans endormir l'esprit. Il est fait de vérités incontestables.

Sans optimisme, je serais morte.

Qu'est-ce que la vérité ? « Le dévoilement de soi », affirme Heidegger. N'est-ce pas une belle formule ? Les philosophes sont des poètes, des psychologues !

Dans la même veine, Nietzsche nous dit : « Deviens sans cesse celui que tu es, sois le maître et le sculpteur de toi-même. »

Voilà ce que j'aimerais que nous fassions ensemble dans ce livre.

Que nous nous dévoilions. Que nous devenions celui ou celle que nous sommes. Que nous mettions à jour notre désir de vivre, toutes nos ressources et notre capacité insoupçonnée à surmonter les épreuves. Que nous fassions ensemble un pas vers le meilleur de nous-mêmes.

J'ai vécu bientôt cinquante ans en m'appliquant à moi-même ma propre philosophie, mes propres traitements, mon propre optimisme, façonnés à partir de toutes mes expériences, de toutes mes rencontres et mes lectures. Car j'ai à peu près tout fait, tout tenté pour continuer de vivre, pour chercher « ma vérité ».

J'ai eu recours à toutes les thérapies, médicamenteuses ou non, à toutes les psychothérapies, à toutes les activités de bien-être, à plusieurs philosophies, et même plusieurs religions pour ne garder finalement que ce qui marche pour moi, mon « essence », mon éclairage, ma façon de vivre, de sur-vivre dans le sens de vivre intensément. Tout cela forme ma charlottérapie, mon *optimisme vrai*.

Chaque jour, j'écoute battre mon cœur est mon sixième livre. J'en suis la première surprise. C'est une vraie source de joie de créer avec vous ce lien particulier. Je constate que les mots ont plus de pouvoir que le cinéma. Car les images qu'ils suscitent naissent de votre esprit. Nous sommes deux à faire ce livre, mes mots et votre écho.

Ce livre est différent des autres. Ce n'est pas un roman, pas une autobiographie. C'est un ouvrage de « dévoilement de soi ». Il contient tout ce qui m'a aidée à surmonter les épreuves et m'aide encore à devenir, je l'espère, une meilleure personne.

J'ai décidé de tout dire, mes forces et mes faiblesses, mes heures de gloire et mes bassesses, mes déprimes, mes embellies. Je ne suis pas une prêtresse du bien-être à tout prix, pas une « superwoman » qui crie « c'est génial » et mange sans gluten. Les épreuves « qui ne me tuent pas » ne me rendent pas toujours plus forte. Elles m'abîment aussi. Je le dis et je l'accepte.

Après cinquante ans de cette vie, je ne suis pas plus forte, peut-être plus sage, plus aimante, plus aimable, plus humaine, plus en paix avec moi-même. Je vais mieux, je progresse, j'aime la vie et c'est là l'essentiel. Je suis une femme qui a fait, comme dit ma psy, « comme elle a pu, quand elle a pu ». Une femme meurtrie, comme tant d'autres, qui guérit.

Ce livre ne contient pas la recette du bonheur, car je ne sais pas mentir, mais peut-être quelques-uns de ses ingrédients. D'ailleurs, je n'écris jamais « être heureux », j'écris « être plus heureux ».

Je ne sais pas si l'on peut être durablement heureux, je sais que l'on peut être plus heureux. Comme Confucius, je crois « qu'il n'y a pas de chemin vers le bonheur, que le bonheur c'est le chemin ». Ce n'est pas une cime, un objectif, c'est maintenant si on le veut.

Je crois au bien-être, à la joie, à ces instants nécessaires que l'on peut faire surgir, quelle que soit notre situation.

Je rêve que cet ouvrage vous soit utile, qu'il vous épaule en vous renvoyant le plus juste, le plus tendre, le plus lumineux reflet de vous-même.

Je souhaite qu'il soit une aide pratique pour faire de vous un être plus heureux, un optimiste vrai !

1
Pas d'optimisme sans vérité

Les optimistes et les pessimistes ont
un grand défaut qui leur est commun :
ils ont peur de la vérité.

Tristan BERNARD

L'optimisme seul ne marche pas, ou pas longtemps.
Je le marie toujours à la vérité. Je suis optimiste vraie. Que peut-on construire sans vérité ? Le réel est-il si insupportable qu'il faille le changer ? Faut-il être quelqu'un d'autre que nous-mêmes ? Le bonheur est-il incompatible avec la vérité ?

La vie est vraie. Elle existe. Elle coule à chaque instant autour de nous, en nous. Elle est concrète, palpable, observable. Vivre, c'est être vrai.

C'est dans la vérité que je puise la force d'aller mieux, dans la vérité de mon potentiel que je dévoile et dans la vérité de l'instant présent qui chasse ma peur du futur.

Notre corps instinctif ne croit pas aux sornettes, aux promesses toutes faites, au positivisme à tous crins. Il croit ce qu'il voit, ce qu'il touche, ce qu'il ressent intimement, ce qui est vrai.

Ma vérité était d'être infectée à l'âge de dix-sept ans par un virus mortel. J'allais bien aussi longtemps que je parvenais à oublier cette menace. Je m'attachais à ma stricte vérité : j'étais séropositive, mais en pleine forme. Je croyais à ma survie.

À trente-cinq ans, mon cœur a lâché, épuisé. J'ai été greffée.

De nouveau, je n'ai considéré que ma vérité : un autre cœur battait en moi, la vie continuait.

Dans ces épreuves, j'ai découvert tout mon potentiel, la capacité insoupçonnée de mon esprit à maîtriser mon corps, à l'encourager, à l'aimer malgré tout, à le rassurer en vivant pleinement l'instant présent sans redouter ce futur sombre que l'on me promettait, qui me gâchait la vie sans exister.

Le futur nous obsède alors qu'il ne vit pas encore. Il n'est pas « vrai ». Nous le construisons en explorant toutes les ressources du temps présent, de notre esprit et de la vérité.

À dix-sept ans, la médecine me donnait six mois à vivre. C'était faux. Cette année, j'aurai cinquante ans. Mon espérance de vie, je la dois d'abord à moi-même, à mon *optimisme vrai*.

La vérité mène au bien-être quand on l'accepte, quand on la regarde avec bienveillance, quand on en fait une force.

Les mensonges émiettent l'âme et abrègent la vie. Les peines silencieuses aussi. Voilà pourquoi j'écris.

La vérité est incompatible avec le marketing. Nos modèles sont retouchés. Il faut faire les beaux, les forts ou se cacher. Il faut positiver à tout prix, quelle que soit notre réalité.

J'ai envie de vérité, même quand elle fait mal. Je souhaite vous révéler ses trésors, démontrer sa force thérapeutique qui m'a sauvée. La force de ce qui est vrai.

Je ne quitterai pas cette Terre sans avoir crié tous les bienfaits de la vérité non retouchée et la beauté de qui nous sommes vraiment.

La vérité fait moins mal, moins longtemps, que ce qui est faux : l'illusion, les promesses, nos croyances, nos regrets, nos scénarios, nos interprétations, nos rêves irréalistes.

Attachons-nous à ce qui est vrai et suivons les rêves que nous pouvons réaliser, ceux qui nous ressemblent. Ils sont nombreux.

Recherchons notre vérité, nos talents, notre unicité. Soyons authentiques, apprenons à aimer celle ou celui que nous sommes vraiment, le beau et le moins beau, sans nous morceler ni nous juger, avec bienveillance, indulgence.

L'enjeu est important. Il s'agit de vivre en harmonie, plus heureux, plus longtemps, d'éclairer notre part sombre, de ne plus avoir peur, de progresser, d'être en meilleure santé en savourant la vie.

Il s'agit de continuer ce chemin en aimant le seul compagnon qui ne nous laisse jamais tomber, nous-mêmes.

Il s'agit de réparer notre confiance abîmée, de prendre conscience de notre pouvoir de changer ce qui nous insatisfait, de devenir le meilleur de nous-mêmes.

La vie est vraie. Elle est belle et cruelle. Je le sais. La rose a des épines. Mais c'est la plus belle des fleurs. J'ai appris à la cueillir.

Belle et cruelle, oui, dans d'inégales proportions. C'est ainsi, c'est vrai, je le vis, je l'accepte et je me bats. Mon chemin de bien-être oscille entre ces deux rives, acceptation et combat.

J'en ai bavé et ce n'est pas fini, mais je l'aime, cette vie, comme un amant terrible dont on ne peut se défaire.

Chaque jour, j'apprends à l'aimer davantage, je la fais plus jolie, sans artifices, je calme mes peurs, j'apaise ma tristesse, ma colère et j'attise cette paix en nous, autour de nous, qui me tient tant à cœur. Je change les « proportions ».

Voilà ce que l'on peut faire vraiment. C'est beaucoup. Identifier notre vérité, notre beauté, retrouver notre vrai désir de vivre pour façonner notre optimisme.

Pas un optimisme fabriqué, forcé, désincarné, commercial, total, inadapté à qui nous sommes, des femmes et des hommes uniques, formidablement complexes, semblables et pourtant si différents.

J'aimerais vous parler d'*optimisme vrai*, de son cheminement en moi, de son pouvoir, de sa découverte après avoir tout essayé. J'aimerais vous expliquer cette façon d'être particulière qui me garde en vie depuis des années et me rend plus heureuse, plus sereine. J'aimerais vous conter ma manière de traverser les épreuves et celle de jouir de la vie, de l'aimer profondément, en étant optimiste et vraie, en croisant méthodiquement ces deux qualités qui, une fois réunies, font des merveilles.

Voulez-vous être optimiste et vrai ? Alors suivez-moi. Je vais vous raconter l'histoire de mon *optimisme vrai*.

2

La vérité est thérapeutique

Il n'est rien de plus beau
ni de plus solide que la vérité.

PLATON

Dans ma famille, le silence était d'or. J'avais moi-même plongé mon virus dans mes oubliettes. Mais s'il m'arrivait malheur, je souhaitais que l'on sache la vérité sans inventer je ne sais quelle maladie fulgurante qui m'aurait fauchée, à laquelle personne n'aurait cru. Quitte à mourir, autant le faire en parlant, dignement. Cela pouvait être utile.

Puisque au cœur de ce livre, il y a la vérité, c'est mon premier amour, un beau rocker, qui m'a contaminée et personne d'autre. Il m'avait pourtant dit : « J'ai été en contact avec le virus, mais ce n'est pas grave, je ne suis pas malade... » Le sida, c'était tellement loin de moi, de mes préoccupations de petite vedette issue d'un milieu bourgeois, ivre de liberté et un peu paumée, que j'avais à peine compris ce qu'il m'avait dit. Je voulais l'aimer, que rien ne vienne gâcher notre histoire. Héroïne romantique, amoureuse fanatique, je voulais le meilleur et s'il le fallait le pire, comme quand on se marie, à la vie, à la mort, du moment que c'était avec lui. Son regard sombre était magnétique. C'était plus fort que moi. J'étais indestructible et gâtée par la vie, j'avais du succès et j'étais amoureuse.

Je voulais sortir d'une enfance protégée, silencieuse. Mon rocker m'offrait le vertige du danger, la fascination du feu.

Il était là dans le laboratoire d'analyse à l'annonce des résultats définitifs. Après un premier courrier, il s'agissait d'un test de confirmation. J'ai compris que c'était grave, mais si fou que cela puisse paraître, j'ai immédiatement su que je m'en sortirais. J'ai eu cette sensation étrange que mon cerveau faisait un tour sur lui-même comme s'il se verrouillait, changeait de programme, se mettait en mode « survie ». Sur-vie. Une vie nouvelle, plus grande que la vie, plus intense. Si je la perdais, j'aurais au moins le sentiment d'avoir vécu.

J'ai appelé mon père pour qu'il vienne nous chercher au laboratoire. Il a ramené mon rocker chez sa mère où il habitait dans la banlieue sud de Paris. Lui aussi était un gamin de dix ans mon aîné qui vivait encore chez sa maman. Dans la voiture, il essayait de me rassurer alors que Papa, choqué, restait silencieux. Mon amoureux vénéneux répétait : « Ce n'est qu'un virus… On n'est pas malades… On est forts, on est jeunes… On s'en fout, on s'aime… » Je commençais à le croire alors que Papa voulait le gifler.

« Les emmerdes, ça vole toujours en escadrille ! » m'a dit Jacques Chirac, grand monsieur chaleureux, né lui aussi un 29 novembre, que j'ai eu l'honneur de rencontrer.

Mon rocker m'a quittée quelques semaines après la confirmation de ma séropositivité. J'étais accablée. J'ai voulu mourir dans l'eau froide de l'océan Atlantique. J'ai touché le fond, le sable, j'ai goûté au néant. Puis, jour après jour, été après hiver, j'ai commencé ma bataille.

Mon rocker est mort sans dire la vérité. Elle est pourtant toujours la meilleure option. La vérité est thérapeutique, libératrice, inspiratrice, rassurante. Dire sa vérité, c'est se respecter, ne rien nier de soi, accepter qui l'on est et ce que l'on a fait. C'est le socle sur lequel on peut construire. Le mensonge est un sable mouvant où rien ne vit. Sans vérité, pas de repères, pas de cap, pas de combat.

En 2005, j'ai révélé ma séropositivité dans *L'Amour dans le sang*, mon premier livre. Pour me libérer d'un secret, m'accepter et raconter comme un conte mon histoire à ma fille. Cela n'a pas été facile. J'ai douté, j'ai été critiquée, ostracisée, je ne faisais plus rêver. Ce n'est pas glamour d'être séropo, mais c'était vrai.

Ma vérité m'a donné de la force. J'ai séduit différemment.

Le succès du livre m'a permis de gagner ma vie alors que je ne travaillais plus. J'ai retrouvé la vraie drogue de l'artiste, la ferveur du public et j'ai découvert un trésor, inattendu, formidable, entre mes mains, mon pouvoir d'aider. Plus que tout, j'ai aimé que mon livre, mon partage permettent à d'autres personnes dans la difficulté de s'accepter, de relever la tête et de vivre mieux. Sans le savoir, j'ai composé avec *L'Amour dans le sang* le premier tome de mon *optimisme vrai*.

On m'a beaucoup interrogée sur la force de mon caractère et ma nature optimiste. J'étais volontaire, mais pas si forte que ça, vulnérable aussi, comme fêlée, multiple. Je n'aurais pas été contaminée autrement.

Suis-je née optimiste ? Non, je le suis devenue, au fil de la vie et de mes expériences. Je crois moins aux natures qu'à l'apprentissage. Et il y a les déclics, ces moments de vie qui vous cueillent, ces mots qui résonnent, on se dit : « C'est maintenant, c'est comme ça que je veux vivre. »

3

À l'origine de ce livre

Je plie, et ne romps pas.

Jean de La Fontaine

Le premier déclic précédant l'écriture de ce livre est intervenu il y a un an.

Un après-midi de printemps sans programme établi, chez moi à Paris, j'ai décidé de me rendre à la Bibliothèque nationale François-Mitterrand à pied. Je ne sais plus quel philosophe a affirmé qu'un homme qui ne marche pas au moins une heure par jour ne peut pas être heureux.

Je ne connaissais pas ce lieu moderne de culture offerte à tous. J'ai effectué ma promenade préférée dans Paris, longer la Seine. Après deux heures d'émerveillement, j'ai pénétré parfaitement heureuse dans le grand édifice en verre au bord de l'eau. Dans une salle d'étude où régnait le silence bien que chaque table soit occupée, j'ai ressenti une certaine gêne d'être là sans but précis alors que tant d'hommes et de femmes lisaient, concentrés, des pages éclairées. En marchant le long des rayonnements, j'ai aperçu des milliers de livres soigneusement rangés. Dans un vertige, je me suis sentie inculte, vide de ces œuvres immenses. Il y avait là sûrement des merveilles, des nuits blanches, des fulgurances, des réponses superbes… Tout à coup, j'ai pensé que je n'avais pas lu tout Stendhal, Molière, Flaubert, Dostoïevski…

En déambulant la tête comme une girouette, je réfléchissais à un livre à demander à la jeune femme en tailleur derrière sa banque d'accueil, qui me fixait et semblait m'attendre. Je ne pouvais pas venir dans ce temple et ne rien lire ! Un livre que je puisse feuilleter, que j'aime, qui ait du sens… Je réfléchissais. Rien ne me venait, car je dois vous avouer que je souffre du « syndrome Dory ». Vous connaissez ce poisson bleu au cœur tendre dans *Le Monde de Nemo* qui s'agite en pleurant sa mémoire engloutie.

J'oublie aussi vite que je lis ! Habituée à l'oubli, recherchant la distraction, gavée pendant longtemps de médicaments pour voir la vie en rose, je pouvais lire un ouvrage en entier et être incapable d'en raconter l'histoire quelques jours après l'avoir refermé. C'était comme ça. J'ai diminué les doses, mais ça va à peine mieux.

Je cherchais dans les allées de la bibliothèque un livre simple et précieux… Facile à feuilleter… Un seul livre parmi les centaines que j'avais lus. Charlotte, concentre-toi. Ça y est, j'ai trouvé ! Ce n'était pas un roman, mais un recueil de fables que j'aime depuis l'enfance et dont je ne saurais me lasser tellement chacune d'elles m'interpelle. Jean de La Fontaine. Orfèvre majestueux, infiniment habile et moderne.

Rapidement, la jeune bibliothécaire m'a tendu l'ouvrage, en me souriant. Sur un coin de table, j'ai fait l'étudiante…

« Le Corbeau et le Renard » ! « À ces mots le corbeau ne se sent pas de joie... » Flatter reste encore la meilleure façon de faire lâcher bien des fromages, surtout dans le show-business. Mais ce n'est pas mon truc ! Je suis plus « cash ». La vérité, je vous dis !

Plus loin, « Le Loup et le Chien ». « Attaché ? dit le loup : vous ne courez donc pas / Où vous voulez ? » J'ai toujours préféré la liberté à l'ordre établi. Je n'ai jamais été « attachée ». J'ai couru où je voulais, à mes risques et périls ! Même contentionnée dans un lit d'hôpital, mon esprit s'envolait.

« Le Chêne et le Roseau » : « Les vents me sont moins qu'à vous redoutables ; / Je plie, et ne romps pas. » Je suis un roseau vivant, un roseau aimant. Je plie sous le vent pour ne pas rompre. Et quand il cesse, je me redresse.

« Le Lièvre et la Tortue », ma préférée. Devant le pari de la Tortue de gagner leur course, le Lièvre se fait insolent : « Ma commère, il vous faut purger / Avec quatre grains d'ellébore. » J'adore ce nom ancien, élégant, « ellébore », plante réputée pour guérir la folie. Il la traite de folle ! Mais la Tortue n'a pas dit son dernier mot. Humble, elle s'obstine, régulière, concentrée alors que le Lièvre, orgueilleux, s'agite et se disperse. Et la Tortue arrive la première.

Moralité : « Rien ne sert de courir ; il faut partir à point ! » L'humilité, la constance et la persévérance sont gage de réussite.

Chacun suit le rythme de ses pas. Il n'y a pas une bonne vitesse, il y a la nôtre. J'ai d'abord couru, puis j'ai fait la tortue. La vie a ralenti ma course. Selon ma fille, j'ai même ressemblé physiquement à cet animal avec ma bosse dans le dos due à une dysmorphie graisseuse, effet charmant de la trithérapie.

J'ai mis près de cinquante ans pour trouver mon rythme et mon chemin. Qu'importe ! Ne regrettons jamais le temps passé à devenir nous-mêmes.

En rendant le recueil, la bibliothécaire souriante m'a interpellée :

« J'ai aussi votre livre, si vous voulez !

— Ah bon, lequel ?

— Le premier, je crois, vous souhaitez le dédicacer ?

— Volontiers ! »

Je n'en revenais pas d'être présente dans la Bibliothèque nationale de France... La jeune femme m'a vite ramenée sur terre :

« Nous avons plusieurs millions de références, vous savez.

— Ah oui, ça fait beaucoup... »

Je n'ai pas pu m'empêcher de l'interroger :

« Vous l'avez lu ? Il est apprécié ? »

Polie, elle n'a pu répondre qu'un joyeux « Oui ! », dont j'ai goûté l'entrain, puis elle a ajouté d'une voix timide :

« Je crois que vos livres aident les gens... »

Je suis restée longtemps dans l'écho de ces mots.

Au retour, j'ai longé la Seine jusqu'à l'Institut du monde arabe en regardant le ballet incessant des bateaux-mouches. Je songeais. Mon dernier livre était une fiction. Les gens me préfèrent dans la réalité. Peut-être ont-ils raison, je m'y sens plus utile. L'idée de ce livre commençait à germer.

4
Les cycles de la vie

Tout passe et tout revient, éternellement tourne la roue de l'Être.

Friedrich NIETZSCHE

J'écris sur le balcon étroit d'un vieil appartement tout blanc que j'occupe provisoirement dans un quartier populaire, au-dessus d'un port de marchandises, face à la mer Méditerranée, si bleue, si calme. La clarté du ciel dans le Sud est insolente, la mer semble insensible au vent, au mieux elle frissonne. Paris est loin et ma Bretagne aussi. Il est tôt, ma fille dort encore. C'est l'été. La voisine a étendu son linge sur des fils à l'italienne. Ses dessous sont dépareillés, comme les miens. Est-ce par goût ou par lassitude ? Personnellement, j'ai lâché l'affaire depuis longtemps. Je m'arrachais les cheveux en recherchant les coordonnés à quatre pattes devant mon sèche-linge.

Mon balcon est suspendu sur la ville, si haut que je l'entends à peine. Un pigeon court sur la rampe rouillée par le sel du vent et je n'ai rien à lui offrir. Quand il s'approche jusqu'à toucher mon ordinateur, j'ai ce réflexe de chat de vouloir l'attraper. Il est bien plus rapide que moi et s'échappe. Le chat est comme la rampe, rouillé. Voilà qu'il bondit sur le linge de la voisine et se soulage sur une culotte grise. Ça fait ton sur ton. Je ris.

Je suis à Sète, dans la ville sudiste de Georges Brassens, pour le tournage d'une série télévisée au titre optimiste : *Demain nous appartient*... Sûrement ! Mais bien moins qu'aujourd'hui.

L'ambiance est joyeuse ici, studieuse et festive. Nous nous déplaçons en bande comme des ados. J'aime cet esprit de troupe. Après le travail, on boit des coups jusque tard sur les bords du canal. Je carbure au Vittel menthe en pensant très fort que c'est un cocktail exotique. On fait les clowns, dans ma tête j'ai dix-sept ans.

Hier soir, on a chanté dans mon appartement, avec mes amis musiciens Carine et Victor, mon cousin Jano, les beaux docteurs de la série et l'adorable Sami, le flic qui fait craquer les filles. J'enrage qu'il ait l'âge d'être mon fils. J'enrage, puis j'oublie. Sa gentillesse me suffit. La voisine aux dessous dépareillés est venue se plaindre du bruit. Sa coiffure hirsute et son air ahuri ont déclenché l'hilarité. Elle nous a menacés :

« Je vais appeler les flics !

— Mais ils sont là, les flics, a répondu Sami. Allez, détendez-vous, buvez un coup avec nous ! »

La voisine s'est assise. On a continué de chanter.

Les rues fourmillent de touristes rougis par le soleil. Les gens nous interpellent, surtout les enfants. Ça les amuse de nous voir en vrai. On fait plein de selfies. J'entends des mots gentils. On m'appelle Laurence, prénom de mon personnage. C'est un des temps les plus heureux de ma vie. Durera-t-il ? Je ne peux m'empêcher d'y penser. Mais je sais me répondre maintenant. Peu importe ! Aucune pensée, aucune hypothèse ne peut altérer mon présent. Et quel présent !

Ce matin, sur mon balcon, le pigeon est revenu. Il ne bouge même plus quand je tends le bras. J'imagine la détresse d'un épouvantail qui ne ferait plus peur. Je file dans la cuisine chercher mon reste de brioche. Je ne la finis jamais. Cela me donne l'impression de faire attention, de maîtriser mon irréductible gourmandise, sans arrêter la brioche. Ôtez-moi le plaisir et je meurs.

Savourer l'instant

L'oiseau m'attend, immobile, il fait rouler ses yeux dorés. Il est amusant, têtu et courageux. Ce doit être un pigeon breton en vacances. Je devrais lui trouver un nom… Charlot ! Il picore maintenant dans ma main. Sans crainte. Je sens ses coups de bec. Ça pique fort un pigeon gourmand. Aïe ! Mais c'est moi le pigeon ! Il n'y a plus de brioche et Charlot me fixe en secouant la tête. Je t'ai donné tout ce que j'avais, l'oiseau. Envole-toi ! Reviens demain finir ma brioche. Il m'obéit et s'enfuit.

J'aime cet instant, infiniment. Je me le dis. Je ferme les yeux et mon ordinateur. J'enlève quelques secondes mes lunettes et mon chapeau de paille. Le soleil perce mes paupières. Tout est rose clair. Je me concentre sur les sons. J'entends des mouettes, la sirène d'un paquebot, la rumeur du port et mon souffle lent, les battements sourds de mon cœur.

Le futur est toujours surprenant

En écrivant sur mon passé pour éclairer mon présent, dans cette lumière si forte qu'elle m'éblouit, dans ce moment simple de calme, de paix, de solitude, je pense à la roue qui tourne.

L'été dernier au Val-André, je n'aurais jamais cru que je serais là, à écrire sous le ciel bleu, à jouer la comédie. Je suis la preuve vivante que la roue tourne toujours. La vie a ses cycles, ses saisons, elle est imprévisible. Quand ça va mal, l'erreur est de penser que ça va continuer.

En construisant dans le présent, en se concentrant sur lui, en agissant, même un peu, en étant vrai, on fait tourner la roue plus vite. Le futur n'est jamais la prolongation inchangée du présent. On peut être au fond de l'eau, puis face à la mer, sur un lit d'hôpital, puis sur un balcon. On peut être épouvantail, puis princesse, un jour chat, un autre pigeon.

Ne l'oubliez jamais, la roue tourne toujours, poussée par le vent et notre volonté.

Vous ne me croyez pas ? Alors, petit flash-back. Retour à l'été passé, en Bretagne, tour de roue en arrière, second et dernier déclic avant ce livre, c'était un creux de vague…

5

Quand le noir assombrit nos idées

Les gens cuirassés, ça n'existe pas ;
tout le monde pleure dans son lit, parfois.

Jacques BREL

La fin de l'été au Val-André est toujours un peu triste. On ne va plus à la plage. Les cabanes à crêpes ferment les unes après les autres et les nuages reviennent en force. En un jour, le soleil devient frais. C'est la fin des vacances. Il faut rentrer.

« Charlotte ayant chanté tout l'été se trouva fort dépourvue quand la rentrée fut venue. Pas un seul petit morceau de mouche ou de vermisseau… »

Août dernier, je quitte la Bretagne avec mes chats, mes sacs, ma fille Tara et le cœur pincé. Je rejoins Paris pour une rentrée que je n'aurai pas. Combien de septembres ai-je eus sans projets ? Aucun dessein, pas de travail, rien à l'horizon. Pas un seul morceau de mouche ! Pourquoi rentrer, alors ? Pour ma fille et pour faire comme tout le monde. Le Val-André déserté serait encore plus triste. À Paris, de ma fenêtre, je vois l'agitation de la rue, les passants pressés. Je me dis qu'un jour je ferai partie de ces gens occupés qui travaillent.

Il y a plusieurs millions de chômeurs dans notre pays. Je connais cette condition. Faire la queue à Pôle emploi, attendre son ticket à la main en fixant le numéroteur, sentir la détresse, la honte, ne pas oublier la date fatidique où il faudra se battre avec ses codes personnalisés pour actualiser sa situation sur Internet, manquer d'argent, ne pas savoir si on en aura, regarder Beyoncé à la télé passer ses vacances à Saint-Tropez, entendre ceux qui travaillent se plaindre, douter de retrouver un jour une utilité dans cette société qui semble vivre et se réjouir sans nous…

J'ai été chômeuse et je le serai peut-être encore. J'ai gagné de l'argent et j'en ai manqué. Mais je sais que la roue tourne pour tout le monde. Qu'il faut garder espoir, rester actif, ne pas glisser, tenir, sourire même, s'encourager. On reste toujours utile, en premier lieu à soi-même.

C'est la rentrée. Nouveauté de taille, ma fille part en pensionnat dans l'Est de la France. Mon clown aux mille visages s'éloigne de moi. Nous avons convenu de cette solution pour qu'elle se concentre sur ce baccalauréat que je veux qu'elle obtienne, coûte que coûte. Je vais rester seule chez moi à bouiner (« glander » en patois breton) dans le ronron de mes chats.

Pas le moral. Pourtant, j'en ai vu d'autres. Mais c'est comme ça. Chaque matin, je me lève un peu plus tard et me motive pour la journée avec plus de difficultés. Je consulte mon médecin qui augmente ma panoplie de pilules roses, car mon corps s'habitue, paraît-il.

Sur le quai de la gare de l'Est, je dis au revoir à Tara comme si elle partait se battre dans les tranchées. De retour chez moi, l'un de mes chats, P'tit Bout, hurle à la mort comme un loup, pour la première fois, planté devant la fenêtre. Étrange… Je manque de casser mon vieux transistor, impossible à éteindre, qui joue à tue-tête cette chanson de Mylène Farmer : « Mais, mon Dieu, à quoi je sers ? Je sers à rien du tout ! »

Quand ma radio dont j'arrache les piles devient enfin muette, mon chat hurle encore. Je le prends dans les bras, l'ausculte, cherche des puces invisibles, une plaie possible, mais rien, il se tait les quatre pattes en l'air, anesthésié par mes grattouilles. Quand je relâche mon félin, il bondit sur le rebord de la fenêtre, fixe le ciel et refait le loup.

Je m'approche, lève la tête sur la rue assombrie et vois d'immenses nuages noirs s'amonceler. J'appelle mon amie Lili pour lui proposer de venir à la maison en oubliant qu'elle est toujours en Italie.

Quand la nuit tombe, un orage d'épouvante éclate. La fenêtre bancale de la cuisine cède sous les bourrasques, laissant s'engouffrer un vent frais dans mon trois-pièces traversant. Je me précipite pour tout refermer, puis j'ai ce réflexe absurde, reste de Bretagne, de chercher du bois pour faire du feu alors que je n'ai pas de cheminée… Je ris avant de reprendre ma tête d'enterrement. Comme les Gaulois, j'ai cette peur originelle de l'orage.

La foudre divine

Savez-vous que sans la foudre, nous serions tous athées ? Les premières croyances des hommes, avant qu'elles ne mutent en religions, ont été inspirées par la foudre. Ce feu terrible, qui embrasait les forêts en semant une mort brutale, effrayait nos ancêtres. Il venait bien de quelque part… Mais pas de la terre. Du ciel ! C'est donc là que ça se passait. Or, aucun oiseau dans le ciel bleu ne crachait du feu. Il y avait donc bien une force mystérieuse qu'il fallait prier, amadouer. On a créé des offrandes, cueilli des fleurs, des fruits, sacrifié des Hommes, mais la foudre est toujours tombée. Ainsi sont nés les croyances, les dragons maléfiques, Dieu dans le ciel, l'enfer et le paradis.

Dans ma cuisine exiguë, je fais des bonds de Gauloise à chaque coup de tonnerre. C'est l'heure de mes médicaments que j'extrais de ma mallette Hello Kitty selon un rituel précis de chimiste. Je finis toujours par la nouveauté : une solution buvable puissante que le docteur m'a prescrite pour calmer mes angoisses. Du Laroxyl, que je connais, dont je compte chaque goutte en m'interrogeant comme une cuisinière du dimanche avec sa bouteille de rhum. Ne serait-ce pas meilleur si je forçais la dose ?

Je relis la notice : « Prescrit en cas d'épisode dépressif majeur. » C'est déprimant ! Tant pis. Je presse le compte-gouttes quand un éclair géant me fait bondir en l'air. La cuisine s'illumine. Je hurle. Mes chats aussi. Jolie chorale. Un tonnerre assourdissant retentit aussitôt. La foudre n'a pas dû tomber loin. Flûte ! J'ai flanqué tous mes cachets par terre. Le vent redoublant de force rouvre la fenêtre. Je me cramponne au rebord et aperçois la cour cinq étages plus bas. L'appel d'air m'attire vers le vide. Je tiens bon. Cette fois, tout est à terre. Laroxyl, pipette, mallette, tout est fracassé. J'enrage et me laisse glisser sur le sol. Par-dessus le toit, c'est la guerre. Le ciel se déchire et la pluie me trempe. Je reste inerte, sonnée. C'est un signe… pensé-je. Ah, ces sacrés signes ! Cette fois, j'y crois. Je ne prendrai pas ce maudit Laroxyl. Maman est décédée un soir d'orage. Je sais qu'elle veille sur moi. Je suis mon intuition et ce signe du ciel en feu et prends mes médicaments *a minima*. Pas de calmant, pas de somnifère.

Je passe une des pires nuits de ma vie. Impossible de fermer l'œil. Mes idées sont comme le ciel, noires. Elles m'accablent et sifflent dans ma tête. Argent, amour, travail, ma fille, mes chats, ma santé. Rien ne va plus. À 3 heures du matin, je suis en larmes. À court de kleenex, allongée dans ma chambre, je fixe le plafond encore zébré par l'orage.

6
La vertu du chaos

La lumière brille dans les ténèbres
et les ténèbres ne l'ont pas arrêtée.

Saint Jean

Au milieu de la nuit, je suis plongée dans mes ténèbres. Au matin, la lumière jaillira, mais je l'oublie. Je suis à l'extrême opposé de ce qui peut briller, jaillir. Sévèrement déprimée, apeurée, engluée. L'optimisme n'est plus qu'un concept marketing. Je plonge. Cela m'arrive de moins en moins, mais je sombre, quelques minutes, quelques heures. « Tout est chaos ! » Mylène Farmer me poursuit.

Un astrophysicien m'a affirmé que l'univers est né du chaos. Qu'y avait-il avant notre Terre si bien pensée et gorgée de vie, il y a 4 500 millions d'années ? Le chaos ! Le vide. On n'en sait rien, en fait. C'est vertigineux. Avant la Terre, il y avait des énergies contraires dans une grosse boule de cristal posée dans la main de Dieu. Il l'a jetée en l'air et ça a fait : bing ! bang ! La Terre est née du chaos. Ce doit être la raison pour laquelle j'y replonge parfois. En hommage à nos origines.

La vie a jailli du chaos. Cette vérité m'a aidée à apprivoiser mes déprimes, mes vides sidéraux, mes K.-O., physiques et moraux.

Je sais que le chaos est normal, situé tout en haut de l'échelle du doute. Il précède les plus belles créations. Les artistes le mentionnent souvent avant l'inspiration.

Le chaos fait partie de la vie. Il est naturel, cyclique, de durée variable. Je l'accepte et ça va déjà mieux. Je vais en sortir, je le sais, je l'ai déjà fait, je vais agir.

Le chaos est une terre brûlée, nourrie de ses cendres, qui, labourée par notre volonté en action, deviendra des plus fertiles. Le chaos précède le rebond.

Il y a les grands et les petits chaos. Parfois, je « bugge », je m'emmêle les pinceaux. Un instant, je ne sais plus rien, je suis Dory. Je pense devenir folle ou vide, mais pas du tout. Je suis simplement submergée par trop d'informations, d'émotions à la fois. Petit chaos passager que je laisse filer.

La vie a ses cycles. C'est vrai, qui est en forme tout le temps ? Plein de vie en permanence ? Personne. Les super-héros du bonheur, les gagnants à vie, ça n'existe pas. Ce sont des optimistes faux. Les gens qui tous les matins se réveillent avec la pêche, prennent une douche en chantant, c'est de la pub pour savon. La vraie vie a ses saisons, ses creux de vague, ses déserts, ses tempêtes et ses embellies.

Je suis une spécialiste de la météo de vie. L'Évelyne Dhéliat du bonheur.

Les saisons de la vie

J'aime cette théorie qui dit que la vie reproduit les saisons. Le bonheur, le succès, c'est l'été. Le bonheur qui décline, le succès qui s'en va, les lendemains de fête, c'est l'automne. La déprime, le repli sur soi, l'introspection, c'est l'hiver. Puis vient le printemps, l'action suit la réflexion et porte ses fruits. On espère de nouveau, on prépare l'été. Et le soleil se met à briller.

Ce cycle des saisons est inévitable. Le succès ne peut pas durer. La vie est faite de ruptures. Le bonheur n'est pas un état permanent. Il y a toujours un creux, un choc, un après, un contrecoup. Personne ne peut empêcher l'hiver d'arriver. Il faut simplement qu'il dure le moins longtemps possible. Il faut seulement savoir se réchauffer, mettre à profit cette période d'introspection, se hâter doucement jusqu'au printemps et passer le plus clair de son temps en été.

Les quatre saisons de la vie peuvent intervenir en une année, un mois, une journée. Les plus grands Hommes connaissent l'hiver. Certains s'en inspirent. Marcel Proust s'est nourri de ses dépressions.

Quand on sait que l'été reviendra, l'hiver est toujours plus court.

Posez-vous la question : dans quelle saison suis-je ? Pourquoi ? Que puis-je faire ?

Si vous êtes en été, bronzez et faites-le durer ! Si vous êtes en hiver, faites-en votre allié et pensez à l'été !

Être optimiste vrai, c'est reconnaître la réalité, la dureté et la beauté de la vie. C'est savoir que l'été finit toujours avant de renaître, et quand il est là, tout faire pour qu'il dure.

Être optimiste vrai, c'est savoir que, quelle que soit votre saison de vie, elle est intéressante et riche. Elle a un sens.

Quand on est « en hiver », tout au fond, comme je l'ai été plusieurs fois, il est utile de savoir que c'est toujours provisoire et que l'on peut par la concentration de notre esprit sur le présent, par la recherche de notre vérité et une action structurée, accélérer notre remontée.

En hiver, recherchez votre vérité en vous posant ces questions :

- *Quelle est vraiment la réalité de ma situation ?*
- *Quelles en sont les vraies raisons ?*
- *Quel sens puis-je y voir ?*
- *Quel est mon comportement dans cette situation ?*
- *Pourquoi ?*
- *Quelles sont mes ressources pour aller mieux ?*
- *Que puis-je faire pour passer plus vite au printemps ?*

Chasser nos « ténèbres »

Au milieu de cette nuit d'orage, de guerre lasse, fatiguée sans avoir réellement sommeil, toujours prise de peur, je prends deux somnifères et m'endors en pensant : « Demain, il fera jour. »

Au matin, le ciel clair n'a pas effacé la nuit en moi. Je suis surprise par la persistance aiguë de mes idées noires. J'ai les larmes aux yeux et n'entrevois pas de poser le pied par terre.

« Lève-toi, Charlotte ! » Il est bon de se parler, de s'encourager à l'action. Je quitte mon lit avec effort et vais m'asseoir à mon bureau où je décide, selon une méthode que j'avais momentanément oubliée, de poser sur le papier ce qui me tourmente. Avant d'écrire, je m'interroge. Qu'est-ce qui te donne envie de pleurer ? Et je me remets à pleurer avant même de songer à une réponse ! Dans la glace face à moi, je croise mon visage défait et ris brièvement de cet excès de drame. Mon stylo reste posé sur la page blanche, je me lève et m'allonge sur le canapé. J'attends en me disant : « Pleure, si tu en as besoin. »

Je ne me refrène jamais de pleurer. Je me refrène de façon générale le moins possible et ne me culpabilise plus de rien. Je sais que mes larmes passeront, je laisse couler mes émotions comme elles viennent, en les accueillant avec bienveillance, sans les juger, sans les réprimer ni les moquer. Ce que je viens de faire pendant une seconde en me regardant dans le miroir est de l'ordre de l'humour et non de la moquerie, c'est une forme de distraction de moi-même.

Il est essentiel de distinguer les deux. L'humour sur soi est important pour rester humble et lucide, mais il ne doit jamais nous blesser, un tant soit peu. La moquerie peut être drôle, mais quand elle mord, elle a toujours un goût amer, un fond de vérité ou plus exactement de « fausse croyance » sur soi-même.

Je ne supporte pas que l'on se dise, même en riant : « Quelle conne je fais ! », ni que l'on profère d'autres paroles de ce genre contre soi-même. Je n'aime pas l'origine et la résonance en soi de ces mots qui sont toujours signifiants. S'ils peuvent faire rire, ils ne sont jamais bons. Je ris de moi-même presque chaque jour sans jamais me blesser.

Je me prépare un thé accompagné de quelques DéliChoc, ces gâteaux inouïs, au croquant unique, bien industriels mais délicieux, que je m'autorise quand ça ne va pas fort et même parfois quand ça va bien ! Je fais toujours quelques écarts dans ma manière de manger sainement, pour rester libre, rebelle. Je ne suis jamais rien à la lettre.

Donc, je me remplis de DéliChoc en buvant du thé sucré au miel d'oranger et, à force d'attention, de douceur envers moi-même, suivie comme un toutou par P'tit Bout, je vais me rasseoir à mon bureau, un peu calmée, les yeux séchés.

Colorer nos idées noires

Je dresse alors sur ma page blanche une liste de mes angoisses, de mes ennuis, de mes galères, de mes obsessions… en répondant à cette question simple : « Qu'est-ce qui te tourmente, Charlotte ? Qu'est-ce qui te tourmente vraiment ? » Et j'écris, j'écris… la liste sans fin de mes problèmes.

Je la relis en la corrigeant, y apportant un maximum de précisions.

En passant en revue tous ces maux anxiogènes, source de mon insomnie, je constate que non seulement je ne pleure plus, mais que je vais mieux. Par le simple fait d'être bienveillante avec moi-même et de structurer, d'exprimer mes idées noires, mes problèmes.

L'action de les avoir écrits, exprimés, ordonnés, délimités, sortis de mon esprit pour les coucher sur le papier, m'a calmée.

Je relis ma liste avec cette fois la curiosité d'un détective.

Il me semble maintenant que je cherche quelque chose d'évident, d'éclatant sous mes yeux, que je sais, mais que j'ai oublié dans mon chaos, mon hiver... Je fais un bond quand P'tit Bout saute sur le bureau, se vautrant comme souvent sur mon carnet, poussant mes doigts et mon stylo, réclamant une caresse.

Une main enlacée dans sa fourrure, je fixe ma liste et fais appel à ce que je sais, je sollicite cette mémoire qui souvent me fuit quand il s'agit de me faire du bien. J'ai beaucoup travaillé sur moi-même, mais j'ai et j'aurai toujours quelques ratés. C'est ainsi que je suis faite. Je me concentre... Je veux trouver la solution. Tout à coup, la lumière ! *Eurêka !*

Je reviens à la source, à l'entretien que j'ai eu avec ce médecin à l'âge de dix-sept ans au sujet de mon espérance de vie. Les mots ressurgissent :

« Six mois, ce n'est pas sûr ?

— Non, on n'est sûr de rien...

— Si, je suis sûre d'être en forme, ici et maintenant... »

Puis je me souviens que le futur n'existe pas, il n'est pas vrai, on ne le connaît pas.

Parmi la liste de mes maux, de mes scénarios, je comprends que les trois quarts ne sont « pas vrais » ou incertains. Ce qui provoque ma peur n'est pas vrai, pas sûr, simplement probable.

Je vais prendre quelques exemples de ces idées noires.

Ma fille Tara part au pensionnat. Elle grandit. Je la perds. Elle s'enfuit, elle n'en peut plus de moi. Après le bac, elle fera ses études et ne reviendra plus à la maison.

Est-ce vrai ? Non. Il est probable que Tara étudie ailleurs qu'à Paris. Il est probable ou même souhaitable qu'un jour elle quitte la maison. Il est certain qu'elle a souffert de mon état de santé, de mon absence quand j'étais hospitalisée, de mon égoïsme de malade, mais je sais qu'elle aime bien, malgré tout, être près de moi. Me l'a-t-elle dit ? Je réfléchis… Non ! Je dois penser à le lui demander. Cet automne, elle étudie dans un pensionnat. Pour son bien. Nous l'avons décidé ensemble. Est-ce que je la perds ? Non ! Ce n'est pas vrai. Elle part dans un endroit propice aux études et chaque week-end et toutes les vacances scolaires, je la reverrai.

Même quand ma fille partira de la maison, je ne la perdrai pas. Nous nous reverrons. Ses absences seront plus nombreuses, mais elle restera avec moi, au plus profond de moi. Elle est ma fille, ma Tara à jamais. Elle deviendra une femme et notre lien dépendra de l'amour que je lui porte. Plutôt que de me morfondre en pensant que je l'ai perdue, je vais préparer son retour en fin de semaine et le programme du week-end. Je vais lui envoyer un SMS, pas tout de suite, ce serait trop tôt, je ne veux pas faire la mère poule aux abois !

Cette pensée qui me stresse et m'attriste n'est donc même pas une possibilité, c'est une idée noire, un scénario, mais pas une réalité dans mon présent. Ce n'est pas VRAI. Je la laisse filer et me concentre sur l'action que j'ai décidée.

Quand une « idée noire » persiste malgré la démonstration de sa « non-vérité », il faut la creuser. Elle peut être un « écran » et cacher une autre idée noire, plus profonde.

La tristesse provoquée par le départ de Tara a duré. C'est normal, c'est un changement, une rupture passagère. L'idée noire de la perdre s'est effacée avec quelque difficulté. Que pouvait-elle cacher ? Qu'est-ce qui me tourmente vraiment dans le départ de Tara… ? Au-delà de la simple peine de ne plus la voir aussi souvent, un mot émerge dans mon esprit, celui de « solitude ».

Suis-je seule ? Ce matin d'automne, un peu… Suis-je vraiment seule dans la vie ? Non ! Je ne suis pas amoureuse, mais pas seule pour autant, et j'ai appris à être en bonne compagnie avec moi-même.

Autre idée noire sur ma liste : ma situation financière se tend, mes réserves fondent. Le théâtre est fini, j'y ai gagné un SMIC, pas assez pour durer. Dans six mois, je n'aurai plus d'argent pour payer le pensionnat de Tara. Aspect positif de la chose, je la récupérerai à la maison ! Je souris.

Est-ce vrai que dans six mois je n'aurai plus d'argent ? Non.

Je suis indépendante financièrement depuis l'âge de seize ans, j'élève ma fille quasiment sans aucune aide matérielle depuis qu'elle est née, c'est-à-dire depuis dix-sept ans. Pourquoi cela changerait-il tout à coup ? Combien de fois ai-je été dans cette situation et combien de fois ai-je trouvé des solutions ?

Cette idée n'est pas vraie. Je la laisse filer. Que puis-je faire pour gagner ma vie ? Je ne sais pas encore, mais je vais trouver. Bientôt, je vais décider d'un plan d'action, comme d'habitude, et cela marchera. Je refuse que cette idée noire gâche mon présent, épuise mon énergie vitale et déprime mon système immunitaire !

Nous ne pouvons pas nous laisser effrayer par tout ce qui est « possible ». Une météorite peut percuter la Terre à tout instant et provoquer une marée de cendres et de feu ainsi que la fin du monde. C'est possible mais c'est incertain. Tant mieux !

Je peux me faire renverser dans la rue aujourd'hui, surtout avec ce genou qui me freine. C'est possible, mais c'est incertain. Tant mieux ! (bis)

Vous me direz qu'il est statistiquement plus probable que je connaisse la faillite financière (cela me stresse rien que de l'écrire !) qu'une météorite frappe notre bonne vieille Terre. Je vous répondrai que vous avez raison. Mais la logique de probabilité reste la même, ce n'est qu'une possibilité et le mécanisme de parasitage du présent par un futur hypothétique est identique.

Décidons une fois pour toutes que notre futur ne gâchera plus notre présent ! Le passé s'en charge déjà. Laissons donc les temps et les choses à leur place, rendons donc à César ce qui lui appartient, le passé au passé, le futur au futur, le présent à nous-mêmes et passons à l'action.

Remplaçons notre idée noire par une action d'anticipation ou de prévention, si cela est nécessaire. Notre présent en sera plus plaisant.

Troisième exemple de ce qui m'angoisse et figure en bonne position sur ma liste noire : je ne retrouverai jamais l'amour !

Pour répondre à cette affirmation qui me mine, je me parle, je me raisonne. J'instaure en moi un dialogue intérieur, entre ténèbres et lumière, peur et raison, pour faire simple : entre « Charlotte Stress » qui s'affole et « Charlotte Cortex » qui réfléchit.

« Tu penses donc que tu ne retrouveras jamais l'amour ? interroge Charlotte Cortex.

— Oui, j'en suis certaine, affirme Charlotte Stress.

— Vraiment ? Tu as des preuves de ce que tu affirmes ?

— Des preuves ? Bien sûr que non ! Mais je le ressens.

— Tu es donc voyante ? sourit Charlotte Cortex.

— Non, c'est une intuition…

— Tu sais que l'intuition est souvent une projection de nos peurs ! C'est peut-être ton "intuition", mais ce n'est pas VRAI ! rétorque Charlotte Cortex.

— Comment ça, pas VRAI ? se défend Charlotte Stress.

— Ce qui est VRAI, c'est que tu n'es pas amoureuse en ce moment, mais "que tu ne retrouveras plus jamais l'amour" est FAUX.

— C'est quand même probable ! insiste Charlotte Stress. Plus probable qu'une météorite ne heurte la Terre !

— Ah bon ? Tu es experte en statistiques ? Alors que sais-tu de tes chances de retrouver l'amour ?

— Pas grand-chose… »

Charlotte Stress est au bord des larmes.

« Alors concentre-toi sur ce que tu sais. Sur ce qui est VRAI. Et évacue le reste ! Chasse ces scénarios qui amènent des larmes dans tes yeux ! »

Charlotte Stress acquiesce, mais ne désarme pas :

« Nous allons tous mourir ! Ça, tu ne peux pas dire que c'est FAUX !

— Ah, la voilà, ta grande peur ! L'amour ne te sert donc qu'à cela, te distraire de la mort ?

— Quand on est amoureuse, on se sent protégée, éternelle...

— Et c'est faux ! Oui, rien ne dure. Et alors ? On fait quoi ? On pleure chaque jour de cette triste nouvelle que l'on connaît pourtant depuis longtemps ? Ou on meurt tout de suite pour abréger nos pleurs ?

— Non ! crie Charlotte Stress.

— Un plaisir qui n'aurait pas de fin serait-il toujours un plaisir ? Être immortel, est-ce un paradis ou un enfer ? Tout ce qui existe se termine, c'est ainsi. Nous avons conscience de notre fin pour avoir le goût de la vie. Elle est tout ce que nous avons. D'ailleurs, comment est-elle, ta vie, vraiment ?

— Elle est bien, elle est précieuse... »

Charlotte Stress fait place à Charlotte Zen.

« Ne l'oublie pas », conclut Charlotte Cortex.

Voilà une version détaillée, ralentie du dialogue intérieur que j'ai eu en passant en revue toutes mes idées noires. Car en réalité, ces échanges interviennent en une fraction de temps. Ils ne sont pas aussi clairement structurés. Mais ce dialogue intérieur est essentiel pour calmer nos émotions. Plus on l'exprime, plus on parvient à le formuler, voire à l'écrire, plus il est efficace.

La majorité de nos idées noires ne résiste pas à l'épreuve d'un dialogue intérieur de vérité.

L'important est d'aller chercher au fond de vous cette vérité, de vous prêter toute votre attention en vous interrogeant avec la plus grande sincérité :

- *Est-ce VRAI ?*
- *Est-ce sûr ?*
- *Est-ce vraiment sûr ?*
- *Ai-je des preuves ?*
- *Que peut-il se cacher derrière cette idée noire ?*

Chassez de votre présent ce qui n'est pas VRAI !

Remplacez par votre dialogue intérieur et votre action vos tourments et vos idées noires. Elles éclateront comme des bulles de savon. Essayez !

Ce sont les premières étapes de mon *optimisme vrai*. Accepter la réalité de nos émotions, les accueillir, les comprendre, les cajoler, ne pas les juger. Puis passer au crible de la vérité et du présent les idées noires que nous pouvons avoir. *Est-ce certain ? Est-ce vrai à cet instant ? Avez-vous des preuves maintenant de ce que vous croyez ? Votre idée noire est-elle une fausse croyance sans réalité, un simple scénario, une probabilité ?*

Allez-vous laisser votre présent être gâché par une possibilité ? Non !

Quand on parvient à laisser voguer la plupart de nos idées noires qui ne sont pas vraies, il se peut qu'une ou deux résistent.

Parce qu'elles sont vraies !

C'est cela aussi mon optimisme : affronter avec confiance et méthode ce qui est vrai.

Les idées noires qui persistent

Après avoir accueilli mes émotions et redonné à la plupart de mes idées noires la couleur de la vérité, je me suis concentrée sur deux points qui restaient de vrais facteurs stressants : ma santé et mon avenir professionnel.

Ma santé : j'ai peur que mon cœur greffé me lâche. J'ai été greffée *in extremis* en 2003 alors qu'il me restait 10 % de capacité cardiaque. J'avais fait plusieurs infarctus que j'avais pris pour des crises d'angoisse. Après un mois d'hospitalisation, on ne me trouvait rien. Je restais en observation dans un état pitoyable jusqu'au jour où un cardiologue éclairé a annoncé à mon père :
« On ne sait pas si elle passera la nuit. »

Greffée *in extremis*, donc. L'analyse de mon cœur a révélé que sans greffe je n'aurais survécu que quelques jours. J'en profite pour vous encourager à dire ouvertement à vos proches si vous êtes favorable au don d'organes. Cela m'a sauvée et je connais des femmes et des hommes qui n'ont pas eu ma chance. La loi a changé et il n'est plus nécessaire d'obtenir un consentement, mais c'est toujours mieux de l'exprimer, cela évite toute opposition.

En 2016, 22 617 demandes de greffes ont été recensées pour seulement 5 891 réalisées.

Il s'agissait bien de chance pour moi et de malheur pour cette jeune médecin, Virginie, qui a péri dans un accident de voiture à Paris, enceinte, le 4 novembre 2003… Comment sais-je tout cela ? C'est une longue histoire que j'ai racontée dans un autre livre. Si fou que cela puisse paraître, j'ai vécu une histoire d'amour éprouvante et passionnée avec son mari veuf, sans le savoir bien sûr, qui m'a recherchée et finalement trouvée. Mais je m'égare.

Le don d'organes est un geste magnifique, la chaîne de la vie se prolonge, les corps se mélangent. Le cœur de Virginie bat en moi et chaque année, le 4 novembre, anniversaire de ma greffe et de son décès, je vais jeter un bouquet de fleurs dans la Seine, du pont des Arts qui était son lieu favori à Paris.

Ma greffe a été de loin l'épreuve la plus rude de ma vie. La séropositivité à côté, ce n'était rien. Mon état avant l'opération était morbide, je pesais 35 kilos et me traînais comme un vieux serpent. La rééducation dans un lieu glauque a été un cauchemar. Pour la première fois de ma vie, j'ai failli jeter l'éponge. La souffrance était insupportable. Mon torse tranché et refermé était douloureux jour et nuit, à chaque mouvement, chaque respiration, un calvaire.

De plus, j'avais l'appréhension du rejet. Mon corps pouvait, selon un réflexe naturel, détruire l'organe intrus : mon nouveau cœur. Le taux de survie actuel cinq ans après la greffe est de 66 %. Cela laisse quand même un bon tiers de chances d'aller voir au Ciel ce qui s'y passe. Mieux vaut être optimiste ! Ça tombe bien, je le suis et je vis depuis quinze ans avec le cœur de Virginie.

Au Noël 2010, mon greffon a fait des siennes et pas des moindres : un double infarctus. Une artère s'est définitivement bouchée. De nouveau, on a dit à mon pauvre père dans son imperméable couvert de neige :

« On ne sait pas si elle passera la nuit. »

Et si ! Je me souviens du regard de ma fille. Elle voulait que je joue à des devinettes écrites sur des petits bouts de papier pliés qu'elle agitait devant moi comme des dés.

« Allez, maman, joue ! »

Tara voulait me voir vivante. J'étais épuisée. Elle m'engueulait presque. Dans ses yeux, je lisais : « Vis, maman, s'il te plaît, vis ! »

Cela s'est joué à un fil, une plume d'ange, à cette lumière peut-être dans le regard de Tara ou à une autre lumière…

Comme dans ces témoignages de « mort imminente », j'ai aperçu l'autre côté. Mon cœur s'est arrêté de battre vingt-deux secondes, le temps d'un incroyable voyage. J'évoquerai cette expérience marquante, qui m'a donné ce sentiment aussi beau que rassurant que la mort terrestre est un passage, dans le chapitre intitulé « Croire au merveilleux ».

La vie a repris son cours jusqu'au printemps 2016 où mon cœur a de nouveau faibli. Mon pouls était anormalement bas. Tout m'épuisait. Je sentais que ça n'allait pas quand j'écoutais mon corps au réveil, au coucher. J'ai consulté, verdict :

« Votre pouls bat à 35 pulsations par minute.

— Comme les grands sportifs ?

— Oui, sauf que vous ne l'êtes pas. »

Le docteur a regardé mon historique.

« Il y a six mois, il battait à 70 pulsations.

— Ah… Laissez-moi réfléchir, j'étais peut-être amoureuse !

— Il faut faire quelque chose. Votre greffon se fatigue.

— Pourtant, je le ménage, je n'ai pas aimé depuis… Je ne m'en souviens même plus ! Faut faire quoi, docteur ? Pas de "re-greffe" ! Je vous en supplie.

— Non, nous n'y sommes pas encore. On va vous poser un pacemaker.

— C'est quoi exactement ?

— Un petit boîtier muni d'une pile qui va stimuler votre cœur.

— Et quand la pile est usée ?

— Tranquillisez-vous, on la change bien avant ! »

C'est ainsi que je suis devenue bionique.

Donc ma santé… Oui, il est possible que mon cœur lâche. Mais ce n'est pas « vrai ». C'est une éventualité. À cet instant où je vous écris, mon cœur se porte bien. C'est vérifiable.

Les statistiques des greffés cardiaques ne me sont pas favorables. Et alors ? Où me situer dans ces probabilités de longévité ? Dans la fourchette haute ou basse ? Nulle part ! Il y a trente ans, je devais vivre six mois. Ma vie n'appartient pas aux statistiques, ma vie n'est pas une éventualité. Tout cela n'est pas « vrai », pas certain. Je ne m'encombre d'aucune supposition. Je me rassure avec la vérité. Ma santé est bonne. Mon pacemaker envoie les bonnes impulsions et les piles sont chargées. Voilà qui est certain.

Que faire alors pour calmer mon angoisse, mon instinct de vie qui s'inquiète de ma santé à moyen terme ?

Me rassurer en constatant que je vais bien et décider d'un plan d'action pour que tout reste ainsi. Et s'il le faut, calmement, en bénéficiant des nouveaux progrès de la médecine, j'envisagerai une re-greffe... Mais pour l'instant, ce n'est pas vrai. Mon pacemaker a bientôt deux ans et tout va bien.

Mes plans d'action antistress

L'angoisse, ou l'excès de stress, est un redoutable ennemi du cœur et du cerveau.

Il y a dans la gestion efficace du stress une véritable source de bienfaits encore mal évaluée.

Quand je suis angoissée, je m'octroie une séance de relaxation profonde, je lâche prise, je « laisse faire l'univers... », je respire pleinement, je ferme les yeux en parcourant mon corps avec mon esprit, en constatant que tout va bien. Je me détends. Plus rien n'existe en moi, mis à part un sentiment de vie, calme, léger, lumineux. Je me répète ce qui est vrai : je vis, mon cœur bat, je peux me détendre, je vais bien, j'aime la personne que je suis, j'aime vivre, j'aime mon corps, je l'encourage, je suis en sécurité... Tout va bien.

En complément des séances régulières de relaxation, mon « plan d'action spécial santé » doit comprendre d'autres mesures concrètes que j'applique pour préserver mon cœur et mon corps :

- revenir aux bases, veiller à une bonne hygiène de vie : une alimentation saine (avec quelques écarts délicieux pour éviter la frustration), une activité physique douce, prendre soin de moi, être bienveillante avec moi-même (et avec les autres !) ;
- continuer d'encourager mon corps. Quand je médite, quand je prends conscience pleinement de mon corps en le détaillant mentalement,

j'ai l'impression d'être un général à la tête d'une armée formidable dont chaque petit soldat est une part active, un organe, un vaisseau, un globule, une cellule, que je motive et incite au combat !

Dernière action concrète pour préserver ma santé, je décide de ne pas suivre ma nouvelle ordonnance. Je vais limiter, diminuer la prise de psychotropes, anxiolytiques et antidépresseurs pour être à 100 % présente à la vie.

J'ai pris toutes sortes de médicaments et j'en prends encore à plus faibles doses pour voir la vie en rose. Or, la vie n'est pas rose. J'ai passé des années dans des brumes médicamenteuses à peu près confortables, mais qui m'empêchaient de voir vraiment la vie. Comme une drogue douce. Je ne le regrette pas, j'en avais besoin.

Vivre, c'est choisir de voir la vie comme elle est, belle et brutale. Je peux me retirer dans un monastère bouddhiste, un château de princesse, qu'il me reste à trouver, dans un rêve ou dans la brume, la réalité de la vie me rattrapera toujours. Vivre, ce n'est pas s'isoler dans ce qui nous est confortable. Vivre, c'est être dans la réalité avec les autres. C'est s'apercevoir que la réalité de ce qui se passe vraiment autour de nous est souvent plus douce que l'idée noire que l'on s'en fait.

Autant que possible, j'essaie de me passer de médicaments « roses ». Je vous conseille de le faire aussi. Simplement pour voir la vie telle qu'elle est et préserver cet organe magnifique qu'est notre cerveau.

Un jour, j'ai eu le vertige de passer toute ma vie sous antidépresseurs et de mourir sans avoir rien vu. J'ai fait face à la vie, je l'ai colorée de mon *optimisme vrai* et je l'ai aimée.

La vie est comme une femme : plus on l'aime, plus elle est belle.

Plan d'action pour mon avenir professionnel

Sur ma liste d'agents stressants et vrais, d'idées noires résistantes que je décide de traiter, il reste donc cette question : que puis-je faire pour mon avenir professionnel ?

Épouser un homme riche et faire du shopping ? Je discutais avec une grande comédienne, très belle, d'une autre génération, qui a toujours défendu la cause des femmes. Elle s'est mariée récemment pour la première fois. Alors que je lui faisais part de mes déboires amoureux, elle m'a surprise :

« Écoute bien ta vieille amie, ma Charlotte ! On est des artistes, des cigales, on mène une vie de bohème. En vieillissant, je n'avais plus un sou. J'ai toujours été amoureuse de mecs fauchés. Mon truc, c'était la passion, la vie qui brûle. J'ai vécu des histoires sublimes, mais quand je me suis renseignée sur le tarif des maisons de retraite, j'ai pris peur. Alors… lorsqu'il est arrivé avec ses millions et sa mauvaise haleine, j'ai dit oui ! Je mange beaucoup d'ail, je me mets au diapason, c'est bon pour la santé. Il est très gentil, on rit bien ensemble. L'amour, c'est pas un truc de vieux. T'as pas une santé de fer, ma Charlotte, assure tes arrières ! »

J'ai ri, mais je n'ai pas changé pour autant. Je n'ai jamais fait le choix de la prétendue matérialité rassurante. L'argent des autres n'est jamais à moi et le mien ne le reste pas longtemps. L'amour me rassure bien plus que l'argent. Je n'ai jamais « assuré mes arrières » parce que je n'ai jamais imaginé faire de vieux os. Peut-être devrais-je épargner, mais je n'y arrive pas. Je suis cigale bien plus que fourmi, insecte d'été. Je préfère voler, chanter, bien plus qu'emmagasiner et, dans l'immédiat, je dois réfléchir à mon avenir professionnel !

Je ne vois qu'une seule solution, toujours la même, agir sans attendre derrière mon téléphone, me bouger sans faire mon actrice déprimée que personne n'appelle !

Je réfléchis et je fais. Je bâtis un plan d'action spécial avenir professionnel.

On se sent toujours mieux après avoir agi. Dans chacune de nos actions, nous affirmons notre capacité à faire, à construire, à produire, à participer à la vie. Agir donne confiance.

J'avais besoin d'un projet, de gagner ma vie et de retrouver une utilité. Je souhaitais deux choses : refaire l'actrice et écrire un nouveau livre.

Plan d'action spécial actrice

J'ai passé la semaine à reprendre des contacts avec le monde de l'audiovisuel, à solliciter des entretiens, à harceler mon agent. Devant son apathie, j'en ai changé.

Résultats de mon acharnement : j'ai refait du théâtre et, belle surprise, TF1 m'a proposé le rôle d'une juge dans une série. Quand on agit, il se passe toujours quelque chose. Notre énergie ne se perd pas, elle nous revient. La chance sourit aux courageux. Et le courage, c'est gratuit. Parfois, j'en ai manqué. Alors je me suis souvenue qu'on a tous été courageux à un moment donné de notre vie. Et comme tout reste en nous, j'ai soufflé sur les braises de mon petit courage et je souffle encore !

Plan d'action pour écrire un nouveau livre

J'avais déjà le thème depuis quelque temps, je repensais aux mots de la bibliothécaire croisée au printemps : « Je crois que vos livres aident les gens… » Je savais que je pouvais le faire encore. Je n'avais pas tout dit.

Quand mon éditeur m'a contactée, je suis restée sans voix. Nos volontés étaient communes. Il m'a proposé d'écrire le livre dont je rêvais, un ouvrage de « dévoilement de soi », de développement personnel, comme on dit, de partage d'expérience, ma méthode, un souffleur de braises, sans fiction, un livre vrai à ma façon, qui puisse accompagner toutes celles et tous ceux qui comme moi traversent des épreuves.

Je me suis interrogée sur ma légitimité à écrire ce livre, n'étant ni psy ni thérapeute. Mon éditeur m'a encouragée et rassurée. Mon cousin et coauteur, Jean Arcelin, dit Jano le coach, aussi. Ils m'ont posé la même question : qu'est-ce qui t'a aidée pendant toutes ces années à tenir ? qu'est-ce qui fait que tu es toujours là, plus active que jamais ? J'ai répondu : l'optimisme. Mais dès que j'ai prononcé son nom, j'ai senti que ce mot seul n'était pas suffisant. Il était banalisé, forcé et manquait de réalisme. J'ai précisé « mon optimisme ». Jano a creusé :

« En quoi est-il différent de l'optimisme en général ?

— Il est vrai !

— C'est-à-dire ?

— Il y a la méthode Coué “Tout va bien se passer” alors qu'on est au plus mal et qu'on n'en sait rien, et il y a mon *optimisme vrai* qui tient compte de la réalité, de nos capacités, de notre action. “Tout va bien se passer parce que je fais tout ce qui est en mon pouvoir pour que tout se passe bien.” Je ne crois que ce qui est vrai. »

Ce matin de septembre, après une nuit d'orage, j'ai retrouvé toutes ces techniques que je connaissais, que j'avais appliquées, puis oubliées. Je les ai faites miennes, réinventées, organisées pour dépasser mes peurs et créer ma propre résilience, ma « vrai-silience ». Ce matin-là, j'ai composé mon *optimisme vrai* pour le partager.

En commençant à écrire, mon passé m'est revenu. Rien de sombre. Juste la vérité depuis mes premières années. J'ai revu certaines scènes, certains acteurs déterminants de mon *optimisme vrai*, j'ai repensé à la fillette, à la jeune fille que j'étais qui n'étaient pas optimistes. La femme l'est devenue.

7

L'apprentissage de mon *optimisme vrai*

Créer, c'est toujours parler de l'enfance.

Jean GENET

Noël est un de mes plus beaux souvenirs d'enfance, un des plus fondateurs aussi. J'y ai fait l'apprentissage du partage, du dialogue intérieur et de l'espérance, indépendamment de toute foi religieuse.

J'avais six ou sept ans. C'était le temps béni où j'étais encore fille unique. L'amour de mes parents n'était qu'à moi et cela me comblait. La naissance de ma sœur Aude (que j'aime !) a été un choc, un chagrin que j'ai gardé pour moi. Je devais partager l'amour. On devrait prévenir les enfants aînés bien à l'avance de l'arrivée d'une irréversible concurrence. J'ai passé sept années à être au centre de l'attention de mes parents, de leurs pensées, de leurs regards. Cela me vivifiait, me remplissait d'une forme de béatitude.

Quand j'ai perdu mon exclusivité, je n'ai eu de cesse de la retrouver. J'ai voulu attirer l'attention, de quelque façon que ce soit, retrouver cette moitié d'amour que j'avais perdue. Être au cœur, encore, tout entière. Retrouver dans la lumière des projecteurs celle qui brillait aux yeux de mes parents.

Maman me vénérait. J'étais ce premier enfant qu'elle a eu tard après avoir craint de ne jamais être mère.

J'ai été aimée, construite, mais en silence, dans la retenue des sentiments dont l'expression spontanée n'était pas de mise chez nous. Question d'époque, d'éducation, de caractère aussi. Cette réserve me pesait. C'était l'unique nuage dans mon ciel. J'ai manqué de caresses, de mots tendres. Un enfant n'est pas intellectuel. J'ai manqué de cet amour sensoriel, de ces gestes, de ces sons qui dessinent et chantent l'amour, qui rassurent en prouvant qu'il existe. Qu'est-ce qu'un amour sans mots, sans caresses ?

Noël était un moment privilégié, magique dont l'émerveillement me poursuit encore. Je peux rester longtemps, rêveuse, heureuse, transportée, devant les vitrines animées des grands magasins.

Dans le salon, nous faisions une crèche avec des santons de Provence aux détails minutieux. J'aimais l'âne gris et ses yeux tristes, le bœuf couleur de terre et l'Arlésienne, jeune femme au bonnet blanc, tenant sur l'épaule un minuscule fagot de bois que je rêvais d'embraser. Le petit Jésus dans son habit doré, emmailloté de paille comme un fromage rustique, me laissait indifférente, car je n'aimais pas les bébés, ces voleurs d'amour.

Je me souviens du sapin qui touchait le plafond en perdant ses piques, des boules trop lourdes qui se brisaient sur le sol et de la guirlande électrique qui clignotait. Elle montait en large spirale dans l'arbre jusqu'à ce cône de strass tout en haut que je voulais poser moi-même, en m'étirant de toutes mes forces sur l'escabeau.

La nuit, je me réveillais pour rallumer la guirlande. C'était irrésistible, une féerie à deux pas de ma chambre. Je m'asseyais au pied du sapin et regardais, fascinée, le spectacle de l'arbre qui scintillait, disparaissait dans l'obscurité du salon avant de rejaillir pour mon plus grand plaisir jusqu'à ce que Maman se lève et m'ordonne doucement d'aller me recoucher.

Noël était partout, chez nous, dans les boutiques, à travers les rues bondées, dans les décorations suspendues au-dessus de ma tête.

L'effervescence gagnait notre appartement. Mes parents s'affairaient plus que de coutume. Maman cuisinait des mets inhabituels, elle jouait du piano et emballait des paquets secrets que mon père rangeait dans l'armoire fermée à clé.

L'expérience de la crypte

La veille de Noël, mon père m'a dit :

« Demain, tu auras tes cadeaux, mais aujourd'hui, on va partager. »

Partager ? Quel mot étrange ! C'était pour moi un concept bien abstrait. Je n'avais personne avec qui partager, cela m'allait très bien. Pourquoi donner ce qui était à moi ? C'était absurde. Je préférais le contraire. D'ailleurs, j'ouvrais tous les paquets, y compris ceux qui ne m'étaient pas destinés.

« Oui, aujourd'hui, on va partager ce que l'on a, a insisté mon père, tu es en âge de comprendre maintenant, on va aider et prier.

— Mais aider qui, Papa ?

— Des personnes pauvres, seules, qui n'ont pour Noël que ce qu'on leur donne.

— Ils sont où ?

— À la crypte. Mets ton manteau et ton écharpe, il fait froid, on y va. »

Maman avait préparé des sacs entiers que nous apportions dans ce grand espace sous l'église qui servait l'hiver de lieu d'accueil pour sans-abri et personnes en détresse. Je découvrais des vêtements, des boîtes de conserve, de la mousse à raser, des gâteaux, des tablettes de chocolat et des cadeaux, de vrais trésors que nous tendions à une femme discrète. Pour nous remercier, elle nous proposa de nous asseoir avec une boisson chaude parmi ces personnes étranges de la crypte, une foule bruyante et inquiétante, que j'observais, collée à mon père. Quel drôle d'endroit ! Cela sentait mauvais, les femmes n'étaient pas bien coiffées, les vieilles dames avaient les ongles noirs et l'air triste, les hommes, le sourire troué, les joues violettes, ressemblaient à des clowns abandonnés.

Puis nous montions à l'église. Dans l'escalier, Papa me parlait. Dans la vie parfois, on pouvait tomber. Tous ces gens qui semblaient différents de nous étaient en fait de notre famille.

« Ils sont de notre famille, Papa ?

— De la famille des Hommes, on dit "humanité". Ce soir, nous leur avons donné et nous avons reçu.

— Quoi ? Moi, je n'ai rien eu !

— Qu'as-tu ressenti en offrant nos cadeaux ?

— J'ai eu peur ! »

Mon père avait ri.

« Parce que tu ne connais pas ces personnes, c'est la première fois, mais l'an prochain, quand tu donneras, tu ressentiras de la joie. »

La crypte est restée longtemps en moi. J'ai fait des choses semblables jusqu'à ce que la maladie me referme sur moi-même. J'ai eu l'égoïsme des malades qui veulent avant tout sauver leur peau. En allant mieux, j'ai retrouvé la joie de donner.

Dans l'église, mon père allumait deux cierges, dont un qu'il me tendait :

« Nous allons prier maintenant.

— Le bon Dieu ?

— Qui tu veux, Charlotte, mais prie ! Prie pour eux. »

Je me souviens de « Qui tu veux ». L'important n'était pas le nom de notre dieu, c'était de prier, de me recueillir, de me concentrer, d'écouter cette voix silencieuse en moi. Je faisais ma prière les mains jointes, les yeux clos. Inaudible aux humains, il paraît que Dieu l'entendait. Je changeais d'interlocuteur. Une fois, je priais la Sainte Vierge et sa belle robe bleue ; une autre, Jésus et ses horribles clous dans les paumes. Je pensais que c'était des boutons jusqu'à ce que j'apprenne la barbarie des Hommes.

« C'est qui Dieu, Papa ?

— Le créateur de l'univers, l'inventeur de notre vie. »

Je restais silencieuse, essayant de comprendre, puis reprenais mon enquête :

« Il est où ?

— Partout, mais on ne le voit pas.

— Alors comment tu sais qu'Il existe ?

— Je le sens.

— Qu'est-ce qu'Il fait toute la journée ?

— Je ne sais pas, Charlotte… Il fait ce qu'Il peut ! Comme nous tous. Enfin, plus que nous. Beaucoup plus. Mais pas tout. Prions pour qu'Il continue, pour qu'Il fasse le plus de bien possible.

— Nous aussi, on a fait le bien !

— Oui, on essaie. »

Après ce Noël à la crypte, j'ai longtemps prié Dieu sans idée précise de son pouvoir, avec en moi un doute grandissant, car dans la rue, dans les cryptes, rien ne changeait. Ces hommes et ces femmes étaient toujours là.

Un jour, mon père m'a demandé :

« Que ressens-tu quand tu pries ? »

Il s'attendait sûrement à une réponse spirituelle, altruiste.

« Ça me fait du bien ! »

C'était vrai. Prier me rassurait, calmait mes peurs d'enfant. J'aimais l'idée d'une puissance supérieure, protectrice. J'avais un caractère affirmé, mais je pressentais que mon petit bonheur était fragile. Au fond de moi, je ne croyais pas à la réalisation magique de tout ce que je demandais, ma liste était trop longue, j'espérais simplement avec force qu'un vœu ou deux seraient exaucés. Mon idéalisme, mon espérance naissaient en même temps que mon réalisme.

Cette voix en nous

Assez vite, je remarquais que mes prières avaient plus d'effet sur moi-même que sur Dieu ou les autres. Elles me rendaient joyeuse, confiante, me donnaient l'envie de faire, de participer à leur concrétisation. Pendant ce moment silencieux où j'exprimais mes rêves, mes observations, mes souhaits, je découvrais qu'il était possible de se parler, de plonger en soi comme dans un lit douillet, d'interroger une petite fille jumelle qui n'était pas vraiment moi ni une autre. En priant, je dialoguais avec moi-même.

J'ai parlé à Papa de cette voix en moi. Il m'a répondu en prononçant un nouveau mot :

« C'est à ton âme que tu parles. C'est elle qui résonne en toi. »

J'avais donc une âme ! Ça devenait très mystérieux. Cette voix douce, murmurée, ce souffle qui le soir me répondait sans un son, c'était mon âme.

« C'est quoi l'âme, Papa ?

— Une part de nous qui parle à Dieu, notre part de lumière. »

Quand j'ai découvert mon âme, je n'en suis pas revenue ! J'ai eu l'impression de détenir un trésor que chaque soir j'admirais. J'interrogeais mon âme sans cesse, comme une sœur discrète, un double sage. Et mon âme me répondait, bien mieux que Dieu. Avec elle, je n'étais jamais seule.

C'est ainsi qu'au-delà de toute croyance religieuse, j'ai appris l'espérance, l'introspection et la foi en quelque chose de supérieur, une force, une lumière, peu importe son nom, à l'origine de notre vie.

J'ai appris la foi, d'abord en moi-même, cette façon de mobiliser mes forces, de croire en moi. J'ai découvert le pouvoir du dialogue intérieur, entre désir et raison, rêve et réalité, peur et confiance.

Quand, à peine sortie de l'adolescence, j'ai été confrontée à la mort, j'ai tout arrêté. Un monde meilleur n'existait pas. Dieu était vraiment invisible. Faire le bien ne servait à rien. Croire en soi, croire aux autres, c'était des conneries. Les prières ne changeaient rien. Des êtres bons mouraient tous les jours, c'était mon tour. Mon petit bonheur volait en éclats.

Tout était absurde. La nuit était la vraie couleur de la vie. J'ai ressenti ce que ressentent les Hommes quand ils sont meurtris au plus profond de leur chair, là où commence la vie, quand tout ce qu'ils redoutent, contre quoi ils priaient, d'un seul coup les accable. J'étais plongée dans le malheur, la souffrance, blessée et révoltée. Mes parents étaient dévastés, à cause de moi, après toutes ces années d'attention, de Noël et de crypte.

J'avais dix-sept ans. Bien sûr, c'était injuste, comme la vie, la mort.

Prier, c'était pour les bigots, aveugles et lâches, qui refusent de voir la violence et l'absurdité en face. Rien ne marchait. On allait tous crever, moi en premier. Dieu avait disparu. Il m'avait lâchée, pire encore, Il était impuissant, plus faible que chacun de nous.

Dans ce chaos, deux choses résistaient comme le roseau sous le vent, deux forces inouïes, insoupçonnées : mon âme, cette voix à l'intérieur de moi, et mon désir de vivre.

Mon âme était toujours là, effondrée, mais vivante. Elle ne parlait plus à Dieu mais à moi, elle disait tout bas : « Tiens bon, Charlotte, regarde, tu es en vie... »

Je l'ai écoutée, je me suis écoutée, je me suis concentrée sur moi-même, j'ai regroupé mes forces. Je n'ai plus cru qu'en moi, en ma propre foi et en mes parents. Maman m'a embrassée plus que de coutume, on aurait dit qu'elle le voulait pour elle, ce virus, l'aspirer par ses baisers.

J'ai cherché mon pouvoir et je l'ai trouvé. J'ai contracté un autre virus, celui de la rage, la rage de vivre. J'ai voulu à tout prix continuer pour réparer l'injustice. Celle qui m'était faite, puis, si je le pouvais, toutes les autres. J'ai douté de Dieu, je L'ai provoqué, chassé, puis petit à petit, Il est revenu. Mon âme Lui a reparlé.

Il n'y a pas si longtemps, j'ai même trouvé un sens à mon petit malheur. J'ai compris qu'il n'était pas absurde, pas plus injuste que le reste. Je vivrai sûrement moins longtemps mais plus intensément à mesure que ma joie d'aimer et de partager grandit.

Dans la crypte, dans la prière, j'ai appris l'espérance, l'attente confiante de quelque chose de meilleur, que l'on nomme l'optimisme. Et le pire est arrivé. Ou le meilleur ?

À mon recueillement, à mon espoir, j'ai ajouté un nouvel ingrédient : mon propre pouvoir de changer les choses. Je me suis passionnée pour ma capacité d'action bien plus que celle de Dieu et pour le temps présent, le seul qui m'était offert, qui était vrai.

8

À cet instant, je vais bien, et vous ?

Et si c'était ça le bonheur, pas même un rêve, pas même une promesse, juste l'instant.

Delphine DE VIGAN

C'était il y a trente ans dans la nuit du 31 décembre. Je réveillonnais avec une joyeuse bande. Il neigeait sur Paris.

Peu après minuit, malgré le froid, j'étais sortie à cet instant où tout le monde s'embrasse et fête le temps qui passe. J'avais besoin de me retrouver seule. Cet élan de joie collective me devenait pénible. « Bonne année ! Belle et heureuse année ! Et surtout une bonne santé ! Que tout ce que tu souhaites se réalise !... » Ah bon ? C'est possible ça ? Ces mots bienveillants sonnaient creux. La joie semblait factice. Je me dissociais de mes hôtes et m'échappais.

La fête avait lieu dans un très vieil immeuble près de la place de la République. Discrètement, j'ai quitté l'appartement et grimpé à pas de chat jusqu'en haut de l'escalier. Je me souviens des marches en bois qui craquaient comme dans notre maison familiale du Val-André. Je me souviens de la neige et du froid, et de Montmartre, blanc, illuminé, émergeant dans la nuit comme un mirage, un autre Taj Mahal.

J'ai toujours aimé les toits de Paris, ces sommets plats en dégradés de gris. À la première occasion, je monte à cette petite altitude où je me sens bien. J'y trouve l'horizon qui me manque parfois dans la ville et quelque chose d'indéfinissable, un sentiment vif, particulier, entre ivresse, bien-être et nostalgie. J'ai dû être chat de gouttière…

Au dernier étage, il y avait une trappe et une échelle métallique. C'était dangereux, je le savais, la neige qui crissait sous mes pas rendait le zinc glissant, mais je m'en fichais. J'ai crapahuté jusqu'à un terre-plein à peu près stable, ceint d'une fine rambarde. Les pieds bien à plat, je pouvais lever le nez. La vue était grandiose. La neige sur Montmartre me rappelait ces boules de verre que l'on retourne. Enfant, j'en possédais une avec le Taj Mahal que j'ai dû renverser mille fois. Mon père, de formation scientifique, tenait à préciser : « Il ne neige pas sur le Taj Mahal en zone subtropicale… » Ce soir-là, il neigeait sur les toits, dans ma boule grandeur nature. Je soufflais dans mes mains pour me tenir chaud. Quelques larmes s'échappaient de mes yeux. Était-ce le froid ? À peine formées, elles gelaient.

La question de mon amoureux tournait en rond dans ma tête : « Qu'est-ce que je peux te souhaiter, Charlotte, pour cette nouvelle année… ? »

Il ne savait pas que j'étais contaminée. Nous nous connaissions depuis peu. Nous nous protégions bien sûr, mais je n'en parlais pas. Pas avant quelque temps. J'avais besoin de vivre cette insouciance qui précédait mon annonce. Je choisissais le moment, avec soin, je priais pour que cela se passe bien. J'exprimais ma vérité, clairement, j'allégeais mon cœur avec un sourire qui disait « aime-moi quand même, j'en ai besoin ». Mais l'instinct de survie est plus fort que l'amour. On m'a fuie comme la peste.

Deux amoureux sont restés. La première fois, Christophe. J'étais tellement heureuse, surprise et coupable que j'ai brisé moi-même cette histoire trop belle. La seconde, j'ai été plus sage. J'ai épousé cet homme agenouillé devant moi, Arthur, assez fou pour me faire un enfant.

Se concentrer sur le présent

À l'exception de ces moments de vérité que je devais à mes amoureux, je ne pensais pas à ma séropositivité. J'avais la force d'oublier et la jeunesse de penser que rien n'était vraiment grave.

Oublier, c'était ma stratégie instinctive pour tenir. Ne pas penser, sauf dans ces moments où les autres, obsédés par l'avenir, m'imposaient de réfléchir à l'année qui venait. Impossible de répondre. Mon amoureux souhaitait des projets mais le futur n'existait plus pour moi. J'espérais vivre longtemps sans regarder devant. Je m'attachais au présent, je ne pensais plus qu'à lui, à l'intensifier, à enrichir chacune de ses secondes comme on agite des atomes pour obtenir une force nucléaire.

Je voulais vivre mon présent le plus intensément possible, de sorte qu'il puisse chasser ces autres temps qui m'empoisonnaient, mon passé coupable et un futur barré.

J'aime le temps présent, passionnément. Je n'ai rien contre mon passé, mon futur, je les laisse simplement tranquilles.

Mon passé a fait de moi celle que je suis, un être façonné par chacun de ses souvenirs. Il est passé et non modifiable. Je l'accepte et le laisse où il est autant que possible. Quand il revient me hanter, mordre mon petit bonheur, je lui souris et il s'en va. Du passé, il n'y a qu'une seule chose que l'on peut changer : notre regard sur lui. Et c'est beaucoup.

Quant à mon futur, ce beau mystère, je le construis maintenant. C'est en étant présente à 100 % à la vie que je tisse à chaque instant son fil. Et quand j'y pense, je me souviens de Montmartre illuminé dans la nuit.

Pour offrir le meilleur de nous-mêmes, pour savourer la vie et graver notre mémoire de nouveaux souvenirs, nous avons besoin de 100 % de notre attention, de ne pas conjuguer tous les temps à la fois. Je suis en train d'écrire, tout en pensant à une scène difficile que je dois jouer demain, tout en me souvenant d'un temps lointain où ma vie était plus facile et de cet homme dans l'avion qui ne m'a pas rappelée. Non ! Le meilleur de nous-mêmes et la vie réclament notre concentration.

Et vous, à cet instant, dans quel temps êtes-vous ? Passé, présent, futur ? Quel est le degré de votre concentration ? Êtes-vous présent, attentif à 100 % ?

Quoi que vous fassiez, concentrez-vous. Cela décuple votre efficacité et vous ramène au présent, à la vie maintenant.

J'ai cessé, malgré quelques ratés, d'affoler mon esprit et mon corps avec un futur hypothétique, des pensées noires sans matérialité et un passé qu'il était souvent tentant de ressasser.

S'attacher à ce qui est sûr

À l'hôpital, j'avais demandé mon espérance de vie. Je voulais la vérité. Le professeur en infectiologie m'avait répondu le visage placide :

« Six mois ou peut-être plus.

— Six mois ? Mais c'est rien, c'est demain ! »

Il n'y avait pas de traitement. Rien. On ne savait pas grand-chose sur le VIH si ce n'est qu'il se propageait par ce qui d'habitude donne la vie : le sperme et le sang.

J'avais dit au docteur :

« Mais je ne me drogue pas, je n'ai fait que l'amour... »

Comme pour dire que j'étais moins coupable. C'était absurde, mais dans ces moments-là on ne pense qu'à soi, on veut hurler qu'on n'a rien fait de mal. On est innocent. Ce doit être une erreur.

« Peu importe ce que vous avez fait, mademoiselle, vous êtes contaminée, avait rétorqué le professeur.

— C'est sûr ?

— Votre contamination ? Oui, certain.

— Non, mon espérance de vie ?

— Six mois ou peut-être plus, je vous l'ai dit.

— Mais ce n'est pas sûr que je vive six mois ?

— On n'est sûr de rien, mademoiselle, avec le VIH.

— Alors n'en parlons plus ! Parlez-moi de ce qui est sûr, de ce qui est vrai à 100 %. Le reste ne m'intéresse pas, ça n'existe pas. La maladie, pour l'instant, elle est sur votre papier, pas en moi. Votre virus, je ne le sens même pas !

— Rien n'est sûr, avait répété le docteur, à part votre séropositivité.

— Alors n'en parlons plus... »

Je m'étais levée, désespérée et enragée. J'avais la fougue de mon âge et une certaine arrogance. Je détestais que les choses n'aillent pas dans mon sens. Pour prouver ma bonne santé, j'avais eu ce réflexe de tendre les bras, de montrer ma peau immaculée. « Vous voyez bien, docteur, que je ne me drogue pas. Ce n'est pas moi... »

En quittant son bureau, j'avais dit :

« Ce qui est sûr, c'est qu'en ce moment, à cet instant où je vous parle, je vais bien, mon corps va bien. Regardez-moi, je suis en pleine forme ! Et je vais le rester. Je me fiche de ma contamination. En ce moment, je vais bien, c'est tout ce qui compte. Et tout ira bien... »

Sans le savoir, je venais de formuler une technique thérapeutique puissante que je conceptualiserais des dizaines d'années plus tard, après l'avoir appliquée par intermittence dès l'âge de dix-sept ans.

C'est à elle que je dois ma survie, peut-être davantage qu'aux progrès de la science, à cette thérapie que je dois d'avoir transformé mon espérance de vie de six mois à trente ans « et peut-être plus ».

Entre ma contamination et les premiers traitements efficaces par AZT se sont écoulées dix années pendant lesquelles seuls mon esprit et ma façon particulière d'appréhender la vie m'ont sauvée.

Quand ce livre sortira, j'aurai cinquante ans. Cinq bonnes vieilles dizaines d'années ! Incroyable mais vrai. Un demi-siècle et « peut-être plus ». Sûrement plus. Je le souhaite, je le veux, mais le futur m'intéresse infiniment moins que mon présent, notre présent.

Les chemins les plus beaux sont tortueux, pavés chaque jour des pierres posées à nos pieds. Leur beauté apparaît pas à pas.

Le temps présent, c'est ce pas que nous faisons ensemble, ce moment où je m'adresse à vous, chère lectrice, cher lecteur, où s'offrent la vie et ses élans, ses possibles. La vie s'écoule là, maintenant, à cet instant où vous me lisez. Elle est là. Pas dans le passé ou le futur. Elle n'existe qu'à cet instant où le sang gicle silencieusement dans nos veines, à la vitesse de 40 centimètres par seconde, dans notre corps courageux que l'on oublie, sauf quand il va mal, où bat inlassablement, comme par magie, notre cœur. La vie n'est que là. Dans l'instant de ces mots, dans le silence d'une chambre, le vacarme du métro, à la terrasse d'un café, sous un arbre, dans le chant d'un oiseau.

Reconnaissons cet instant de vie qui ne reviendra pas. Vivons-le, respectons-le. Fêtons-le. Prenons conscience d'être formidablement vivant.

Hâtez-vous de vivre vraiment, sans attendre, il est plus tard que vous ne croyez. N'attendez pas comme moi la possibilité de perdre la vie pour comprendre son prix.

La vie est une chance. Si vous ne le pensez pas, alors faites-moi confiance et poursuivez votre lecture !

Prenez quelques secondes, une minute tout au plus, pour apprécier ce moment de vie, ce pas en chemin. Posez ce livre (avant de le reprendre !) pour ressentir la vie, votre vie, et vous dire qu'à cet instant tout va bien, que votre cœur ami que vous n'entendiez plus bat pour vous maintenant. Écoutez-le. Respirez profondément, lentement, fermez les yeux, si vous le souhaitez, pour ressentir l'air, ce vent de vie, entrer en vous, ressortir, revenir. Une petite minute pour vous écouter vivre.

Si votre présent comprend des épreuves, si tout à l'heure encore vous étiez tourmenté, prenez conscience pendant une minute du pouvoir de votre esprit de faire naître maintenant un instant de bien-être. Autorisez-vous cette parenthèse. Si vous le pouvez, pensez comme je l'ai fait des milliers de fois dans ma vie : « À cet instant, je vais bien, c'est vrai. »

Le présent était ma priorité, mon seul horizon. J'avais appris à ne penser qu'à lui, sauf en ce soir de réveillon.

Que pouvait-on me souhaiter ? Je ne le savais pas. Après un grand blanc, mon cerveau habitué à fonctionner au présent avait trouvé : d'avoir vingt ans ! Cette pensée me rendait joyeuse. J'avais fixé Montmartre comme une cime désirable et m'étais mise à rire. Dans quelques minutes, j'allais me transformer en bonhomme de neige. Je n'aurais jamais vingt ans puisque j'allais mourir de froid. La rumeur de la rue invisible me rappelait la hauteur de l'endroit. Je venais éprouver la vie sur ces toits, réaffirmer à chaque fois mon désir de vivre.

Si j'avais cru tout ce que l'on disait dans les années 1980 sur le VIH, tous les fantasmes et toutes les peurs des Hommes hantés par ce qu'ils ne maîtrisent pas, la mort, le sexe et l'addiction, alors j'aurais pu me jeter de ce toit. J'y pensais parfois. Cela m'arrive encore. Ma psy m'affirme que c'est bon signe. Penser à la mort, c'est aussi invoquer son contraire.

Je me tenais debout avec précaution, mes mains étaient accrochées à la rambarde. Je me concentrais sur ma vie, sur mes sensations aiguisées par le danger et la beauté du lieu, Paris la nuit sous la neige. J'éprouvais à quel point je tenais à cette vie. J'avais pleuré et ri. Je réfléchissais à l'origine de mes larmes et l'idée d'un possible dernier réveillon surgissait.

Je devais chasser cette idée noire, m'en tenir au présent, à Paris, à maintenant, à ces premières heures du nouvel an. Je laissais mon futur sombre s'en aller, disparaître dans le ciel enneigé, car il n'existait pas. Mon présent était attristé par une supposition négative qui n'avait aucune réalité. C'était totalement incertain. Ce futur qui m'avait fait pleurer n'était qu'une idée, une possibilité, du vent. Il n'était pas VRAI.

La vraie couleur du temps présent

Je développais sur les toits de Paris cette notion de vraie couleur du présent, en ne considérant « vraies » que les choses certaines, palpables, prouvables. Je pensais au sens de ma réponse au professeur. « Ce n'est pas vrai que je vais vivre six mois. » C'était possible, mais ce n'était pas vrai.

Doit-on être affecté par tout ce qui est possible ? Non ! Je décidais que mon présent ne serait plus assombri par ce qui n'était pas vrai.

Sans cette idée noire d'un possible dernier réveillon, mon présent était doux, beau. Alors je la laissais se détacher de moi. Mon idée noire allait se fondre dans la nuit d'où elle venait.

De la même façon, quand une idée noire vous tourmente, posez-vous cette question, comme moi en ce soir de réveillon : est-ce vrai ? Mon idée noire est-elle vraie ? Est-il certain qu'elle devienne une réalité ? Si la réponse est non, laissez-la s'en aller en pensant qu'elle n'est pas vraie.

L'*optimisme vrai* se construit à l'aide de la vérité, en laissant filer ce qui nous attriste, nous limite, nous ronge.

Dans l'instant, je me sentais bien. Le décor tenait de la magie. Au fond de moi, derrière mon idée noire, je ne croyais pas à l'issue fatale de ma contamination. J'avais formidablement envie de vivre. Je le réalisais. Le danger permet cela. Il nous attire, comme ces toits glissants, pour ressentir ce qui semblait parti, notre désir de vivre.

Je résistais au froid quelques minutes encore, j'avais besoin d'être là, de fixer l'horizon noir et blanc. À l'aube de cette nouvelle année, je sentais des ailes invisibles se déployer.

« Qu'est-ce qu'on peut te souhaiter, Charlotte ? »

Dans la nuit, j'avais dit :

« D'avoir vingt ans… »

Puis j'avais hurlé :

« J'aurai trente ans, quarante ans ! J'aurai cinquante ans ! »

Je m'étais arrêtée à cette dizaine respectable. En 1987, dans mon cas, cela tenait de la science-fiction.

Personne ne pense à vieillir à dix-neuf ans, moi j'en rêvais. Vieillir, c'est avant tout continuer de vivre.

À chaque dizaine d'années prononcée, prise d'une fièvre soudaine, je secouais la rambarde pour m'encourager. Quand j'ai crié « cinquante ans ! », une tige rouillée s'est dessoudée sous la pression de mes mains. La rambarde a glissé. Et moi avec. À moins de deux mètres, il y avait le vide et la rue sept étages plus bas. Déséquilibrée, je me suis redressée *in extremis*. Mon cœur a bondi. Mon corps a frémi. J'ai reculé lentement vers la trappe en fixant la rambarde décrochée. Mourir tombée d'un toit, sans aucune volonté d'en finir, quelle absurdité ! De nouveau, j'ai ri.

De retour sur le palier, couverte de neige, je suis tombée nez à nez avec mon amoureux qui s'inquiétait. Connaissant mon attirance pour les toits, il m'avait rejointe. Il s'est d'abord moqué de mon aspect, puis m'a prise dans ses bras pour me réchauffer. Il m'a embrassée, a léché mes joues glacées, et, obstiné, il m'a redemandé :

« Qu'est-ce que je peux te souhaiter, Charlotte ? Tu ne m'as pas répondu.

— D'avoir cinquante ans ! »

Après un silence, il a continué :

« Avec moi ? »

Je crois que j'ai dit oui.

Dans quelques mois, je fêterai mon anniversaire. J'ai du mal à y croire. Chaque année qui s'écoule est comme un bonus.

Les coups durs de la vie ont des effets contraires, ils font vieillir et figent le temps où ils frappent. J'ai cent ans et dix-sept à la fois. La moyenne s'approchant de mon âge réel.

À Montmartre, j'ai fait à la vie une promesse que j'ai tenue. Ce n'était pas gagné. Je devrais la refaire au prochain réveillon, en reprendre pour cinquante ans de cette drôle de vie.

Oui, j'en veux encore ! D'aucuns pourraient me dire maso. Non, pas maso, amoureuse. Comme dans une chanson de Véronique Sanson. J'aime la vie, avec la force de ceux qui peuvent la perdre à tout instant. J'aime ma vie comme elle est, j'ai mis du temps à l'aimer et, chose étrange ou peut-être naturelle, je ne l'échangerais pour rien au monde.

9

Sophie, la sophrologue providentielle

Toute vie véritable est une rencontre.

Martin BUBER

Quelques années après ma contamination, alors que j'allais bien, mon virus sommeillant en moi, j'ai eu après une rupture amoureuse brutale un terrible contrecoup. J'habitais seule rue du Petit-Musc à Paris dans un appartement ancien aux larges poutres apparentes.

Déprimée, je suis allée dans un sursaut de vie chercher un chat à la SPA. Il était gris, tigré, prostré dans un coin de sa cage. Ses yeux bleus écarquillés clignaient sous la pluie. La pancarte disait : « Fripouille, 9 mois, mâle de races mélangées, affectueux ». Il n'était pas écrit qu'il était dépressif. Du moment où j'ai ouvert la cage, il n'a plus quitté mon épaule. Fripouille était craintif et n'aimait que moi. Le vétérinaire m'a informée d'un syndrome post-traumatique. Mon chat s'était mal remis de je ne sais quel passé. Sur mon épaule, il était bien.

Fripouille était incroyable, un chat psychologue. Nous partagions nos peines. Quand je pleurais, il plongeait sa tête dans mon cou jusqu'à ce que j'arrête.

Comme Fripouille, à part lui, je ne supportais plus personne. Pas même mes parents. J'avais honte en fait et ne voulais plus qu'on me touche. Je devenais allergique à ce contact physique par lequel j'avais été contaminée. Je gardais tout le monde à distance. J'avais tenté d'être encore amoureuse, je voulais croire que je restais « aimable », mais ça ne marchait pas. On avait peur de moi. Je me repliais sur mon secret et sur mon chat.

Un soir, j'ai eu une première crise de panique, comme un trop-plein qui se déversait. Toutes ces nuits à oublier, à me distraire, à ravaler ma peine éclataient en une seule. Mon secret silencieux, insidieux m'avait rattrapée et se mettait à hurler. J'avais beau me répéter comme à chaque fois que tout irait bien, ce soir-là je craquais, plongée dans l'angoisse, menacée, l'esprit irraisonnable, fou, le corps recroquevillé en position fœtale. Autour de moi, les poutres se rapprochaient. Elles allaient m'enserrer, me mettre en cage, me crucifier. Je n'osais appeler personne, j'en étais incapable, je tremblais en attendant que vienne le sommeil.

Au matin, je réussis à me lever. Je m'étais endormie dans le salon à même le sol. Fripouille miaulait en se frottant à moi. Il n'avait plus rien à manger. Moi non plus, mais je m'en fichais. Pas mon chat. Je devais sortir. Je me suis agenouillée, il a grimpé sur mon épaule.

Impossible de rentrer dans l'ascenseur. En une nuit, il était devenu trop étroit, j'étouffais. Dans l'escalier, je frôlais le mur. Sur un palier, j'ai croisé une femme qui poussait des cartons. Je me suis excusée en passant sans la regarder. Quand elle a posé sa main sur mon épaule pour caresser Fripouille, je me suis arrêtée. Cette main inconnue me faisait du bien.

« Je m'appelle Sophie, pardon pour le dérangement, j'emménage aujourd'hui, j'arrive de ma campagne. Je suis votre nouvelle voisine, enchantée !

— Bonjour… Charlotte, enchantée… »

Je ne la regardais toujours pas.

« Ça ne va pas ? »

Je restais silencieuse.

« Il est joli, votre chat, c'est original, vous le portez toujours comme ça ?

— Oui… Il ne supporte pas d'être seul.

— C'est un chat un peu chien ! »

J'ai souri. Sophie portait de grosses lunettes rondes et rouges, et des taches de rousseur.

« Il s'appelle Fripouille, je crois qu'il a été malheureux.

— C'est dommage, je ne soigne pas encore les chats !

— Pourquoi ?

— Je suis psychologue sophrologue.

— C'est quoi ?

— J'enseigne la relaxation profonde, le lâcher-prise, le respect de soi, comment gérer son stress, l'anxiété chronique, nos peurs, tout ce qui nous gâche la vie en somme ! Vous voyez ?

— Très bien.

— Mais en ce moment, j'aimerais être déménageur, avec des gros bras tatoués !

— Je peux vous aider.

— C'est gentil. Moi aussi, Charlotte, je peux vous aider… »

Créer la paix en nous

La sophrologie, ou l'art de calmer notre esprit en nous concentrant sur notre corps dans l'instant présent, m'a beaucoup apporté. Ce qui est fascinant, c'est ce pouvoir que nous avons tous de faire naître, n'importe quand, quelle que soit notre situation, en soi, un moment, une oasis de bien-être.

Je commençais dès l'après-midi ma première séance avec Sophie au milieu des cartons. Elle m'a appris à respirer, à me concentrer sur mon souffle, à maîtriser pleinement cette fonction vitale, à suivre mentalement les yeux fermés ces flux d'air en moi, à imaginer la circulation de mon sang gorgé d'oxygène dans tout mon corps, un sang clair en bonne santé. Pas de mauvais sang.

Elle m'a expliqué que nos poumons sont le seul organe vital que nous pouvons maîtriser. Et ce n'est pas un hasard ! Notre souffle nous masse de l'intérieur. Il peut créer le calme ou l'excitation. L'oxygène fait tourner la tête comme le champagne. Maîtriser son souffle, c'est maîtriser son corps, son rythme, sa vie.

Sophie m'a appris à respirer et à explorer l'instant présent, à ressentir la vie s'égrainer chaque seconde. Grâce à elle, j'ai commencé à contrôler mon corps par la force de mon esprit. Sophie m'a massée aussi, elle m'a redonné par sa bienveillance le goût du contact.

Sophie m'a appris à méditer, à reposer mon esprit, à le libérer de toutes mes pensées, à le laisser voguer au-delà de toute réalité. Quelques minutes, je me suis imaginée feuille d'un grand arbre bercée par le vent, étoile filante dans un ciel immense, coquillage sur la plage, coquelicot... J'ai commencé à visualiser mon corps, son enveloppe, son intérieur, à l'encourager, à motiver toutes ses petites cellules vaillantes. J'ai appris à parler à mon corps. Je l'ai envisagé autrement que comme le porteur coupable, négligeable, d'un virus. Il est devenu mon allié, concret, pleinement vivant.

« Quand vous êtes angoissée, que faites-vous pour vous rassurer ? m'a demandé Sophie.

— Je me répète que "tout ira bien". Mais ça ne marche plus.

— C'est normal.

— Pourquoi ?

— Parce que ce n'est pas vrai.

— Ça va donc mal se passer ?

— Pas du tout ! Mais nous n'en savons rien. Croire que tout va bien se passer, c'est de l'optimisme forcé, c'est la méthode Coué, ça ne marche pas. C'est juste agréable de le penser. Pourquoi évoquer le futur ? On ne le connaît pas. On ne sait pas si cela va bien se passer. C'est un souhait, de la bienveillance, mais ce n'est pas vrai, cela ne peut donc pas nous rassurer. Vous comprenez ?

— Oui, je vois. C'est curieux, au début je disais "je vais bien" comme je l'avais dit au médecin. Je ne sais pas comment j'ai glissé vers le futur.

— Parce qu'il nous inquiète, il est inconnu. On connaît le présent, on l'affronte, c'est sur notre futur que l'on a besoin d'être rassuré.

— Que faut-il se dire, alors ?

— Des mots vrais, affirmatifs, simples comme “je vais bien”, si c’est le cas.

— Et si on ne va pas bien ?

— On peut se dire qu’on est en vie, qu’on a déjà rencontré la difficulté, ressenti le mal-être et que pourtant on est en vie, que nous avons les capacités nécessaires pour affronter notre vie, ce qui est vrai. On peut se dire aussi que l’on a confiance en soi.

— Et si ce n’est pas le cas ?

— On a toujours un peu confiance en soi. La vie serait insupportable autrement. Vous êtes sortie de chez vous, ce matin vous avez posé le pied par terre. Si vous n’aviez pas du tout confiance en vous, cela vous serait impossible. La confiance en soi fluctue selon les épreuves et les cycles de la vie. Mais elle ne s’éteint pas. Elle est une flamme, parfois petite, que l’on peut toujours raviver.

— C’est quoi avoir confiance en soi ?

— C’est croire que l’on peut vivre bien. C’est reconnaître nos qualités. Connaissez-vous une femme, un homme sans qualités ?

— Non.

— Alors on peut avoir confiance en soi. On peut aussi la faire grandir. Quant au futur, c’est comme le passé, laissons-le où il est. Il vient bien assez vite. Concentrons-nous sur le présent, sur ce qui est vrai, agissons, faisons au mieux maintenant. Vous n’aviez pas envie de sortir de chez vous, n’est-ce pas ?

— Non.

— Vous avez fait au mieux. Vous avez fait ce que vous avez pu. C’est bien. Dites-vous que c’est bien. Ce chat sur votre épaule, ce n’est pas un hasard ?

— J'étais seule.

— Et vous avez agi, c'est bien. Comment décririez-vous votre état d'esprit actuel ?

— Anxieux...

— La prise de conscience de tout ce qui va bien, l'action et la maîtrise de notre respiration sont les meilleurs remèdes contre l'anxiété. On respire, on détend notre corps, on le repose, on pense à ce qui est positif et on agit ! Comment va votre santé, autrement ?

— Ça va...

— Alors dites-vous cela, "je vais bien", "je fais de mon mieux", "j'existe pleinement", "j'ai des qualités", "je respire", "mon cœur bat", "je vis", parce que tout cela est vrai, c'est la réalité de votre présent, et agissez. Soyez douce avec vous-même, bienveillante, comme avec Fripouille, comme vous le seriez avec votre meilleure amie, et restez active. La plus petite action ranime le sentiment de vie. »

Souvenons-nous de nous faire du bien

Au bout d'un an, Sophie a déménagé. Elle est repartie dans sa campagne. « La grande ville lui donnait le tournis. » Et j'ai rencontré Claire, ma psy. J'ai changé de méthode.

J'ai arrêté à tort la méditation, la visualisation de mon corps, mes échanges avec lui. Je ne sais pas pourquoi. Un besoin de changement, la lassitude de la rigueur exigée par ces exercices pourtant tellement bénéfiques.

Si seulement nous appliquions tout ce que nous savons déjà qui nous fait du bien !

Existe-t-il en nous une volonté contraire de ne pas nous faire du bien ? C'est possible et inconscient. Il est bien plus facile de changer d'avis que nos habitudes. Nous avons besoin de nous éprouver en dehors de ce qui nous fait du bien, d'emprunter des chemins sinueux avant de nous trouver. Pourquoi ai-je fumé parfois intensément ? Par plaisir ? Sûrement pas. Nous sommes curieux de nature, peu dociles et changeants. Et la vie a ses cycles.

Il est simplement bon cependant de se souvenir régulièrement de ce qui nous fait du bien. Et de le faire ! Au moins quelque temps.

J'ai repris des années plus tard, avec Sophie qui est revenue, toutes ces techniques essentielles de bien-être.

10
Le pouvoir de notre esprit

Je crois aux forces de l'esprit.

François MITTERRAND

Je crois au pouvoir de l'esprit. Presque sans limites. Les plus grandes découvertes à venir concerneront son étendue. J'en suis convaincue. On découvrira des choses extraordinaires et on comprendra toutes ces merveilles auxquelles nous sommes aveugles, ces potentiels encore en sommeil.

La douche froide

Connaissez-vous cet homme, Wim Hof, surnommé « Iceman », capable de rester immergé dans la glace pendant deux heures alors que l'espérance de vie normale dans ces conditions est de trente minutes, et la mienne de cinq ? Wim réalise cet exploit grâce au pouvoir de sa concentration et à la maîtrise totale de sa respiration. Il préconise la méditation et le contact progressif avec le froid pour favoriser la circulation sanguine et renforcer notre système immunitaire. En ce qui me concerne, une simple douche froide, énergisante, suffira !

Sous contrôle médical, Wim a même réussi, par la méditation et une respiration maîtrisée, à résister à l'attaque d'un virus de la grippe injecté par des chercheurs. L'expérience a été renouvelée avec succès sur une dizaine d'adeptes formés à cette méthode. Mon propos n'est pas de vous inciter à plonger dans la glace en respirant bien fort. Il est de démontrer la puissance de notre esprit et son influence sur notre corps.

Une amie, éminente neurologue à Paris, m'a affirmé qu'on estime à 10 % la connaissance du fonctionnement du cerveau humain.

Je crois au pouvoir d'apprendre à tout âge, de progresser, de vouloir, d'espérer, de chasser nos idées noires, de s'exprimer au plus près de nos pensées, de communiquer vraiment, d'agir, de créer, d'aimer et de guérir.

Je crois au pouvoir de l'esprit d'influencer le corps. Et vice versa.

Je crois au pouvoir du corps sur l'esprit. C'est d'ailleurs une erreur de les séparer. D'opposer la capacité d'émotion, d'abstraction de l'esprit à la matérialité du corps, à sa vitalité. La supériorité de l'âme face à l'enveloppe charnelle. On retrouve cette opposition à l'origine de notre civilisation.

« Le corps est le tombeau de l'âme », soutient Platon. Puis-je affirmer le contraire ? Platon oppose le corps à l'esprit, l'animal à l'être supérieur. L'un nous mènerait vers le haut, l'autre vers le bas. Mais est-ce bien le corps et ses besoins qui engloutissent l'esprit ? Qu'y a-t-il de plus fort que l'instinct de vie ? De plus beau ? De plus naturel ?

Un corps bien mené, apprivoisé, aimé, est un allié, une source de plaisir, un bonheur. Il est mon chevalier le plus fidèle. Je suis mon corps. Nous sommes un. Je suis ce qu'il fait comme je suis mes pensées et les battements de mon cœur.

Nous sommes un. Un être unique et vivant. Corps et âme.

Si votre âme va mal, interrogez-vous sur le soin que vous apportez à votre corps. Et s'il va mal, demandez-vous comment va votre âme !

On retrouve communément dans notre culture la supériorité supposée de l'esprit sur le corps. Par exemple, dans la valorisation, aux dépens des métiers manuels, des professions intellectuelles. Le savant serait supérieur au paysan. Erreur. Nos ancêtres étaient des paysans pour une large majorité d'entre eux. Et les ancêtres de nos ancêtres, tous des Hommes des cavernes. Qui a fait tomber la Bastille ? Des paysans animés par l'instinct de vie.

J'ai appris à ne jamais raisonner en termes de supériorité. C'est pour moi une source de paix et de respect d'autrui. Je ne mesure pas. Je pense en termes de différences et de rôles à jouer. Personne n'est supérieur à personne. C'est fondamentalement vrai. Nos ennuis ont commencé quand quelqu'un l'a pensé. Et les moutons ont suivi et se sont mesurés, jugés, pour exister davantage, émerger du troupeau. Mais nous existons, tout simplement. Nous sommes, les uns avec les autres, interdépendants, comme l'esprit et le corps, les uns pour les autres.

Personne n'est inférieur à personne non plus. Nos talents sont simplement différents comme notre histoire et notre goût de l'effort.

Chacun a un rôle à jouer avec ses différences. Un rôle indispensable pour l'humanité. Pensons : « Je joue un rôle indispensable, je suis un maillon unique, j'existe. » C'est vrai. C'est ma conviction, c'est cela être optimiste. Qui peut affirmer le contraire ? Les cyniques ? Ceux qui n'aiment plus ou se croient supérieurs pour panser leurs blessures ? Nous nous enrichissons de nos différences. C'est en travaillant sur notre différence, dans le respect d'autrui, que l'on trouve le sens de notre vie.

Lorsque j'ai appris ma contamination, on estimait à dix années le temps nécessaire pour élaborer un premier traitement. C'était des années sombres, le sida, une hécatombe, une menace permanente sur l'amour qui divisait les Hommes. Progressivement, il touchait tout le monde, toutes les classes sociales, tous les sexes, tous les pays. Le sida, c'était la honte et la double peine. Non seulement vous étiez condamné quand la maladie se déclarait, mais en plus vous étiez un pervers, un drogué, un paria, un rebut, et les séropositifs des semeurs de mort.

Je fermais les yeux sur tout cela. J'avais cette inconscience ou plutôt cette « surconscience ». Il n'y avait pas de remède, alors il fallait oublier. Dompter mon esprit pour qu'il influence mon corps. M'empêcher d'y penser. La seule solution pour moi était la force de l'oubli. Je me concentrais sur la vie, rien que la vie.

Par moments, je dérapais, je n'étais pas surhumaine. Je voulais sortir du silence et me battre ouvertement, mais contre quoi ? Comment ? Les plus grands scientifiques n'arrivaient à rien. Tout le monde était mort de peur.

Avec le VIH, j'ai découvert la force de mon esprit. Je détenais le pouvoir d'occulter ce qui m'était défavorable, d'écarter tout ce qui n'allait pas dans le sens de ma vie. Si je parvenais à oublier ma séropositivité, c'est-à-dire à me concentrer entièrement sur autre chose, à mobiliser toutes les forces de mon corps et de mon esprit sur la vie, son souffle, son mouvement, sa joie possible à tout instant, alors je pourrais peut-être m'en sortir.

Cela a marché. J'ai passé dix années sans aucun traitement.

Certains diront que j'ai eu du bol, tout simplement, que d'autres n'ont pas eu cette chance. Peut-être mais, hormis la loterie, je ne crois pas en la chance. Oscar Wilde affirme qu'elle est un trait de caractère, que nous pouvons la créer, la provoquer par notre comportement. Sans volonté, je ne serais plus en vie. J'ai fait très attention à ne pas être réinfectée et je me suis concentrée sur la vie. Chaque jour, j'ai remercié mon corps, j'ai médité. Il est scientifiquement prouvé que la méditation renforce notre système immunitaire.

Rien ne s'oppose à notre force mentale

Je crois en deux choses : au sens de ce qui arrive, même quand il nous échappe, et à notre capacité, le plus souvent inexploitée, de forger par notre volonté notre propre chance.

Elle est en nous une richesse inépuisable.

Je ne saurai jamais le rôle exact que ma volonté a joué dans ma survie, mais je sais qu'elle y a contribué.

Si j'ai eu de la chance, je l'ai forgée.

Un jour, nous connaîtrons l'impact réel du mental sur le corps.

De ma propre expérience, de ce que je ressens au plus profond de moi, je peux déjà dire qu'il sera grand, surprenant.

Notre force mentale est essentielle à notre santé. Je n'ai jamais entendu un professionnel de médecine m'affirmer le contraire.

Ce qui est formidable, c'est que cette force existe, elle nous appartient, elle est en chacun de nous. Prenons-en conscience.

Notre force mentale nous permet de rester en bonne santé. Quand celle-ci vacille, elle accélère notre guérison.

Le mécanisme qui s'est enclenché en moi n'était pas de l'ordre du déni. C'était plus simple que cela et plus radical : l'acceptation, puis l'oubli, la force de l'oubli, la concentration sur la vie. Il n'y avait que cela à faire. Quand la réalité me rattrapait, je l'affrontais, j'éprouvais ma force avant de repartir dans l'oubli.

Le jeune homme qui pleurait dans son lit

Je me souviens d'un soir des années 1990. Je sortais d'une longue journée de tournage de la série télévisée *Les Cordier, juge et flic*, qui rencontrait un large succès public. J'étais allée à l'hôpital chercher les résultats de mon contrôle sanguin annuel. Je demandais très vite si « c'était bon », je refusais de lire quoi que ce soit, les comptes rendus papier m'étaient insupportables depuis ces premiers résultats reçus par courrier. Une dame bienveillante acquiesçait et je repartais comme j'étais venue.

Il était tard, je me perdais dans les couloirs en traversant sans le vouloir le service des « sidéens », ces personnes chez qui le virus s'était réveillé, entraînant le développement de maladies opportunistes fatales. En passant près d'une chambre, j'avais perçu des pleurs. Prise à la gorge, je m'étais arrêtée. Quelqu'un pleurait comme je n'avais jamais entendu pleurer. Je connaissais les pleurs que l'on console, ceux des enfants, mais pas ceux-là. Je me suis retournée sur une porte entrouverte et j'ai aperçu un homme au fond de la pièce qui me regardait fixement. Je n'ai pas pu lire sur son visage immobile, émacié, s'il souhaitait que je rentre ou pas. Alors j'ai osé, guidée par mon instinct, rassurée par ses pleurs qui cessaient. À mesure que j'approchais de lui, je prenais conscience de son état sans en être trop affectée, je me protégeais, toujours dans ma bulle de vie. Je ne voulais pas craquer pour moi, pour lui. Je me suis assise au bord de son lit. Je revois ses bras comme des sarments de vigne, ses épaules noueuses, les taches sur son visage, des perfusions enchevêtrées et sa bouche coupée de plaies. Quand j'ai plongé dans son regard, j'ai vu hurler le silence. Cet homme voulait me parler et je voulais lui parler. On voulait crier ensemble, éructer notre rage, d'une force tellement immense qu'il valait mieux la garder silencieuse. On se comprenait. J'ai souri en lançant un ridicule :

« Ça va ? »

Puis :

« Pourquoi pleurez-vous comme ça ? »

Des mots banals, automatiques qu'on dit sans penser pour réchauffer le silence. Mes mots, l'homme s'en fichait, mais je sentais qu'il aimait ma présence. Il a eu la force de me tendre la main. Une petite main osseuse aux doigts longs et gris. Je l'ai caressée alors que j'étais allergique aux contacts physiques. J'ai continué de sourire sans exprimer de tristesse et j'ai pensé : je me battrai pour toi, un jour, je parlerai de toi. J'ai embrassé l'homme sur le front quand une aide-soignante est rentrée. J'ai compris à son regard qu'elle m'avait reconnue. Surprise, elle m'a demandé :

« Vous êtes de la famille ?

— En quelque sorte...

— Vous ne portez pas de gants ?

— Non, pas la peine, j'ai la même chose que lui... »

J'ai serré la main de l'homme une dernière fois avant de la lâcher. Je me suis levée et j'ai interpellé la femme en blanc, bouche bée :

« Je compte sur vous, madame, pour bien vous occuper de lui. »

Dans les couloirs, un monde de questions s'est ouvert en moi. Toutes commençaient par le même mot : pourquoi ? Je n'avais pas de réponses. Que pouvais-je faire de plus que ce que j'avais fait ? Ne pas m'écrouler, jamais, pour moi, pour lui, pour eux, pour toutes les injustices. Il fallait continuer.

Pour éprouver notre force, il faut choisir un combat. Le mien est double, la justice et la vie.

Quel est votre combat ?

Le regard de l'homme me poursuivait. J'avais la confirmation de mon devoir. Mon chemin se dessinait, mon optimisme aussi, la force de mon esprit. Survivre pour voir crever le sida ! Et un jour parler du jeune homme qui pleurait dans son lit.

Les piqûres de rappel

Quand la foudre tombe, c'est toujours injuste. Elle peut frapper n'importe quand, n'importe qui. C'est la loi de la vie. Elle m'a brûlée sans me tuer. Je l'accepte, je me soigne et je continue. Je trouve un sens à ma brûlure. La foudre nous rappelle les dangers de la vie, elle nous apprend à vivre l'instant comme si c'était le dernier. La foudre est une piqûre de rappel. *À cet instant, rappelez-vous que vous êtes bien plus heureux que vous ne le croyez.*

En sortant de l'hôpital, j'ai marqué le pas, saisie par le froid vif. J'ai inspiré très fort en fermant les yeux. Et je suis repartie d'un pas pressé, presque léger, forte de ma mission qui aussitôt se dissipait dans mon esprit pour laisser place à une vie normale, comme si de rien n'était. Lentement, je retournais dans l'oubli, mon oasis de survie.

À tel point que j'avais totalement oublié cette scène jusqu'à l'écriture de ce livre. Elle m'a guidée en fait sans le savoir. Elle me bouleverse encore aujourd'hui et sa réalité me fait apposer à l'optimisme qui m'a guidée, sauvée, le mot « vrai » comme une nuance essentielle.

L'optimisme est la grande force de notre esprit.

11

Oublier, c'est remplacer

— *Oh, apprends-moi comment oublier de penser !*
— *En rendant leur liberté à tes regards :*
examine d'autres beautés.

William SHAKESPEARE

Le dos au mur, on découvre en soi des capacités insoupçonnées, hors normes. L'objet de ce livre est de vous aider, par l'*optimisme vrai*, à prendre conscience de ces capacités, bien avant le mur !

Parfois, devant la difficulté de vivre et d'aimer, face à l'injustice et à la violence de quelques fous, il me semble que nous sommes tous le dos au mur.

Se concentrer sur d'autres beautés

Ma première leçon de vie a été la concentration. Car l'oubli véritable n'existe pas. Tout reste en nous. C'est bien ainsi. Oublier, pour moi, c'était penser à autre chose, distraire formidablement mon esprit.

Surtout ne jamais se forcer à oublier ou à « faire son deuil », c'est le meilleur moyen de développer une obsession. Il est simplement nécessaire de se concentrer sur quelque chose de différent, qui nous amène à regarder ailleurs, plus haut, autour ou à l'intérieur de soi, profondément, intimement.

Nous ne pouvons pas stopper ces idées qui bombardent notre esprit, mais nous pouvons choisir de les laisser passer sans les retenir, comme des nuages emportés par le vent. On peut se concentrer sur ce qui nous plaît, nous va, nous enchante, on peut faire naître d'autres idées. Remplacer celles qui nous nuisent par d'autres qui nous font du bien.

« Examine d'autres beautés », nous dit Shakespeare.

Ma « beauté » était là, simple et vraie : la vie, son souffle, ses sourires, la lumière, la musique. Je tenais ma devise « J'aime vivre » et me concentrais sur elle dès qu'une idée grise perçait mon esprit.

Oublier, c'est remplacer. Comme en amour. On n'oublie rien en vrai et c'est heureux, car nous sommes faits de chacun de nos souvenirs. Mais nous pouvons distraire notre esprit en remplaçant ses idées. Pratiquer l'oubli provisoire m'a sauvée.

Quand un problème surgit, deux solutions s'offrent à nous.

Le résoudre si on en a les moyens ou l'oublier, le laisser passer, le temps d'aller mieux. J'ai oublié ma séropositivité.

Bien des années plus tard, en feuilletant un recueil de philosophie, j'ai trouvé cette phrase de Nietzsche, illustrant ce que j'avais fait et la nécessité « d'oublier » pour continuer de vivre : « Cet animal oublieux (l'Homme) pour qui l'oubli est une force et la manifestation d'une santé robuste. » CQFD.

Me concentrer « sur d'autres beautés » m'a aidée toute ma vie dans les moments de tourment. Je me suis créé une véritable boîte à outils mentale, un vanity-case « d'autres beautés ». À l'intérieur, j'y ai mis tout un tas de choses, les qualités que je me suis trouvées, des souvenirs heureux, car on en a tous, un but, pour le jour qui vient, un autre pour ma vie, et ma devise selon une technique appelée « les mots aidants ». Une devise comme jadis en avaient les chevaliers pour se donner du courage : « Un pour tous, tous pour un ! », ou ma préférée, celle de François Ier, « *Nutrisco et extinguo !* », comprenez : « Je m'en nourris et je l'éteins. » Quoi ? Le feu !

Les mots aidants

Ma devise concerne la vie, aimer la vie, elle est la même depuis des années. Parfois, je l'ai oubliée. C'est ainsi que nous sommes faits. Mais je l'ai toujours retrouvée. Ce sont mes mots aidants. « J'aime la vie. » Je le pense avec une telle force que je prolonge souvent ma devise par « et c'est formidable ! ». C'est simple et parfaitement vrai. Prononcer ces mots quand la vie est ardue tient de la prouesse. Mais je l'ai toujours fait. Cela m'a aidée et m'aide encore.

Ces mots aidants, ces devises intimes, pour fonctionner doivent être vrais et affirmatifs. L'inconscient, qui nous gouverne davantage que notre esprit conscient, ne perçoit pas la négation grammaticale, ou mal. Il s'accroche à la résonance, au pouvoir de chaque mot individuellement.

Lili, ma meilleure amie, disait souvent : « Ce n'est pas la mort du petit cheval, ou la fin du monde ! » Ces expressions que l'on utilise volontiers pour leur caractère excessif, humoristique et « dédramatisant » ne sont pas des mots à se répéter intérieurement, car notre inconscient se focalise sur les mots « mort » ou « fin du monde ». De même, on ne se dit pas « je ne suis pas stressé », mais « je vais bien », pour ne pas prononcer le mot « stress ».

Sur mes conseils, Lili a changé sa devise. Elle dit « demain, il fera jour » ou « j'ai confiance en moi »... Lili est une indéfectible optimiste, amie précieuse et inspirante. Elle aussi a eu son lot de foudres, son « pack duo » comme elle dit : divorce & cancer.

« La beauté » affirmative sur laquelle je me suis concentrée était la vie. Je me répétais : « J'aime vivre ! » J'ai adopté quelques variantes au cours du temps et selon mes humeurs, mais toujours autour de ce thème simple et fort.

Je vis donc je souffre, je pleure, je pense, je ris, je jouis, j'enrage, mais je vis.

N'oubliez jamais que vous aimez vivre. Si ce n'est pas le cas, alors je vous l'assure, c'est passager ! Quels que soient les événements qui vous touchent ou votre humeur, que la foudre tombe du ciel ou les rayons du soleil, si vous vous faites l'honneur d'être sincère avec vous-même, d'être vrai, alors admettez-le, oui, vous aimez vivre.

Cela peut paraître évident, pourtant je croise nombre de personnes dans la rue, dans le bus, dont mes antennes me disent qu'elles ont oublié non seulement qu'elles vivaient mais qu'elles aimaient vivre !

Je vous propose maintenant de fabriquer comme je l'ai fait votre propre devise de vie, vos « mots aidants », des mots simples, affirmatifs et vrais qui vous ressemblent et vous serviront tout le temps pour vous souvenir, quel que soit le moment, de cette vie précieuse qui coule en nous. À vous !

Vous tenez votre devise ? Très bien ! Conservez-la, elle marque le début de votre optimisme vrai.

L'*optimisme vrai*, c'est « examiner d'autres beautés », toutes les beautés autour de nous, savoir les reconnaître, en gardant toujours à l'esprit qu'elles sont vraies. Seule la vérité est motivante, la réalité de nos beautés.

Réfléchissez un instant : quelles sont les beautés autour de vous ou en vous ?

Reconnaissez-les, « examinez-les », notez-les.

Uniquement les beautés...

Rien n'est beau autour de vous ? Alors cherchez en vous et modifiez votre regard.

12

Session de rattrapage

L'avantage des gens qui n'ont pas le baccalauréat, c'est qu'ils le préparent leur vie durant.

Günther GRASS

Vous comprenez à ces mots savoureux que je n'ai pas eu mon bac. J'ai arrêté mes études, au grand dam familial, pour faire du cinéma. Pas d'école d'ingénieurs pour moi. J'étais pourtant bonne élève, mais ma vie était ailleurs. Je voulais être libre, faire d'autres voyages, j'en ai payé le prix.

Tous mes cousins, mon père, mon grand-père ont fait de hautes études, Polytechnique ou autres. Autant dire que je n'avais pas la cote. La petite Charlotte qui n'en fait qu'à sa tête était regardée de travers. Mon grand-père qui promettait une automobile à chaque petit-enfant admis dans une école prestigieuse n'a pas eu en ce qui me concerne à faire cette dépense. Je me la suis payée toute seule, ma voiture. Une Renault Super 5, jaune poussin avec un toit ouvrant, des sièges en skaï qui brûlaient les fesses et une sono de

« ouf », comme dirait ma fille. Le charme discret de la bourgeoisie, c'était fini. J'écoutais Sanson, Goldman, Bashung, Indochine et Téléphone, à tue-tête.

Je n'ai pas eu mon bac, mais d'une certaine façon, je me suis rattrapée.

Les livres sont un remède

À partir de 2003, année de ma greffe cardiaque, passant plus de temps allongée qu'en marche, j'ai développé une véritable boulimie de lectures. Un matin, je me suis réveillée en pensant : « Flûte !, comme disait ma grand-tante Babeth qui méprisait la grossièreté, je vais peut-être mourir et je ne sais rien. »

J'ai lu tout ce qui me passait sous la main. Sans sélection, une vraie boulimie, session de rattrapage. Je voulais tout connaître.

Je n'ai aucun préjugé, en littérature comme en tout. Je me forge toujours mon propre avis. Je ne juge jamais *a priori*. Je juge très peu, d'ailleurs, j'ai d'autres choses à faire, apprendre et aimer. Qu'y a-t-il au fond de vraiment condamnable ? Je ne vois que deux choses : se gâcher soi-même la vie et la volonté de nuire.

Je lisais tout très vite en photographiant les pages. Parfois, je m'arrêtais sur une phrase, je répétais quelques mots pour leur musique, leur écho, et je reprenais ma course. Lire, le plus possible. Je pouvais lire un livre en une nuit. J'ai lu Agatha Christie, Camus, Sagan, Shakespeare, Sartre, Zola, Pancol, Duras, Musso, Alain, Hugo et même Kant ! Je lis aussi de temps en temps mon horoscope dans *Gala*.

Qu'il est bon d'écrire dans une même phrase les noms d'Emmanuel Kant et de Guillaume Musso !

Ne pas juger. Cessons de nous mesurer, de nous classer, de nous hiérarchiser. C'est l'obsession des faibles. Faisons-nous du bien à la place, nous vivrons plus longtemps et plus heureux.

J'ai découvert assez récemment la poésie et la philosophie. Elles m'accompagnent. La poésie par sa beauté et la philosophie parce qu'elle m'aide à trouver un sens à la vie, à l'accepter, à l'éclairer différemment. Je garde cependant un vrai penchant pour les thrillers et les histoires d'amour. C'est la vie, la peur, le cœur…

Ma mère adorait les polars. C'était sa façon à elle d'échapper à une forme d'ennui, de tristesse qu'elle n'a jamais explorée. Je ne suis pas certaine qu'elle ait aimé sa vie. Parfois, ça me brise le cœur. J'accueille cette émotion et je revois son sourire… Maman nous a aimés, c'est vrai, mais elle-même, sa propre vie, je ne sais pas. C'est aussi pour cela que j'écris, pour que l'on aime sa vie.

Dans un livre, j'ai besoin qu'il se passe quelque chose. Besoin de vie, de déclics, d'intrigues. Je ne finis rien qui m'ennuie ou soit compliqué. Je n'ai pas d'examens à passer. Je lis pour mon plaisir et, je dois l'avouer, pour me distraire aussi peut-être davantage que pour apprendre. Comme pour ma mère, cette activité est aussi une échappatoire, mais pas à l'ennui. Lire pour moi, c'est une aventure. Je lis comme je voyage. Je me quitte pour mieux me retrouver, riche de mes découvertes.

J'ouvrais rarement un dictionnaire pour y trouver le sens d'un mot savant. Je le fais maintenant davantage et l'impose à ma fille. J'en ai croisé pourtant des mots nouveaux. Si je les savais tous, je serais Maîtresse Capello ! Mais je les passais, trop pressée, je les devinais, je voulais connaître la suite, pas de temps pour les détails.

J'aime les romans, les fables et les citations dont mes préférées figurent dans ce livre. Ces mots de grands auteurs qui claquent ou coulent comme du miel me vont droit au cœur et donnent à mes pensées une autre couleur. Je suis frappée par l'intimité et l'intemporalité des mots vrais qui placent leur créateur, même ancien, tout près du lecteur.

J'aime le pouvoir des mots, il me fascine. Émouvoir, transporter, entêter. Que j'aime ces voyages ! Dès que je le peux, je lis. Cela ne fait pas de moi pour autant une érudite, car j'étudie peu mes lectures. Je suis plus attentive à l'émotion qu'à la réflexion. Les messages efficaces sont d'ailleurs toujours glissés avec le cœur. Je ne suis pas une intellectuelle. Cela ne veut pas dire, comme le crie Isabelle Adjani dans le très bel *Été meurtrier*, « que ma tête ne me sert qu'à mettre un chapeau dessus » !

La picoreuse curieuse

J'ai réfléchi pour écrire ce livre. J'ai fait un effort pour structurer ma pensée, mon expérience. J'ai pris des notes, ressorti ces textes qui m'ont marquée et mes carnets griffonnés.

Je cite Kant, Platon, Nietzsche, Jacques Brel, mon amie Lili, Monique, ma caissière pessimiste du Super U, avec le plaisir jubilatoire de mélanger les genres. Une seule vérité, plusieurs versions. Aucun préjugé, je vous dis ! Je suis moi-même un mélange des genres, issue d'une famille bourgeoise et intellectuelle du côté de mon père et plus simple, plus artiste, bohème, du côté de ma mère.

Kant appartient à tout le monde, comme Agatha Christie. Si je peux faire découvrir à mes lecteurs des mots, des pensées de grands auteurs qui m'ont marquée, et de plus modestes, j'en serais très heureuse.

Il me reste tant à lire… Je suis une picoreuse curieuse qui fait de son mieux. Et en bonne maîtresse d'école et mère de famille, j'encourage chacun à le faire, à picorer au maximum. Lire ! On n'est jamais seul avec un bon livre. Je l'ai compris un peu tard.

Je n'ai pas fait d'études, mais j'ai lu et appris des choses de cette vie que j'aimerais partager.

Un jour, en tentant de persuader ma fille de l'intérêt de bien travailler à l'école, je me flagellais :

« Tu vois, Tara, moi, je n'ai aucun diplôme, cela me suivra toute ma vie. Je ne suis qu'une artiste qui dépend du désir des autres… »

Ma fille m'avait interrompue pour sortir plus vite avec ses copines :

« Mais si, t'as un super diplôme ! Le diplôme de la vie. T'es agrégée de vie, Maman ! Tu me donnes 20 euros, s'il te plaît ? »

Je lui en ai donné 30.

13

Transition énergétique : « Les grenouilles et le pot de crème »

Tirons notre courage de notre désespoir même.

SÉNÈQUE

Laissez-moi vous conter cette courte fable qui m'est chère. Elle n'est ni de La Fontaine ni d'Ésope, son grand inspirateur, ni de moi, de personne. De l'univers ! Elle est à tout le monde, ma fable optimiste vraie.

Deux grenouilles sont tombées par malchance dans un grand pot de crème.

Ma nature gourmande d'origine bretonne se réjouit à ce simple énoncé. De plus, je me retrouve dans cet animal sympathique presque davantage que dans la tortue. Elles ont un gros torse, des pattes fines et cachent souvent un prince.

Nos deux grenouilles pataugent dans le pot en avisant ses hauts rebords.

L'une d'elles déprime et coule aussi sec quand l'autre se met à battre de ses pattes palmées. Sans relâche.

Savez-vous ce qu'il se passe ? Je vous le donne en mille. Me voyez-vous venir avec mes gros sabots ?

La valeureuse grenouille forme une motte de beurre qui flotte, sur laquelle elle prend appui pour sauter hors du pot.

J'aurais sûrement fait pareil après avoir tenté de manger la crème.

Soyons la grenouille qui bat des pattes et baratte ! Celle qui agit et se débat sans perdre courage pour se libérer.

14
Le pouvoir de l'action

Au commencement était l'action.

Sigmund FREUD

J'ai découvert Sigmund Freud en menant une action majeure de ma vie, ma psychanalyse, il y a plus de quinze ans.

« Au commencement était l'action… » J'aime que Freud, intellectuel, maître de l'inconscient, nous incite à l'action, et pas seulement à l'introspection, à la réflexion. Comme disait ma professeure de français : « À force d'aller au fond des choses, on y reste ! »

Dans ce livre, je cite beaucoup ce mot « action » ! Il me rappelle les tournages de cinéma et l'adrénaline quand « ça tourne ». Dans la vie, j'aime son pouvoir thérapeutique, dynamisant.

Et action !

Je suis une femme d'action. Nous sommes ce que nous faisons.

« L'homme n'est rien d'autre que la série de ses actes. » Georg Hegel.

Hegel et nous tous savons que nous sommes aussi faits d'émotions et de pensées, mais ce qui compte vraiment, ce qui nous définit, c'est ce que nous faisons de nos pensées, de nos émotions, ce sont nos actions, notre impact sur le monde dans lequel nous vivons.

Les pensées sont faciles et multiples. L'action est plus rare, elle nécessite un effort.

Parler, c'est déjà agir, peut-être la plus facile des actions, car il reste à faire ce que l'on dit.

L'action par les mots

J'essaie de faire autant que possible attention à ce que je dis. À la forme comme au fond. Les mots ont un pouvoir, une énergie, non seulement ils parlent de nous, mais ils ont un impact tout autour de nous. Voilà pourquoi j'essaie de parler « juste », au plus près de ce que je pense vraiment et dans le respect d'autrui.

Nos mots viennent de nous.

Nos mots violents, grossiers, méchants, viennent de nous, d'une part de nous. Une fois lancés, ils nous reviennent comme un boomerang. Je les évite autant que possible. Je n'apprécie pas ce genre de défouloir facile qui est aussi une faiblesse, parfois une mode, un code, et surtout l'expression d'une impuissance, d'une blessure, de ce que je nomme notre « part sombre ». Je préfère tenter de l'éclairer par un travail sur moi-même, par l'acceptation de mes ombres, mes blessures pour qu'elles s'illuminent et se referment sans éclater en mots outranciers.

On peut tout dire, avec sincérité, volonté de construire un véritable échange, au plus près de nos idées, de nos émotions, en commentant les actions des autres, leurs comportements, leur effet sur nous, sans jamais toucher à la personne, sans la juger, sans blesser.

Adoptez cette communication non violente, constructive. Soignez vos mots, autant que possible. Cela change tout, votre image, votre énergie, votre lien aux autres et à vous-même.

Les actions qui guérissent

La pensée crée une émotion qui nous fait agir.

Le mot « émotion » lui-même signifie « mettre en mouvement ».

D'où l'intérêt, pour bien agir, de faire la part des choses entre les pensées noires, qui ne sont pas vraies, et les pensées « colorées » qui nous font agir favorablement.

Parmi toutes les actions que nous pouvons mener, je m'intéresse à ces « pensées colorées » qui permettent d'aller mieux, de guérir, de vivre plus heureux.

Toute une partie de ma vie s'est écoulée dans le silence et l'oubli, je n'avais pas d'autre choix que de me taire et de me concentrer sur mon présent, ma vie au jour le jour. Ce fut une contrainte et une chance. J'ai appris l'amour de l'instant présent et à chasser tout ce qui n'est pas vrai.

Grâce aux progrès de la science et à ma propre volonté, ma santé a progressé avec mon espérance de vie. Mais mes années de silence forcé ont laissé des traces. J'avais besoin de parler, de m'exprimer, de revenir sur ce que j'avais vécu, la violence de ces années, la peur de la mort que j'étouffais, j'avais besoin de comprendre et de me libérer.

Aucune guérison n'est possible sans passage à l'action, on peut agir soi-même, décider d'un plan d'action en autonomie ou se faire aider.

J'ai effectué mes premières actions thérapeutiques toute seule, sans en avoir toujours conscience. J'ai travaillé l'oubli et ma concentration en puisant dans la force de l'instant présent.

Puis j'ai rencontré Sophie la sophrologue, j'ai appris à méditer, à écouter mon corps, à m'attacher à ce qui est vrai.

J'ai eu recours à d'autres thérapies, toutes liées au bien-être, la kinésiologie, les massages aux pierres chaudes, l'auriculothérapie, l'acupuncture, l'EMDR à base de mouvements oculaires, la naturopathie, etc., qui ont toutes leurs bienfaits, sous réserve que l'on choisisse le bon thérapeute.

Après avoir tout essayé, je ressentais certains progrès, mais les bénéfices de ces thérapies ou médecines parallèles me semblaient toujours de courte durée. Combien de temps dure le bienfait d'une caresse ?

Avant d'entamer l'écriture de mon premier livre, j'ai éprouvé le besoin d'effectuer un travail de longue haleine, en profondeur, de me lancer dans un face-à-face avec moi-même, de plonger dans les abysses de mon inconscient. Sous l'égide d'un médecin spécialisé dans la santé de l'esprit, j'ai commencé une psychanalyse.

L'objet de ce livre concerne principalement l'action autonome, tout ce que l'on peut faire soi-même en développant son *optimisme vrai*. C'est-à-dire beaucoup. Je souhaite cependant vous parler de toutes ces expériences thérapeutiques que j'ai menées avec des professionnels et parfois même des charlatans…

L'action psychothérapeutique

J'ai été suivie par plusieurs psychiatres, dont Claire. Et cela m'a sauvée de la dépression, du suicide, d'un rapport à moi-même difficile, destructeur, coupable, dont rien ne venait à bout.

Au commencement de mon action psychothérapeutique, avant ma psychanalyse, j'ai tâtonné. J'ai consulté des psychologues, des psychothérapeutes en tout genre, des gourous, des magnétiseurs et même des voyants. Quand on va mal, on est prêt à tout, on peut se raccrocher à n'importe quoi.

Attention aux charlatans !

Il y a un vrai business du mal-être et beaucoup de charlatans qui exploitent la détresse. Je mets dans le même sac une majorité de soi-disant « voyants » et nombre de thérapeutes exotiques non diplômés. Préférez toujours un bon massage aux huiles essentielles à une escroquerie de « médiumnité ».

Et de grâce, pas une seule seconde au téléphone pour « le retour de l'être aimé » ou « la prospérité assurée » ! Ne cédez jamais à la « princesse gitane authentique », à la « pure médium de naissance » ou au « véritable marabout d'Afrique » né à Clichy-sous-Bois.

Disons-le tout net, la voyance n'existe pas. J'y croirai quand on me donnera les chiffres du loto. Point barre. S'ils le pouvaient, les « voyants » commenceraient peut-être par jouer pour eux-mêmes, non ? Pouvoir prédire l'avenir est un pouvoir extraordinaire que personne ne détient.

J'en parle d'autant plus librement que j'ai eu ma période « voyance ». Pour un ou deux êtres exceptionnels de sensibilité, d'empathie et de psychologie, combien de menteurs, de manipulateurs qui ne voient rien et le savent ?

Je suis toujours choquée que ces pratiques ne soient pas réglementées. Si l'on pouvait prédire l'avenir, la vie perdrait tout son sens. À quoi servirait d'agir, de se battre si tout était écrit ? Cela ne tient pas. La seule personne qui ait vraiment le pouvoir d'influencer votre avenir, c'est vous-même. Tout le reste, c'est de l'escroquerie, du baratin, de l'illusion rassurante chèrement monnayée.

La vie par nature est imprévisible. Qui aimerait vraiment connaître dans le détail ses années futures ? Mais quel ennui, quelle absurdité !

N'aimez-vous pas le suspense ? Viendra-t-il ? Viendra-t-elle ? Que vais-je faire ? De quelle couleur sera le ciel demain ? L'homme est curieux, impatient et anxieux. Il veut connaître la suite de l'histoire alors qu'il peut l'écrire. La vie est un thriller dont je ne veux pas connaître la suite. Si vous reconnaissez la qualité d'un voyant, c'est que vous faites ce qu'il prédit.

Personne ne sait ce que l'avenir nous réserve. Et c'est tant mieux. Je sais qu'en période difficile notre besoin d'être rassuré est grand.

Mais, je vous en conjure, pas de voyance ! Vous êtes de loin votre meilleur médium. Ce qui me rassure le plus désormais, c'est de savoir que je suis l'actrice principale de ma propre vie, que je peux construire mon avenir, en maîtrisant mes pensées, en canalisant mes émotions, en structurant mes actions.

Dans ces moments de la vie où l'on se sent particulièrement vulnérable, un peu perdu, le choix d'un thérapeute de qualité pour nous aider est essentiel. Un vrai professionnel de la santé de l'esprit pourra vous guider vers la guérison alors qu'un charlatan vous manipulera en vous menant à l'addiction.

Choisir son « psy »

Après mes « tâtonnements », mes errances ésotériques et autres essais thérapeutiques, j'ai finalement rencontré Claire, psychiatre-psychanalyste précieuse.

Je l'appelle ma « psy » avec un immense respect et beaucoup de tendresse pour cette femme subtile et douce, vêtue de pastel, qui a su m'écouter, me comprendre, ne jamais me juger, me faire confiance et me pousser à trouver en moi-même ma vérité. Oui, car nous seuls avons les clés. Claire m'a accompagnée avec méthode et expérience en créant un échange libérateur.

Je souhaite que ce livre vous soit bénéfique, mais je ne suis pas psychiatre ni psychothérapeute. Je suis une artiste, un clown au petit nez, une femme en voie de guérison qui réfléchit. Je connais mes limites et c'est essentiel. Contrairement à ce que l'on pourrait penser, connaître nos limites nous rend plus forts dans toute l'étendue de nos compétences.

Je ne fais que partager avec un maximum de sincérité mon parcours et les méthodes de mieux-être qui marchent pour moi.

Si en refermant ce livre, vous ressentez un besoin fort, intime, de vous exprimer, de vous libérer du poids de votre passé, d'un état d'anxiété chronique inexpliqué, si vous sentez que des mécanismes intérieurs plus puissants que votre volonté agissent contre vous, que vous êtes mal et voulez que cela change, alors, je vous en prie, consultez un bon psy.

Je vais d'ailleurs m'autoriser une minute *Guide du routard* pour aider toutes celles et tous ceux qui en ressentent le besoin à bien choisir leur psy.

Pour les moments de crise aiguë et d'angoisse qui ne passent pas, les psychiatres prescripteurs de médicaments sont une évidence.

Mon but a toujours été de me passer de ces molécules chimiques qui influencent directement notre système nerveux central et modifient le fonctionnement profond de notre cerveau, mais sans elles, je n'aurais jamais traversé, seule et victorieuse, certaines crises trop aiguës.

Ces médicaments, au même titre que ceux qui inhibent mon VIH et luttent contre le rejet de mon greffon, m'ont sauvé la vie quand celle-ci me cognait trop fort, lors de situations extrêmes. Le but, je le répète, est bien évidemment de s'en défaire une fois la crise passée, pour revoir les vraies couleurs de la vie et sortir des brumes chimiques.

J'attire votre attention sur les risques réels et parfois graves de tous les médicaments ayant un effet sur votre mental et de leur interaction en cas de prescription multiple. Si dans mon premier livre, je les ai appelés « mes bonbons », ils ne le sont pas du tout. Lors d'un changement d'antidépresseur, j'ai ressenti pendant plusieurs jours un mal-être aigu, l'envie d'en finir, je devenais folle, paranoïaque... Je recommande donc la plus grande vigilance. Récoltez plusieurs avis médicaux. Évitez autant que possible d'avoir recours à ces molécules puissantes qui sont avant tout des pansements et ne guérissent rien en profondeur.

L'action médicamenteuse seule ne suffit pas. Elle doit être accompagnée d'un plan d'action.

Pour entamer une démarche thérapeutique par la psychanalyse, pour une expression profonde et la compréhension de soi-même, il est bon de choisir son psy avec soin et méthode.

Je suis très attentive aux diplômes et à la bonne réputation, autrement dit au bouche-à-oreille. Je privilégie les psychiatres qui sont des médecins diplômés. Pour tout autre thérapeute, je me renseigne sur Internet ou auprès d'amis. Je ne suis aucune publicité. Les professionnels de la santé ont interdiction d'en faire et les personnes de qualité en général n'en ont pas besoin.

J'ai effectué ma psychanalyse avec Claire, docteur en psychiatrie, personnage récurrent de mes livres.

Si j'ai payé moi-même mes séances, les psychiatres, étant des médecins, proposent des soins qui peuvent être remboursés.

Dans l'échange avec un professionnel de la santé de l'esprit, il est essentiel de se sentir tout simplement à l'aise. Pour cela, il faut écouter profondément son intuition, son ressenti, son instinct et ne jamais s'arrêter au premier rendez-vous.

Pour que la démarche soit efficace, il est nécessaire de pouvoir « tout » dire, dans la mesure du possible... Même les mots les plus surprenants, les plus choquants, ces actes, ces pensées que l'on croit condamnables, toutes ces petites ou grandes hontes qui nous parasitent.

Pour s'exprimer ainsi, avec plus de sincérité que jamais, il est essentiel d'être en confiance.

J'ai toujours consulté trois fois un même thérapeute, préalablement choisi avec attention, avant de faire mon choix.

Un psy n'a pas à être sympathique mais efficace. Il ne s'agit pas de passer un bon moment avec un « copain » ou une « copine » à l'écoute. Si au bout de trois séances, vous ne vous sentez pas « allégé » en sortant de son cabinet, avec un regain d'énergie, même subtil, si le regard de votre psy ne vous met pas parfaitement à l'aise, alors vous pouvez en changer !

Il est également essentiel d'éviter toute forme de séduction. On recherche naturellement l'approbation de notre psy qui va symboliser pendant nos échanges toute l'humanité et successivement les êtres de notre vie, père, mère, amant, mari, femme… Aucune séduction, donc. Important. Aucun jeu. Juste l'expression de vous-même au plus près de qui vous êtes.

Une démarche psychothérapeutique avec une personne compétente offre un espace de liberté rare que l'on ne trouve pas ailleurs. Dans la vie, quelle que soit la bienveillance de notre entourage, on doit souvent jouer notre rôle, celui de mère, d'amante, d'amie, de fille, etc. Avec un psy, il suffit d'être soi-même sans compromis, sans jeu, sans affect. Et c'est parfois bien difficile d'être juste soi. On pense qu'il faut être un autre pour être aimé ou réussir. Et c'est précisément pour cela qu'on est là, face à notre psy, pour comprendre pourquoi il nous est difficile d'être simplement nous-mêmes.

Il est important aussi de ne pas attendre de miracles de cette démarche. Une psychanalyse ou toute action psychothérapeutique de qualité est lente et riche. C'est un travail en profondeur. Je crois peu aux thérapies brèves. Vous savez, ces gens qui vous promettent qu'en deux ou trois séances, votre vie changera. C'est faire offense à notre cerveau, bien trop complexe pour livrer ses secrets en deux temps, trois mouvements. On n'a quand même pas ramé toutes ces années pour que tous nos problèmes disparaissent en un claquement de doigts ! Quand je dirai « dix », vous vous endormirez et quand vous vous réveillerez, tout ira bien. Un, deux, trois…

Les psys ne sont pas des magiciens, mais des guides et des « accoucheurs ». Ils ont ce rôle primordial de nous écouter sans nous juger, dans une forme de bienveillance neutre et rare. Parfois, ils peuvent intervenir et nous éclairer, nous mener subtilement vers la formulation de « notre » vérité, car en psychanalyse, comme en beaucoup de choses, la solution est bien sûr à l'intérieur de nous.

Je regrette qu'à notre époque, bien que la démarche se soit banalisée, le projet de consulter un psy puisse encore se heurter à des préjugés. Il est plus facile de dire que l'on va consulter une voyante qu'un psy. La voyance a un côté ludique alors que la santé mentale fait peur. Voilà pourquoi j'utilise le terme « santé de l'esprit ». Elle est tout aussi vitale que la santé physique, toutes deux sont d'ailleurs interdépendantes.

Avoir des problèmes de santé mentale ne veut pas dire qu'on est fou. De même qu'on ne consulte pas un médecin uniquement pour une maladie grave !

La folie, la schizophrénie, c'est tout autre chose, une irréversible psychose, une cassure définitive, une déconnexion totale de la réalité de la vie. Nous n'en sommes pas encore là ! Quoique… J'ai été capable de folie passagère, de faire des crises, de « péter les plombs », de sombrer dans un espace angoissant où l'esprit semble anéanti, mais… – et c'est là toute la capacité de guérison, d'adaptation, de résilience de l'Homme, et la différence entre folie passagère et schizophrénie –, à l'heure où je vous écris, je vais bien !

En synthèse, je souhaite dire que ressentir le besoin intime de consulter un médecin de l'esprit, un psy, rechercher de l'aide quand on doute, on vacille, est une démarche saine, constructive et forte que j'encourage. C'est tout le contraire d'un aveu de faiblesse.

Pourquoi est-il plus facile d'accéder à une voyante malhonnête qu'à un psy compétent ? L'État a un rôle à jouer. S'intéresser de près à la santé de l'esprit permettrait, j'en suis certaine, de prévenir nombre de maladies physiques.

Agir pour décider d'être plus heureux

« Le bonheur n'est pas une chose toute faite ; il découle de tes propres actions. » Le Dalaï-Lama. Je cours dans le sens du vénérable Sage et agis concrètement.

Choisir d'aller mieux et d'agir en ce sens, de progresser, est un processus vital que peu font vraiment jusqu'au bout, de manière régulière. C'est étonnant mais vrai.

On dirait que le malheur est addictif. On peut se complaire dans cet état familier. Certains vont mal, ils en ont conscience, en souffrent et ne font rien. RIEN. Ça me rend folle ! Le beau gâchis. Je formule un vœu : que nous ne vivions pas dans l'amertume, sans avoir partagé nos talents, « examiné d'autres beautés », sans avoir recherché l'origine de notre mal-être quand il nous prend. S'il est courant, pas toujours visible et souvent la marque d'êtres sensibles, le mal-être est toujours guérissable.

Pouvez-vous répondre à ces questions simples ?

- *Souhaitez-vous être plus heureux que vous ne l'êtes, oui ou non ?*
- *Souhaitez-vous progresser ?*
- *Sentez-vous qu'il y a des choses que vous pourriez faire et que vous ne faites pas pour aller mieux ?*
- *Pourquoi ?*

Réfléchissez… Puis agissez.

Si ce livre pouvait déclencher ne serait-ce qu'une seule action pour aller mieux, si je pouvais contribuer à ce qu'au moins une personne se sente plus légère, plus joyeuse, plus confiante, plus active… alors j'en serais heureuse !

La force de guérir

J'avais une amie aux multiples talents qui souffrait de dépression chronique grave. Elle était incapable de sortir de chez elle sans rentrer dans un état de panique incontrôlable. Elle connaissait mes difficultés de santé et tout ce que je faisais pour tenter d'aller mieux. Je l'incitais tout le temps, de différentes façons, de la plus affectueuse à la plus directe, à consulter, à entreprendre une thérapie, à faire quelque chose, mais elle répétait :

« Je n'en ai pas la force. Tu comprends ? Je n'ai pas ta force… »

Mais quelle force ? Il y aurait donc les forts et les faibles ? N'avons-nous pas tous l'envie de vivre ? Si possible plus heureux ?

Elle était persuadée que c'était une question de nature, qu'elle n'y arriverait pas. C'était faux. C'était une croyance limitante, une de ces barrières sombres que l'on construit autour de soi.

Quand elle disait :

« Je n'ai pas la force. »

J'entendais :

« Je n'ai pas l'envie. »

Et ça me rendait folle qu'elle n'ait pas envie d'aller mieux, de vivre, folle que le mal ne soit que dans l'esprit. Elle n'avait pas de virus, pas de cancer, rien de tangible, de visible au scanner, juste un mal-être infini et je ne pouvais pas croire qu'il soit fatal.

Je me suis débattue autant que j'ai pu, peut-être mal ou pas assez, avec maladresse, pour aider mon amie d'enfance. Je n'ai pas été convaincante. J'étais beaucoup plus jeune, plus égoïste, car je devais aussi m'occuper de moi-même. Elle a pris de plus en plus de pilules qui l'ont amenée à l'apathie jusqu'au jour de ses trente ans où elle s'est défenestrée.

J'ai vu son mal-être, pire qu'une lèpre, un mal de vivre poisseux qui colle à l'âme comme le mazout aux ailes des goélands. Mon amie est morte de mal-être. Ça m'est insupportable. Ma mère aussi en souffrait, d'une certaine façon.

Je sais qu'il est difficile d'aider quiconque contre son gré. Ma psy me répète qu'« on ne peut sauver personne », au mieux on peut accompagner, créer un déclic. Toute démarche thérapeutique ne peut fonctionner que si elle est initiée par la personne qui en a besoin. Sans volonté de guérir, aucune chance de succès.

J'aimerais convaincre toute personne qui va mal de décider d'aller mieux et d'agir en ce sens concrètement.

Je refuse que le mal-être soit fatal !

Les victimes multiples

Quand on va mal et que l'on ne fait rien pour aller mieux, on est ce que j'appelle une « victime multiple ».

Mon amie avait été abusée enfant. J'ai moi-même subi un abus, moins traumatique. Mon amie ne s'en est jamais remise. Tout a été cassé, y compris sa volonté de guérir, de vivre. Victime multiple, d'abord du trauma psychologique, puis de ses conséquences infinies, fatales.

Un trauma psychologique non soigné, inhibé, non exprimé peut aussi entraîner une maladie physique. Ce lien entre le mental et le corps, entre un trauma psychologique et le développement d'une maladie grave, est de plus en plus scientifiquement démontré.

De nouveau, c'est la double, la triple peine, le cercle infernal. Tout d'abord, le trauma, la détresse psychologique, puis la réponse du corps, quelques mois, quelques années plus tard, la maladie, la somatisation grave, la souffrance physique et encore psychologique. On peut souffrir de culpabilité, de solitude, de dépression, d'exclusion…

Par ailleurs, toute personne atteinte d'une maladie grave peut être pour d'autres raisons une victime multiple.

Est-il normal, par exemple, qu'un être qui s'est battu et a guéri du cancer ne puisse pas emprunter de l'argent dans des conditions habituelles ? Double peine !

Est-il normal qu'un comédien ayant des difficultés de santé ne puisse pas être assuré pour un tournage et donc retravailler ? Double peine !

Je profite de ces lignes pour remercier chaleureusement le docteur Hallade-Massu, expert des assurances, qui m'a permis de retravailler en tant qu'actrice. Malgré mon dossier médical, il m'a jugée « apte », en bonne santé.

Je ne renoncerai jamais à mon combat pour la vie, contre la maladie, la dépression, le mal-être, la double, la triple peine et toute forme de gâchis.

Mon amie n'avait pas la volonté d'aller mieux. « Pas la force », disait-elle. Pourquoi ? Cette question m'a longtemps tourmentée. Elle me passionne aussi. Comment peut-on perdre le goût de vivre ? Et comment le retrouver ? Qu'est-ce qui donne foi en la vie ? Qu'est-ce qui la détruit ? Mon amie a-t-elle été assommée par tous ces médicaments de l'esprit ? L'instinct de survie ne peut pas être endormi. Le rôle des psychotropes dans les cas de suicide doit être mis en lumière.

Je n'ai pas su trouver les mots avec mon amie, j'espère y parvenir dans ce livre. La volonté de vivre est un feu qui rarement s'éteint. Ses braises restent incandescentes. Je veux être le souffle qui les ravive.

Quelques semaines après la parution de mon premier livre, *L'Amour dans le sang*, un jeune homme m'a couru après dans la rue. Quand il m'a aperçue à l'arrêt de bus, il a hurlé mon nom comme un forcené. J'ai laissé passer le bus devant moi pendant qu'il courait. Arrivé à ma hauteur, il s'est jeté dans mes bras en m'embrassant. Je ne voyais pas son visage et n'osais trop bouger en pensant que c'était peut-être un amoureux qui revenait. Pas du tout. Le jeune m'a dit : « Je suis séropositif comme vous, votre livre m'a sauvé la vie. »

La « foudre » peut nous frapper. Je l'ai vécue dans ma chair. Mais j'ai toujours refusé d'être une victime.

Un jour, j'ai accepté mon état de santé et je me suis vraiment occupée de mon esprit.

Ce qui me frappe, c'est la composition intangible, immatérielle du mal de vivre, exclusivement faite de pensées, de souvenirs, d'émotions.

Ce qui me passionne, c'est l'influence directe de notre mental sur notre santé, notre bien-être.

Tout a changé pour moi quand j'ai compris que je pouvais remplacer mes pensées, me concentrer sur « d'autres beautés », colorer mes idées noires en m'attachant à ce qui est vrai, quand j'ai laissé mon passé à sa place après l'avoir raconté, accepté. Tout a changé quand j'ai pris conscience de ma capacité d'action et de mon potentiel inexploité pour vivre mieux.

J'ai la conviction que le mieux-être se décide comme l'optimisme, ils se travaillent, qu'il y a quelque part en nous un bouton on/off que l'on peut activer pour amorcer le processus.

Appuyez, maintenant. Action !

Et si ce que vous faites ne marche pas, changez !

« La folie, c'est de refaire la même chose et d'en attendre un résultat différent », Albert Einstein.

« Au commencement était l'action… » Si Freud vous intéresse, de même que les philosophes ou écrivains que je cite dans ce livre, il est intéressant de lire quelques-unes de leurs œuvres originales comme *L'Introduction à la psychanalyse* ou *L'Interprétation des rêves*. De manière plus accessible et plus rapide, quand on est comme moi néophyte, il existe des manuels pédagogiques synthétiques très bien faits ou même des suppléments de magazine comprenant des passages originaux ainsi que des commentaires explicatifs simples des œuvres de ces auteurs.

L'optimisme, c'est aussi rester curieux de ce monde infini. Il est très agréable, vivifiant, d'apprendre, en toute liberté, de s'ouvrir à de nouvelles expériences. Picorons et agissons !

Toute construction a besoin de décisions, d'énergie et de mains.

Je pense donc je suis. J'agis donc je vis. Descartes & Valandrey.

Pour conclure, je dirais qu'il y a ceux qui regardent la montagne en disant qu'elle est haute, ceux qui affirment allongés dans l'herbe qu'un jour ils la graviront et ceux qui s'y collent, qui grimpent, pas à pas.

J'ai appartenu à ces trois catégories. Et dans une même journée, je peux encore passer par ces trois états quand, le matin, je me fais une montagne du jour qui vient. Mais je grimpe ! À mon rythme, avec mon cœur d'occasion, mes quilles fines, mon genou percé et mon pacemaker. Je grimpe, petit bouquetin de ma montagne, maillot jaune de mon propre chemin.

15

Mon premier optimiste vrai

Derrière les nuages, le soleil brille toujours.

Papoum

Le premier optimiste vrai de ma vie était mon grand-père paternel, Papoum, pharmacien et poète, défenseur invétéré de sa Bretagne natale.

Nous passions l'été en vacances au Val-André dans notre maison familiale qui donnait sur la plage immense. Nous étions toute une bande de cousins avec devant nous la plus belle aire de jeux au monde. Nous faisions des châteaux et j'avais la particularité d'écrire avec un râteau le nom en grand de mes amoureux pour pouvoir le lire de ma chambre sous les toits.

Par la fenêtre, je contemplais mes graffitis géants avec émerveillement. J'offrais mon amour d'enfant à la contemplation de tous, aux dieux du ciel et de la mer. Au matin, j'étais désolée quand le prénom avait disparu sous la marée recouvrant toute la plage de cette eau grise qui clapotait à nos pieds. Quand la mer repartait vers l'horizon, la plage revenait, vierge, intacte. Sans prénom. Une grande ardoise magique. Ma page était blanche, tout était à refaire. Je reprenais mon râteau.

Les jours de pluie, qui en Bretagne ne connaissent pas les saisons, nous étions désemparés et tournions en rond dans le salon comme des singes en cage. Pour nous occuper, mon grand-père nous lisait des histoires et les poèmes qu'il composait. Pour nous rassurer, il consultait régulièrement son baromètre. À l'aide d'une longue-vue, il faisait semblant d'apercevoir au loin le beau temps qui perçait.

Papoum avait cette phrase qui m'est restée. Elle avait la vertu de nous consoler et de nous faire attendre joyeusement.

« Derrière les nuages, le soleil brille toujours ! »

C'est vrai. Le soleil ne cesse jamais de briller, il s'éclipse.

Cela dure depuis cinq milliards d'années et devrait continuer autant. Car le soleil aussi est mortel comme tout ce qui vit. Mais d'ici cinq milliards d'années… il va s'en passer des choses ! Et les Hommes, s'ils survivent à eux-mêmes et aux météorites, auront trouvé le moyen de prolonger la vie solaire. Par une greffe astrale ?

Quand il n'est plus là, c'est toujours provisoire, le soleil brille derrière les nuages.

Dans les éclipses de ma vie, cette phrase m'est revenue.

Les mots de Papoum ont gardé leur pouvoir magique, lié à ces moments heureux de mon enfance. Quand je les prononce comme un sésame, je le revois, ainsi que mes cousins, les prénoms sur la plage, la marée au matin, les jours de pluie et ceux de grand soleil.

16
Le pessimisme passager

L'optimisme, c'est aussi dire qu'il y a de la tristesse dans la vie, du malheur. Dire que tout va bien, que tout va bien se passer, ce n'est pas de l'optimisme, c'est de la bêtise.

Cédric Klapisch

En étudiant *l'optimisme vrai* et ses bienfaits, il me paraît intéressant d'évoquer aussi son contraire, le pessimisme qui peut naître en chacun de nous, les jours où rien ne va.

Il y a trois grands spécialistes du pessimisme : Machiavel, Schopenhauer et Monique, ma caissière préférée du Super U de mon quartier.

Nicolas Machiavel, philosophe et diplomate italien du XVe siècle, avait peu confiance en l'humanité « car l'Homme est ingrat, changeant et dissimulé ». « Dissimulé » signifiant au mieux réservé, discret, inhibé au pire fourbe, hypocrite, faux-cul.

Le constat est accablant et parfois vrai, je dis bien « parfois ». C'était il y a six siècles. Notre décor change plus vite que la nature humaine.

Si l'Homme peut être « ingrat, changeant et dissimulé », cela n'en fait pas pour autant un monstre. Il m'est arrivé d'être ingrate et changeante. Dissimulée ? Non, pas trop, je suis « cash ». Et de plus en plus. Car la vérité est thérapeutique. Je m'exprime autant que possible, car cela m'est vital, je ne garde rien « sur le cœur », je ne dissimule aucun de ses battements, mais je respecte les êtres « dissimulés » dont certains font partie de ma vie.

La dissimulation de nos pensées, de nos émotions n'est en rien blâmable. Elle tient à notre culture, nos croyances, notre expérience de vie bien davantage qu'à notre nature. Mon père a été élevé dans la dissimulation de ses émotions, c'est ainsi.

Tout le monde n'a pas la liberté d'expression que je peux avoir, j'en ai bien conscience. Chacun a ses contraintes et des failles dans sa confiance. Avant de m'exprimer comme je le fais, j'ai dû me « déverrouiller ». Je l'ai fait instinctivement et méthodiquement. Il en allait de ma survie. Je ne garde rien en moi qui me tourmente et j'encourage chacun, pour des raisons de bien-être, à s'exprimer, à se libérer.

Je n'ai jamais longtemps le « cœur gros », je n'en ai pas « lourd sur l'estomac », ou la « patate ». Je fais vite des petites chips, pas trop grasses, à peine salées, que j'offre à croquer !

Si la vérité est le dévoilement de soi, essayons, en confiance, d'éviter autant que possible de nous « dissimuler ».

Le roi du pessimisme, c'est quand même Arthur Schopenhauer, éternel célibataire assez dépressif, grand philosophe allemand, dont la pensée a marqué Nietzsche, Proust, Maupassant... et moi. Mais essentiellement *a contrario*.

Selon Arthur, la vie oscille, comme un pendule, de la souffrance à l'ennui. Nous voilà bien ! Nous existons, c'est tout, mus par une Volonté sans but. Ah, si seulement il m'avait rencontrée...

À sa décharge, comme à celle de chacun, car nous avons tous des « circonstances atténuantes » et méritons à ce titre indulgence et bienveillance, Arthur Schopenhauer a subi jeune les foudres de la vie. Quand il avait dix-huit ans, son père, brillant commerçant qu'il admirait, s'est jeté d'un grenier sans un mot, en proie à des crises aiguës d'anxiété. L'ombre de la dépression jusqu'à la folie a plané sur toute sa famille.

Précipité bien jeune dans le malheur, le philosophe en herbe a affirmé : « La vie est un dur problème et j'ai résolu de consacrer la mienne à y réfléchir. » Le jeune Arthur a peut-être ainsi passé sa vie à tenter de comprendre pourquoi son père avait choisi de mettre un terme à la sienne.

L'engagement sage et admirable du tout jeune homme rend difficile à croire que le fruit de sa réflexion soit aussi pessimiste. Peut-être n'a-t-il jamais obtenu de réponse à la seule question qui au fond lui importait. Alors, à jamais désemparé, il nous plonge avec génie dans une vie sans but empreinte de pessimisme.

Quand Arthur Schopenhauer parle de cette Volonté qui nous anime, il n'évoque pas le sens commun de notre « volonté » dont je loue le pouvoir, mais une force naturelle qui perpétuerait malgré nous les cycles et les éternels retours de la vie.

Par ailleurs, Arthur affirme que nous ne prenons conscience du bonheur que lorsqu'il s'en va et vivons dans l'insatisfaction permanente et la peur du malheur. Le bonheur pour lui était passé. C'était le temps où son père était encore vivant. Un temps qu'il n'a pas goûté à sa juste valeur.

La liste de nos « vrais » désirs

Toujours selon Arthur, notre vie est faite de désirs qui s'expriment sans cesse. Il nous est impossible de tous les satisfaire. Nous avançons donc frustrés, conscients de notre impuissance et de notre propre fin. « Il n'y a qu'une erreur innée : celle qui consiste à croire que nous existons pour être heureux. » Pour le coup, je recommande de lire Schopenhauer un jour de grand soleil !

Une lueur perce cependant dans nos ténèbres, pour échapper à l'ennui total qui nous menace : Schopenhauer recommande la morale, la discipline, la charité, l'ascèse, une vie simple, dénuée d'artifices, libérée de nos insatiables et vains désirs. Il vante aussi la contemplation de l'art, de la beauté, qui offre une échappatoire bienfaisante, une embellie. Mais il y a un « mais ». « Le monde est beau à voir mais mauvais à être… »

Influencé par le bouddhisme, Schopenhauer, qui se définissait lui-même comme un « bouddhiste occidental », pense que la solution réside dans la suppression du désir. Et là me viennent à l'esprit les paroles de notre Johnny national : « qu'on me donne l'envie, l'envie d'avoir envie »…

Alors, désir ou pas ? Une vie sans désir, sincèrement, ça vous tente ?

Mais quel ennui ! Du désir, bien sûr ! De l'envie ! Que vivent le plaisir et la gourmandise ! Ah... délices de chouquettes et amours impossibles... M'ôter le désir ? Non mais sans blague, enlevez-moi le cœur tant que vous y êtes ! Enterrez-moi vivante !

Oui au désir. Mais il y a un « mais » qui cette fois m'appartient. Oui au désir raisonné.

Je suis centriste. La vérité, me semble-t-il, est toujours au milieu, jamais dans l'excès, entre l'ascèse et l'épicurisme, dont je picore les bienfaits, entre le noir et la lumière d'un soleil aveuglant, entre pessimisme outrancier et optimisme forcé.

Par « désir raisonné », j'entends deux choses :

- l'identification de nos « vrais » désirs, profonds, reflet de qui nous sommes, dont la satisfaction nous réjouit, nous fait avancer, progresser ;
- et la reconnaissance, quand elle arrive, de leur satisfaction.

Je place à part quelques plaisirs immédiats, gourmands, qui sans excès font du bien au moral et aux papilles.

Un désir vrai se définit en s'interrogeant ainsi :

- Qu'est-ce que je veux vraiment ?
- Qu'est-ce que je souhaite au plus profond de moi ?

Posez-vous ces questions, et votre liste de désirs fondra comme neige au soleil pour ne garder que l'essentiel qui vous ressemble.

Quand je parviens à satisfaire un « vrai » désir, comme être utile par exemple ou être aimée, c'est un succès, une réalisation que je reconnais. Je savoure cette satisfaction et la fais durer. Je me félicite avant de reprendre la liste de mes désirs.

La satisfaction d'un désir profond doit être constatée, appréciée. Elle procure du plaisir et marque aussi la fin du désir. Une fin qu'il convient de célébrer, sans la regretter, car il n'y a pas de plaisir sans fin. C'est ainsi et c'est bien.

Je ne regrette jamais la fin d'un plaisir, je le vis, pleinement, dans l'instant sans penser à sa fin, et quand c'est terminé, je me réjouis qu'il ait existé. Je le note, je m'en souviens.

Ne sautons pas d'un désir satisfait à un autre sans nous féliciter de cette réalisation, de ce qui forme une étape dans notre cheminement de vie.

Les pessimistes ont une grande vertu, peut-être est-ce aussi leur véritable intention, ils font naître l'optimisme par opposition naturelle, comme dans la poussée d'Archimède. Dans une sorte de réaction vitale, nous crions : « Stop ! Trop, c'est trop ! Vive la vie ! Le bonheur existe. J'ai besoin d'amour et de plaisir, comme le désert de pluie ! J'ai besoin d'être optimiste. »

Je vous rassure, il y a aussi les philosophes du bonheur, Alain, Aristote, Épicure, Spinoza qui affirment que « l'essence même de l'Homme est le désir d'être heureux, de bien vivre et de bien agir »…

Poussons ensemble un grand ouf de soulagement !

Créer des paliers de satisfaction

Les pessimistes aiment appuyer là où ça fait mal. Et c'est bon ! Cela permet une remise en question et l'affirmation d'un optimisme éprouvé, affiné, personnalisé et vrai. Fais-moi mal, Arthur !

L'insatisfaction permanente. Cela vous parle ?

« On reconnaît le bonheur au bruit qu'il fait quand il s'en va. » Jacques Prévert. Cela vous parle aussi ?

À moi, oui. Ça me parlait, plus exactement.

Sommes-nous assez conscients de ce qui nous satisfait ?

Dans ce vaste monde anxiogène dont les images les plus cruelles sont à portée de notre smartphone, avons-nous le recul nécessaire pour apprécier à sa juste valeur ce qui s'offre simplement, maintenant, autour de nous ?

Avant de désirer autre chose que ce que l'on a, dans une course sans fin qui génère épuisement et frustration, il est essentiel de savoir reconnaître notre satisfaction présente.

En plongée sous-marine, activité que j'ai exercée quelques fois du temps de mon premier cœur, à une profondeur de trente mètres, si l'on remonte en palmant régulièrement sans s'arrêter jusqu'à la surface, que se passe-t-il ? Nos poumons explosent. Il est vital d'observer des paliers de décompression.

Il en va de même dans la vie. Il est bon d'observer des paliers de satisfaction, des pauses contemplatives pendant lesquelles nous freinons notre course en nous disant : « Voici maintenant ce que j'ai qui me satisfait, ce qui constitue ma vie, ce que j'aime, ce que j'ai obtenu… »

J'observe ces paliers chaque jour de différentes manières. Je peux m'arrêter sur la beauté d'un paysage, d'une statue posée dans la rue que je ne voyais plus, je sais savourer un instant délicieux et je peux faire dans ma tête ou sur mon carnet la liste de ce qui me plaît, qui me satisfait.

Observez maintenant ce que vous avez qui vous satisfait.

Pour contrarier Arthur, faites la liste de tout ce que vous avez déjà qui est beau ou bon.

Si cette liste ne comprend pas plusieurs lignes, alors « il vous faut purger avec quatre grains d'ellébore » ! Car cette plante avait aussi la vertu de ramener les pieds sur terre, de rendre la lucidité.

Si vous êtes incapable de dresser cette liste ou si l'exercice lui-même vous rebute, je l'accepte.

Demandez-vous simplement pourquoi ? Pourquoi sommes-nous parfois incapables de dresser la liste de ce que nous avons qui nous satisfait ?

Réfléchissez calmement, sans vous juger, librement, répondez et prenez votre cahier !

Prendre conscience de ce qui nous satisfait dans le présent ne signifie pas se reposer sur ses lauriers, se satisfaire de peu ou abandonner toute ambition. Bien au contraire, c'est un encouragement nécessaire pour continuer. Il s'agit de faire un constat réaliste de notre satisfaction, de nous féliciter de nos réalisations avant de reprendre notre chemin. Ce sont pour moi des pauses essentielles, des paliers, des prises de recul nécessaires pour éviter cet état d'insatisfaction permanente promis par Arthur Schopenhauer.

J'ai lu dans le journal une critique du philosophe Luc Ferry de ce *carpe diem* qui ressemble à mes « paliers de satisfaction » et fait partie de ma philosophie. L'érudit M. Ferry, visiblement énervé et à fleur de peau, car il venait de perdre un ami, écrivait : « De quoi peut-on profiter quand le présent est un cancer incurable du pancréas ? » Certes. C'est ce que je nomme la foudre. Quand elle frappe, c'est toujours injuste. Mais il faut bien choisir. Soit la vie est essentiellement absurde comme l'affirment Schopenhauer, Camus et mon unique Monique, soit elle a un sens.

J'ai définitivement choisi la seconde option. Et c'est ce sens qui me donne un cap, me fait avancer, m'accrocher.

Le sens de la vie parfois nous échappe ou nous dépasse.

Le grand puzzle n'est jamais fini. Je le contemple souvent sans le comprendre. J'aperçois quelques endroits qui font sens, mais le grand dessein se cache encore.

Quel sens peut-on donner à ce que l'on redoute le plus, à ces malheurs qui parfois frappent de la plus cruelle façon ?

Quel sens y a-t-il à la mort d'un enfant sur un passage à niveau, à celle d'un couple en voyage de noces à Barcelone une nuit d'été, à la mutilation d'une fillette parce qu'elle se maquille…

S'il y a un sens à cela, il nous échappe. Peut-être existe-t-il à l'échelle de l'humanité, mais pas de manière individuelle.

Kant écrit : « L'Homme fait partie de la nature mais il veut être le Tout. » Notre propre destin nous dépasse parfois. Il n'a de sens que pour les autres, l'humanité, le « tout ».

Trouver un sens à ce qui m'arrive m'aide à vivre. Pour cela, j'ai besoin de dépasser ma colère, ma peur. L'exercice peut être difficile, mais il est profond, éclairant. Nous avons besoin de comprendre. Parfois, je ne trouve rien, « je laisse faire l'univers », parfois le sens que je trouve n'est pas pour moi.

Il m'arrive de penser que ma vie raccourcie a plus d'utilité pour les autres que pour moi-même. Accepter cela est peut-être le plus dur pour moi. Si j'y arrive, je suis en bonne voie, j'en serais heureuse, plus sereine, en paix, j'aurais trouvé un sens.

Je rêvais d'être le « tout », une petite galaxie à moi toute seule ; enfant roi, je souhaitais que le monde tourne autour de moi. Et la vie en a voulu autrement.

Je voulais que tout fasse sens pour moi-même mais cela n'arrivera pas. Je suis une pièce aussi infime qu'indispensable, comme chacune de nos vies, du grand puzzle que nous formons ensemble. J'ai la conviction que nos sorts sont liés. Il m'est impossible de vivre dans l'ignorance de la douleur de ce monde, des hommes et des femmes autour de moi. De même qu'il m'est impossible d'être aveugle à leur beauté.

Je veux être optimiste et réaliste, optimiste vraie.

À l'inverse de Machiavel, j'ai confiance en l'humanité. Il n'y a pas d'autre choix pour pouvoir ressentir la joie, le plaisir et le bonheur de vivre ensemble, malgré tout.

Il est bon de croire que notre vie a un sens.

Quand la foudre frappe, nous nous révoltons et envoyons tout balader, le sens et la magie. On peut crier à l'injustice de la vie ou se souvenir de sa beauté.

J'ai côtoyé dans ma vie des hommes et des femmes en soins palliatifs. J'écoutais en silence ces patients et le personnel soignant pour qui j'ai une reconnaissance infinie.

Quand la fin est proche, inévitable, quand la réalité de la vie s'impose, les hommes et les femmes se souviennent des belles choses.

À quoi pense-t-on quand on va mourir ? Je le sais. Je l'ai vu, entendu et vécu. On pense uniquement à la beauté de vivre, pas aux peines, même pas aux plaisirs, pas à la matérialité, à ce que l'on possédait, on se souvient d'un sourire, d'un regard, d'un paysage enchanteur qui ont touché notre cœur. Les Hommes en mourant sont optimistes. Alors autant l'être avant !

À la fin de sa vie, Arthur Schopenhauer a eu cette phrase toute simple, admirable et drôle : « Eh bien, nous nous en sommes bien tirés ! » Puis il a cité Shakespeare et reconnu quelques beautés.

Donc finalement, mon cher Arthur, ce n'était pas si mal que ça !

Enfin, le dernier grand spécialiste du pessimisme selon mon classement très personnel, c'est Monique. Mon impayable Monique, caissière au Super U, mère de quatre enfants, travailleuse et divorcée, visant la retraite tel un Graal. Je l'ai rencontrée au printemps, avant elle était dans les bureaux. La caisse, pour elle, c'est un peu le bagne. Parmi toutes ses collègues, Monique m'a tout de suite attirée avec ses lunettes d'un autre temps, son air triste, agacé, sa blouse maculée et ses gris-gris autour du cou, des poignets :

« Ça va, Monique ? Vous me donnez un sac, s'il vous plaît ?

— Vous l'avez encore oublié ? C'est dommage de gâcher 1,20 euro ! Ça va... Faut le dire vite ! Ça va... pas en s'arrangeant ! Depuis hier, j'ai pris un jour. Vous aussi. Dans un sens, tant mieux, qu'on en finisse... Aujourd'hui, j'ai l'impression d'avoir cent ans ! Et cette foutue clim qui ne marche pas... Qu'est-ce qu'on s'emmerde, franchement ! Vivement la retraite... »

Les jours plus sombres, Monique marmonne :

« Vivement la tombe ! Qu'on soit peinard. »

Et je rétorque :

« Ah non ! Faut passer de Schopenhauer à Musso, ma Monique !

— Schopen quoi ? Non, Musso, c'est des conneries, j'en ai lu un, ça n'arrive jamais ces choses-là...

— Ce sont des romans.

— Peut-être, ben je suis pas faite pour la romance. »

Et là, je fais diversion.

« Ils sont beaux vos colliers !

— Vous trouvez ? C'est pas pour faire beau en fait, c'est mes gris-gris. Ça marche pas vraiment, mais je me suis habituée... Et je me dis, si je les enlève, imaginez que ce soit pire ! »

Monique a un frisson d'effroi qui l'immobilise. Elle souffle, palpe son cou, ses poignets, puis reprend mes courses sur le tapis.

« Vous voulez un peu de raisin, Monique ?

— C'est interdit.

— Mais c'est mon raisin, j'en fais ce que je veux !

— C'est pareil, le “big chef” veut pas, mais c'est gentil quand même… »

J'arrache un sourire contrarié à Monique. Quand je pars, je sens son regard me suivre jusqu'aux portes. Avant la rue, je pose mes paquets et me retourne en lui faisant un signe de la main qu'elle me rend d'un geste furtif. Je me dis qu'un jour elle ira mieux, Monique. Quand la clim marchera. Un jour, je l'inviterai à prendre un café. Elle dira oui, Monique, après avoir répondu « non merci, mais c'est gentil quand même »…

Elle dira oui, je le sais. Elle attend même ce jour. Autour d'un café, elle comprendra que ses lamentations sont un hommage à la vie, qu'on ne s'en plaindrait pas autant si on n'y tenait pas et que tous ses gris-gris sont des cris d'espoir. Monique me regardera avec des yeux ahuris et elle me sourira.

D'où vient le pessimisme ? D'un contexte ambiant anxiogène, d'une prudence excessive face aux dangers possibles de la vie, de nos peurs naturelles, d'une tendance au catastrophisme, d'une expérience de vie qui nous fait perdre foi en l'humanité ou en nous-mêmes.

Le pessimisme, c'est aussi douter que nous ayons les capacités nécessaires pour affronter victorieusement notre réalité. Douter que nous puissions être plus heureux et satisfaire notre besoin naturel de sécurité, de reconnaissance, d'amour et de progrès.

Le pessimisme m'a déjà touchée. Je ne l'ai pas chassé définitivement de ma pensée. Est-ce seulement possible ? Il a même parfois tenté de m'anéantir. Il me frôle encore certaines nuits. Mais je le comprends, je l'accueille, j'y réfléchis, puis je le laisse tranquille. Je me concentre sur son contraire. Avec mes peurs, je construis ma prudence et je suis inconditionnellement constructive. Je me détache du contexte ambiant pessimiste.

Je crois en l'humanité, sans démagogie. Il y a plein de gens formidables, à commencer par nous. Ça va mieux en l'écrivant !

Dites « je suis formidable » ! Pour me faire plaisir. Laissez-moi me livrer à ce petit chantage affectif. Ça y est ? C'est dit ? Ça fait du bien, non ? Vous savez pourquoi ? Parce que c'est vrai.

L'*optimisme vrai* est contagieux. À son contact, le pessimisme s'éloigne. Soyons contaminants !

17

Nous pouvons décider d'être optimistes vrais

Le pessimisme est d'humeur, l'optimisme de volonté, tout homme qui se laisse aller est triste.

ALAIN

On peut donc décider d'être optimiste… Le vouloir. « Tout homme qui se laisse aller est triste. » Que j'aime cette phrase ! Rien ne tombe du ciel, que la foudre et les étoiles filantes. La joie et le bonheur qu'elle apporte, même passager, se travaillent comme un art. Nous avons tous une bonne raison d'être triste, de nous laisser aller, de « lâcher l'affaire ». Je choisis mon art de vivre. Je m'impose une certaine discipline. Je fais les exercices que j'explique dans ce livre. Je travaille ma façon de penser et d'être. Je médite. Je me détends au milieu de l'orage. Je colore mes émotions. Je crée des rituels de bien-être qui ne coûtent rien. Je fais des efforts pour m'ouvrir aux autres, j'apprends à partager même quand au fond de moi j'aimerais me cacher. Des efforts pour ne pas être aspirée par la tentation toujours possible du pessimisme.

Comme la psychologie, la psychothérapie et la psychanalyse, la philosophie m'a aidée. Elle contient des pensées d'une force et d'une richesse infinies et n'est pas réservée à une élite intellectuelle. La philosophie sait être simple. Le mot grec *sophia* signifie à la fois « connaissance » et « sagesse ». Savoir, c'est être plus sage. Philosopher, aimer la connaissance pour tendre vers la sagesse. Dans ces conditions, qui ne souhaite pas être philosophe ?

Ce qui me séduit dans la philosophie, c'est qu'on y trouve tout et son contraire comme dans la vie, un arc-en-ciel d'éclairages, avec toujours comme horizon le sens de notre vie et la volonté d'aller mieux, de progresser ensemble. Quel est l'objet de la philosophie, si ce n'est réfléchir au sens de la vie, à la meilleure façon de la mener ? C'est aussi notre volonté. Nous sommes tous philosophes !

Il s'agit de picorer en gardant toujours notre liberté de penser, de prendre ce qui nous va, nous parle, nous plaît et de laisser le reste. Car nous ne sommes ni Machiavel, ni Schopenhauer, ni Monique. Nous n'avons pas leur histoire. Comme eux, nous sommes uniques.

Ce qui est essentiel à leurs yeux ne l'est jamais exactement aux nôtres. Et de toutes ces pensées, je crée ma propre philosophie.

Créer sa philosophie de vie

Vous aussi, vous pouvez créer votre philosophie de vie. Il est même intéressant de la matérialiser.

Emparez-vous d'un recueil de citations sur le bien-être, le bonheur, la joie... ou les valeurs qui vous sont chères. Choisissez cinq citations (ou modifiez ce chiffre). Cinq citations qui trouvent un écho en vous. Les grands auteurs, les grands Hommes, ont ce pouvoir de résumer en quelques mots un sentiment ou une croyance qui étaient diffus en nous. Votre sélection de citations sera unique et n'appartiendra qu'à vous. Elle peut poser les bases de votre philosophie de vie. Conservez-la quelque part à portée de main pour la relire aisément et observer de quelle manière votre vie ressemble à votre philosophie.

J'aime la philosophie simple et accessible, expliquée. Si je peux contribuer à la faire aimer, j'en serais honorée.

Je n'ai pas lu dans son intégralité la *Critique de la raison pure* d'Emmanuel Kant. Je n'ai pas la formation nécessaire pour cela. En revanche, j'ai lu l'essence de sa pensée, parsemée de ses mots, expliquée avec intelligence par des « interprètes » qualifiés, des passeurs, auxquels je sais gré de rendre cette œuvre accessible.

Kant était persuadé que chacun, quelle que soit son éducation, savait distinguer le bien du mal. C'est vrai, on sait tous au fond ce qui est bon pour nous, pour les autres et ce qui ne l'est pas. Il plaçait le devoir moral, l'impératif catégorique, avant la quête du bonheur qu'il jugeait plus floue et incertaine.

J'aimerais réunir ces deux concepts en affirmant que nous avons tous le devoir d'être heureux et de rendre heureux en offrant le meilleur de nous-mêmes. Le bonheur, du moins le bien-être, est pour moi un impératif catégorique.

En philosophie, il y a toujours plusieurs vérités. Et dans cette diversité, dans ces contradictions, on a le choix, on picore et finit toujours par trouver ce qui résonne en nous, par se trouver.

J'ai eu le bonheur de jouer au théâtre dans *Les Mains sales* de Jean-Paul Sartre. À cette occasion, je m'étais intéressée à son œuvre. *Huis clos* est un petit livre qui se lit en une heure. C'est simple et beau, profond et créatif. Cela se passe en enfer où règne une pointe de misogynie puisque les miroirs y sont interdits. Quand le personnage de Garcin affirme le fameux « l'enfer, c'est les autres », Sartre dit aussi son contraire : les autres, c'est le paradis. C'est d'ailleurs ce qu'il souhaite. Démonstration : *Huis clos* contient une des plus belles déclarations d'amour jamais faites à une femme. Celle d'Inès à Estelle. « L'autre » peut donc bien être aussi un paradis.

« Le pessimisme est d'humeur, l'optimisme de volonté. » C'est vrai !

« Un pessimiste voit la difficulté dans chaque opportunité, un optimiste voit l'opportunité dans chaque difficulté. » Winston Churchill. C'est encore vrai ! C'est l'objet de ce livre. Comment faire d'une difficulté une opportunité ? D'une maladie, quelque source de bienfaits ? D'une vie de galère, une vie plus douce, un partage ? D'un échec, une expérience ?

Et vous ? Que pensez-vous ? Quelle est votre définition de l'optimisme ? Sur une échelle de 1 à 10, quel est votre degré d'optimisme ? Si vous n'êtes pas à 10, pourquoi ? Que vous faudrait-il pour être à 100 % optimiste ? Être un optimiste vrai ?

Si vous n'êtes pas à 10, juste pour me faire plaisir, pourriez-vous augmenter votre note au moins d'un point ?

Êtes-vous naturellement attiré(e) par quelqu'un d'optimiste ou de pessimiste ? Quelqu'un qui affirme : « Il y a une solution », ou qui dit : « À quoi bon » ? Analysez votre attirance naturelle. Pourquoi ?

Voulez-vous être cette personne vers laquelle vous êtes naturellement attiré(e) ?

Oui ? Alors continuons avec les vertus de l'optimisme, et si votre réponse est non, continuez de lire quand même, puisque vous y êtes. Ouvrez-vous à la différence, au contraire, à d'autres éclairages. Le seul risque que vous encourez, c'est de changer d'avis.

18

La théorie du comportementalisme : tout s'apprend

On se lasse de tout, excepté d'apprendre.

VIRGILE

Il est vrai et optimiste d'affirmer que tout s'apprend. Peu de choses sont innées. Le talent, c'est faire l'apprentissage de ce qui nous passionne. Je ne connais pas de talents, comme ça, tombés du ciel, que l'on exercerait par magie, sans travail, sans amour.

À l'origine du talent, il y a notre volonté, notre désir ardent et notre persévérance.

Il n'y a pas de talent sans amour de ce que l'on fait.

Reste à savoir ce que l'on aime faire, ce qui nous ressemble vraiment et nous passionne.

Pour apprendre à être optimiste, il est nécessaire d'aimer la vie et la personne que l'on est. Voilà de belles amours, jamais déçues !

« Tout s'apprend » est un concept fondateur de la théorie du comportementalisme de John

Watson auquel je suis très attachée, car il offre un espoir à chacun. Il n'y a pas d'un côté les « doués », de l'autre les laborieux, il y a d'abord le désir, l'envie, la volonté.

Claire, ma psy, a été la première à évoquer ce concept quand je doutais de mes capacités à devenir une meilleure personne, à progresser, à acquérir de nouvelles compétences, à avoir confiance en moi, à être optimiste…

Tout s'apprend et à tout âge ! J'en suis maintenant convaincue. Quand je pensais : « Je ne suis plus bonne à rien… », Claire me répondait : « Vous n'êtes pas motivée, c'est tout. L'Homme peut apprendre jusqu'à son dernier jour, mais certains arrêtent bien avant. »

La force de notre volonté compense largement les quelques neurones perdus depuis nos vingt ans.

Attirée par la sagesse de l'Orient et un amoureux qui avait rejoint la Chine, j'avais entrepris d'y faire un voyage…

Chez ma boulangère, je vois une annonce accrochée sur la vitrine au-dessus des chouquettes : « Dame chinoise avec références donne cours de chinois. » De nature impulsive, surtout devant un tas de chouquettes, j'arrache les coordonnées de la dame en demandant à ma boulangère si elle la connaît :

« Oui, elle est très gentille et sérieuse. Ça m'aurait bien dit à moi aussi, je suis sûre que la Chine, c'est l'avenir. Quand ils débarquent dans la boulangerie, c'est bien simple, ils achètent tout. J'aimerais bien leur dire deux ou trois mots, ce serait commerçant. Mais mon mari m'a dissuadée ! Il m'a dit : “T'as déjà pas le temps de t'occuper de moi et de la boutique, alors qu'est-ce que tu vas apprendre le chinois !" Et puis c'est compliqué, c'est pas pour rien qu'on dit : "C'est du chinois !" »

Ma boulangère n'a pas appris le chinois, victime de quelques fausses croyances et d'un manque flagrant de motivation. Quand notre désir d'apprendre n'est pas « vrai », on trouve toutes sortes d'excuses pour ne pas le satisfaire.

Moi, j'ai commencé. Sans mari, c'est plus facile. Certes, la langue est ardue, vraiment « étrangère », surtout l'écriture. J'ai pris un mois de cours avant de partir en vacances en Bretagne. Puis, comme par magie, mon amoureux exilé est revenu de Chine et ma motivation a fondu. Pourtant, j'étais déterminée à apprendre le chinois ! Pendant un mois. J'avais progressé, je pouvais indiquer à un touriste la direction de la tour Eiffel, lui demander s'il allait bien et même lui dire « je t'aime » ! Bien sûr, je ne me souviens de rien. Si ! De : « Bonjour, je t'aime, merci. » L'essentiel, quoi.

Oui, tout s'apprend, l'optimisme plus facilement que le chinois, la confiance en soi, la capacité à s'exprimer, les compétences personnelles et professionnelles nécessaires pour atteindre les objectifs que l'on se fixe. Tout. Une amie a repris des études de psychologie après quarante ans et est devenue psychologue après une carrière commerciale de vingt ans. Kant a écrit son œuvre majeure, la *Critique de la raison pure*, à soixante ans. S'il n'a pas eu la précocité de Schopenhauer, c'est qu'il avait encore besoin d'apprendre, d'accumuler les savoirs et les apprentissages de la vie.

Notre cerveau est surprenant, il s'entretient comme un muscle. Son âge peut être différent de celui de notre corps. La curiosité intellectuelle et l'apprentissage à tout âge forment la gymnastique du cerveau. De plus, il est prouvé qu'une activité physique régulière ralentit la fonte neuronale. J'apprends encore chaque jour en lisant, en observant, en méditant.

Il est très agréable d'apprendre. C'est un des besoins fondamentaux de l'Homme, naturellement curieux de son environnement. C'est motivant d'en savoir davantage sur la vie, sur les autres, sur soi-même. Je ne rate jamais une occasion d'apprendre, cela me rend joyeuse. Après avoir visité une exposition artistique ou un lieu d'intérêt, je me sens toujours mieux, plus riche, donc plus utile. Je fais progresser ma valeur. Je renforce ma confiance en moi.

Apprendre, c'est faire reculer l'inconnu. C'est sortir de sa zone de confort, de la routine, s'ouvrir, se découvrir. Bref, j'adore !

Parfois, je fais un point. Qu'ai-je appris aujourd'hui ? Ce mois-ci ? Cette année… Vous voulez savoir ? Cette année, j'ai appris la force de l'écoute, les bienfaits du silence, d'une certaine forme de solitude, la « psychologie positive » et tout ce que j'exposerai plus loin dans ma méthode ADIVA.

Secouer nos certitudes

Apprendre, c'est aussi se remettre en question.

« Ce n'est pas le doute mais la certitude qui rend fou », dit Nietzsche. Quand on n'apprend plus, notre cerveau se fige dans ses croyances, il perd sa plasticité, devient rigide. On ferme la porte à toute nouvelle connaissance, toute opposition. On vit en se distrayant, en « tuant le temps » – quelle expression ! –, on croit être peinard, bien au chaud dans nos habitudes, mais on rouille lentement.

« On vieillit quand on cesse de rire, d'apprendre et d'aimer », répète Claire.

Alors j'apprends ! Je fais aussi le reste.

Qu'avez-vous appris récemment ? Cette année ? Qu'aimeriez-vous apprendre ?

19
La psychologie positive

Que la force me soit donnée de supporter ce qui ne peut être changé et le courage de changer ce qui peut l'être, mais aussi la sagesse de distinguer l'un de l'autre.

Marc AURÈLE

« Que » la force me soit donnée, et le courage, mais aussi la sagesse...

La phrase est remarquable mais « qui » donne ? Qui est « que » ? Quel est ce généreux donateur à implorer ?

Avez-vous une idée ? Qui peut nous donner ces qualités nécessaires au bonheur, à une vie meilleure ? Où les puiser ? Je vous laisse répondre.

De 1 à 10, quel est, en ce moment, votre niveau de force ?

De 1 à 10, quel est votre niveau de courage ? De sagesse ?

Si vous vous êtes donné une note supérieure ou égale à 1, c'est donc que vous possédez ces qualités au minimum.

Si vous êtes capable de courage, quelle que soit votre notation, qu'est-ce qui vous empêche de l'être davantage ?

Pour ces trois qualités, quelle note maximale avez-vous déjà atteint au cours de votre vie ?

Est-il possible que vous retrouviez ce niveau ? Que vous le dépassiez, même ?

Si la réponse est oui : bien, si c'est non : pourquoi ? Comment faire pour que vos notes actuelles progressent ? Qui peut vraiment vous aider ?

La réponse est à la fin de ce chapitre !

Martin Seligman, fondateur de la « psychologie positive », est reconnu pour son expertise de l'optimisme. Il a démontré son pouvoir de manière scientifique et passionnée.

Quel est l'impact réel de l'optimisme sur notre comportement, notre façon de penser, de vivre ? Est-ce du vent, de jolis mots, du business, ou l'optimisme comporte-t-il réellement des vertus ?

Si c'est le cas, c'est une chance, car l'optimisme est gratuit et accessible à tous.

À l'exception de quelques « bonnes natures » dont je ne suis pas, l'optimisme n'est pas naturel, il s'apprend, se travaille, se décide, il s'active comme lorsqu'on appuie sur un bouton on/off.

Je n'étais pas optimiste. Je n'avais aucune raison de l'être. Je le suis devenue. L'*optimisme vrai* s'est imposé à moi. Il a d'abord été mon mode de survie, puis ma façon de vivre plus heureuse.

Notre capacité d'optimisme

La psychologie positive affirme que globalement notre aptitude au bonheur peut être assimilée à notre capacité d'optimisme.

Celle-ci est influencée par trois facteurs.

• Le premier serait génétique : il existerait quelques « bonnes natures » avec une prédisposition naturelle à l'optimisme et au bonheur... À voir ! Cela mérite d'être démontré. Est-ce vrai ? Sait-on vraiment ce qui se cache derrière une « bonne nature » ? Cela me fait penser à certains comiques célèbres qui sont dans la vie les êtres les plus tristes du monde !

• Le deuxième facteur est environnemental. Notre capacité d'optimisme est directement influencée par notre environnement, c'est-à-dire tout ce qui est extérieur à nous, ce qui nous est inculqué ou imposé : les épreuves, les difficultés, notre éducation et l'amour que nous avons reçu ou pas. Si notre « environnement » n'est pas favorable à notre optimisme, il est alors nécessaire de s'en détacher, comme je l'ai fait, d'aller chercher en soi sa motivation profonde, unique, individuelle, indépendamment de tout facteur extérieur, de toute personne. Il est nécessaire de se libérer du regard des autres, de leur jugement, de leur modèle, de notre passé, de nos croyances pour décider par nous-mêmes : je veux être optimiste. Pourquoi ? Pour être plus heureux, tout simplement, et explorer toutes mes capacités.

Pour être plus heureux, tout simplement, et explorer toutes mes capacités. Notre environnement, c'est aussi, bien évidemment, notre lieu de vie, notre pays. Les bidonvilles de Bombay ont gravé mon cœur. Connaît-on notre chance immense de vivre en France ?

• Le troisième et dernier facteur influençant notre capacité d'optimisme est le plus important et bien sûr celui qui m'intéresse en premier chef : notre volonté. Là est la clé.

Par « volonté », j'entends être capable de produire un effort pour satisfaire un désir profond, à court, moyen ou long terme.

Plus l'échéance est éloignée, plus notre volonté est éprouvée.

La volonté est un bien meilleur gage de succès que le talent.

Alors ? Qui peut nous aider à être plus courageux, plus fort, plus sage, à être optimiste ? Vous connaissez maintenant la réponse.

20

Le pouvoir de la volonté

On peut enlever un général à son armée,
mais non un Homme à sa volonté.

CONFUCIUS

Qui, à part nous, peut agir pour nous-mêmes, à notre place ? Personne !
Qui n'a jamais eu la volonté de satisfaire un désir, d'atteindre un objectif ? Personne !

Notre volonté est bien là. Tout le monde a de la volonté. Plus ou moins, certes, mais tout le monde en a.

Notre volonté est essentielle, car sans elle rien n'est possible. Pas d'optimisme sans volonté, pas de bien-être durable, pas de projet qui prenne forme, de santé qui tienne, d'amour qui résiste…

Sans volonté, pas d'objectif atteint, pas de gratification, pas de récompense, pas d'effort, pas de bataille gagnée, de matin où on se relève, pas de satisfaction de désirs profonds. Sans volonté, on ne grimpe pas en haut de la montagne, on la dévale en folles cabrioles, on se laisse aller sans décider, on s'agite sans agir, on existe, c'est tout, à la manière de Schopenhauer, poussés par nos désirs immédiats et le vent du hasard.

Je veux grimper au plus haut de moi-même. Je ne veux pas de gloire, je veux juste triompher quel que soit mon péril !

Chaque jour que je vis avec détermination est un triomphe, tant pour moi-même que pour les miens.

Volonté de fer ou ravioli vapeur ?

Définition dans mon dictionnaire du mot « volonté » : « Faculté de vouloir, de se déterminer librement à agir, après réflexion, de décider en faisant preuve de détermination et de constance dans l'exécution. » Tout est dit !

Pourtant, cette volonté, si clairement énoncée, m'a longtemps obsédée. Pourquoi ? Parce qu'elle était la clé de ma survie. Je voulais tout connaître d'elle, ses ressorts et le secret de ses aléas.

Pourquoi avais-je une semaine une volonté de fer, et la suivante celle d'un ravioli vapeur ?

Je prends souvent ce plat dans un restaurant chinois, servi dans un panier rond en bambou. Je réalise que ce livre est rempli de références alimentaires et je l'assume ! Un matin, il y a quelques années, je me suis vue amorphe, étalée sur mon lit, sans la moindre envie de bouger et j'ai eu cette image : un gros ravioli vapeur, raplapla, un peu difforme, mais délicieux. J'ai ri, du coup je me suis levée, mais cette expression m'est restée.

Sur l'échelle de la volonté, du ravioli vapeur jusqu'au fer, je me situe au-dessus de la moyenne, plus vers le haut que vers le bas. Ma volonté est peut-être ma plus jolie victoire.

J'ai lu que 80 % des gens savent ce qu'il faut faire pour être en meilleure forme et plus heureux, mais qu'ils sont seulement 20 % à le faire réellement avec détermination et constance…

Pourquoi ? Voilà une vaste question… Ne voulons-nous pas notre bien ? Est-ce si difficile que cela d'être volontaire ? Pourquoi lâche-t-on l'affaire aussi vite ? Pourquoi se laisse-t-on aller sur notre canapé, au risque d'être triste, comme l'affirme Alain.

J'ai beaucoup étudié ce sujet qui m'est essentiel. À capacités identiques, il y a un gouffre entre une personne volontaire et une autre aboulique. Qu'ai-je donc appris sur notre volonté ?

Comme le cerveau, la volonté est un « muscle » qui a besoin de nourriture, d'entraînement et de repos.

Le test des chouquettes

Pour entraîner ma volonté, j'ai inventé ce test.

Mes lecteurs connaissent mon penchant pour cette pâtisserie simple, ces bouchées de chair fine et claire avec des petits grains de sucre que je m'amuse à frotter, et dont les meilleurs spécimens sont produits chaque matin, pour mon bonheur ou ma perte, à deux pas de chez moi. C'est mon destin ! J'ai même organisé une « chouquettes party » lancée sur Facebook, avec mes fans que j'appelle mes anges, sous la tour Eiffel. C'était un beau moment, nous étions tous en blanc.

Je souffrais de légers troubles alimentaires. Sans être boulimique, je pouvais être prise de fringales, d'envies subites d'engloutir frénétiquement 300 grammes de chouquettes encore tièdes, soit 36 petits choux au total… J'allais bien au-delà de ma satiété.

Un jour, en pleine gourmandise, allongée sur mon lit, après avoir réduit le premier sachet à une boule de papier, j'ai vu mes mains s'arrêter, suspendues au-dessus du second sachet. J'ai pensé : combien de chouquettes vais-je encore avaler ? Vais-je aller jusqu'à l'écœurement, jusqu'à sentir mon ventre plein à craquer ? Est-ce cela que je veux ? Me rendre malade ? Vomir ? Me culpabiliser ? Me mépriser ?

Que vais-je faire quand cet autre sachet de chouquettes sera vide ? Vais-je retourner à la boulangerie ? J'en serais capable. Y a-t-il une fin à cette orgie ? Où est mon vrai plaisir ? Quel est mon but ? Je fixais mes mains et j'attendais en comptant les secondes, sans piocher dans le sachet. J'ai senti que ma volonté s'exerçait pleinement dans cet instant. Une sorte de combat intérieur se menait. Plus je tenais, plus je me disais : « C'est bien, Charlotte, tu n'es donc pas chouquettes-addict… » Je pensais : si je peux résister dix secondes, je le peux vingt secondes, une minute, une heure… Je peux peut-être attendre demain pour finir ces délices… Avais-je vraiment du plaisir à manger toutes ces chouquettes ? Non. J'étais rassasiée à la cinquième ! Voulais-je vraiment manger ce second sachet ? Non.

J'en ai pris une dernière « pour la route », en rebelle, et j'ai plongé mon sachet dans le congélateur pour qu'elles restent intactes jusqu'au lendemain. J'ai même attendu deux jours avant de finir ma petite orgie. C'était délicieux. Je dégustais mes chouquettes autant que ma volonté nouvelle.

Parenthèse pour les gourmands insatiables. Il s'agit moins de se priver que de savoir s'arrêter.

Posons-nous ces questions en nous concentrant : ai-je encore faim ? ai-je vraiment encore faim ? ai-je encore envie ? ai-je vraiment encore envie ?

La réponse « non » arrive vite, je m'arrête de manger et j'enchaîne avec une séance de relaxation, car stress et boulimie sont liés.

Voyez comme à partir de petites chouquettes nous arrivons vite à l'essentiel.

Notre rapport à l'alimentation est important, signifiant, symbolique. Manger, c'est vivre, aimer et se remplir. De quoi peut-on se remplir ? Je vous laisse répondre. Quand la faim n'est plus là, l'alimentation joue un rôle de compensation. Tout trouble alimentaire sévère dont nous ne venons pas à bout, qui nous fait souffrir, doit être traité sans la moindre gêne ou culpabilité avec un professionnel de la santé de l'esprit.

Je mange encore assez régulièrement des chouquettes. Pas plus de 100 grammes. Je ne touche plus mon sachet avant d'être arrivée chez moi, je le renifle, je fais monter mon désir. Je le pose sur mon bureau et je peux m'affairer à autre chose. J'attends, plusieurs minutes, en le regardant de temps en temps, en me répétant que ce sera délicieux dans dix minutes, dans une heure, le temps de ranger un peu, de me préparer un thé. J'exerce ma volonté. Il est très agréable et apaisant de ressentir cette capacité à résister, à se maîtriser, à repousser au moment opportun la satisfaction de notre désir.

Cela fonctionne avec les chouquettes comme avec tout ce que vous aimez. Il y a dans le retardement de la satisfaction, dans cette attente qui peut être tout aussi délicieuse que la satisfaction elle-même, quelque chose de fort qui tient au pouvoir que l'on ressent d'être son propre maître, d'aller où l'on veut et non pas où notre ventre, nos pulsions, notre inconscient nous mènent.

Il y a dans le bouddhisme et dans bon nombre d'écoles de développement personnel qui s'en sont inspirées, cette devise qui donne la dimension du pouvoir de la volonté, de l'autodiscipline : « Si tu veux maîtriser le monde, maîtrise-toi toi-même. » Si tu veux changer ton monde, change-toi toi-même. On souhaite souvent que les autres, que le monde changent, commençons par nous-mêmes.

La prochaine fois que vous mangerez des chouquettes, peut-être à ma « chouquettes party » d'automne, ou que vous vous adonnerez à tout autre plaisir, pensez à moi, attendez quelques instants, patientez, savourez votre maîtrise, calmez-vous, votre désir en sera attisé. Vous effectuerez un pas vers la maîtrise du monde ! Ou de votre monde, ce qui est encore mieux.

Connaissez-vous ce bon mot d'Oscar Wilde ? « Le seul moyen de se délivrer de la tentation, c'est d'y céder ! » C'est drôle mais c'est faux. Et surtout c'est sans fin. Une tentation en remplaçant une autre.

L'autocontrôle est un des principes fondateurs de notre vie en société. Imaginez un instant que nous ne puissions pas résister à la tentation… Ce matin, devant ma boîte aux lettres, j'ai croisé mes nouveaux voisins, un jeune couple très sympathique, amoureux, main dans la main, trop chou. Problème… Mon nouveau voisin est absolument craquant. Pile mon genre ! Au point de ressentir une onde électrique dans le ventre quand il m'a regardée… Imaginez un instant que je fasse avec lui comme avec mes chouquettes ! Ce ne serait pas bon pour l'entente dans l'immeuble.

J'entraîne ma volonté de deux façons :

- en résistant, pour mon bien-être, à la tentation de ce qui est bon dans l'instant mais moins bon à moyen ou long terme : trop de sucre, ce n'est pas bon, briser un ménage non plus !
- en faisant des efforts pour atteindre progressivement un objectif ambitieux, comme un projet de vie.

La prossima porta

Quand mon objectif est élevé, ambitieux mais atteignable, quand il court dans le temps – par exemple être optimiste vraie, plus heureuse, en meilleure forme physique ou écrire un livre –, j'exerce ma volonté pas à pas, j'applique la technique de la *prossima porta*.

En rééducation post-opératoire, j'avais sympathisé avec une jeune Italienne en attente d'une double greffe cœur-poumons et très amoindrie. Comme elle, j'avais peu de forces. Mon torse et mon dos étaient algiques. Sur ordre des kinés, que nous soupçonnions de sadisme, nous devions chaque jour effectuer quatre longueurs d'un interminable couloir. On se tenait à la barre et par la main. Je ne peux pas voir un couloir d'hôpital sans repenser à ces semaines sombres illuminées par Isabella. Au début de notre parcours, chaque pas était pénible, quatre longueurs, c'était insurmontable. Tout le poids de la terre me tombait sur les épaules. J'étais paralysée. Dans un français chantant, Isabella me disait : « Il ne faut pas penser au couloir, Charlotte, tu penses à la prochaine porte ! » Et on crapahutait, ensemble, jusqu'à la *prossima porta*. Certains matins où Isabella était encore plus faible que moi, je lui disais avec mon accent bien français : « Allez, ma belle, jusqu'à la *prossima porta...* »

Quand on peut faire un pas, on peut en faire dix, vingt, cent ! On peut effectuer quatre longueurs d'un couloir sans fin.

Quand la route semble longue, avançons, pas à pas, jusqu'à la *prossima porta*.

Je t'embrasse, mon Isabella, où que tu sois.

Elle n'a pas pu attendre.

Quand j'ai éprouvé ma volonté, je me félicite et je me repose. Je laisse tranquille ma volonté pour ne pas épuiser mon muscle précieux. Je me laisse vivre, je me distrais sans excès, quelques minutes, quelques heures, je dors toute une nuit avant d'utiliser au matin, pour reprendre mon chemin, ma volonté.

Quand j'en manque, je ne me blâme jamais, je ne me mets pas de « coups de pied aux fesses », car ça ne marche pas longtemps. Globalement, on préfère tous les caresses, non ? Je suis tendre avec moi-même tout en gardant mon cap. Je m'interroge : pourquoi suis-je sans volonté ? Et je fais un pas.

Pour avoir une volonté optimale et constante, pensez à mener ces cinq actions (définies de manière approfondie dans la suite du chapitre) :

- *vous fixer un objectif vraiment motivant, qui fasse sens à vos yeux ;*
- *travailler « l'anticipation sensorielle » de cet objectif ;*
- *garder un bon niveau d'énergie vitale ;*
- *effectuer un autocontrôle régulier et bienveillant ;*
- *vous appuyer si possible sur un environnement favorable.*

Un objectif vraiment motivant

Un objectif... Voilà un mot que l'on entend à tort et à travers, qui sonne « professionnel » comme si notre vie était un business à mener. Pourtant, il est vrai qu'avoir un objectif est nécessaire à notre bien-être, car il crée notre volonté, valorise notre capacité d'action et permet de mesurer notre progression.

Mon objectif a longtemps été de vivre tout simplement, survivre même. C'était à la fois un objectif quotidien et à long terme. Je voulais vivre aussi longtemps que possible.

Au fil du temps et de ma survie, observant que bon an mal an, je gardais le cap, mon objectif s'est affiné. J'ai eu envie de plus, de mieux. J'étais vivante, cela fonctionnait, je pouvais donc prétendre à autre chose que simplement vivre.

J'ai alors décidé de vivre mieux, plus heureuse, plus sereine, plus généreuse. J'ai décidé d'apprivoiser mes peurs, de m'attacher à la vérité, d'observer ma réalité avec bienveillance et optimisme, de rechercher ma paix intérieure ainsi qu'un sens à ma vie. Vaste programme ! J'ai entrepris d'aller chercher pour l'offrir le meilleur de moi-même.

C'était ambitieux et optimiste.

Chercher le meilleur de moi-même sous-entendait qu'il existe ! Je m'en persuadais. Je pouvais progresser, c'était possible et vrai.

Je réalisais que cet objectif, « le meilleur de moi-même », n'était jamais pleinement atteignable, pas réellement mesurable, mais j'aimais cette idée, plutôt que d'être la meilleure, de me bonifier avec le temps, comme un vin, un arbre, un véritable amour.

J'acceptais qui j'étais et décidais de trouver le meilleur en moi. Je pourrais nommer cette volonté « mon objectif de vie ». C'est devenu mon horizon. Je ne saurai jamais si j'ai vraiment réussi à offrir le meilleur de moi-même. Je ne m'imagine pas m'asseoir un jour sur ma chaise en paille, claquer ma main à plat sur le bureau et déclarer : « Voilà, ça y est, objectif atteint, là j'ai offert le meilleur de moi-même ! » Car la seconde d'après je penserais : et maintenant on fait quoi ? On arrête tout ? On se repose à vie sur nos lauriers-roses ? On passe au pire pour varier les plaisirs ?

Je ne ferai donc jamais ce constat, peut-être dans l'au-delà alanguie sur un nuage, mais je regarde toujours « mon objectif de vie ». Je ne l'atteindrai pas « un jour », je l'atteins chaque jour, à chaque fois que j'essaie d'offrir le meilleur de moi-même. L'essentiel, c'est d'essayer, de persévérer. De temps en temps, selon une fréquence variable, je fais un point d'étape sur mon objectif de vie. Alors, ce meilleur, où est-il ? Qu'ai-je fait dans ce sens ? Et je note, dans mon esprit ou mon carnet, des exemples précis d'actions menées. Je me félicite. Je m'encourage. Je me dis que c'est bien même quand ça ne l'est pas totalement. Je note mon domaine de progression et je continue !

Je considère toujours que j'ai fait ce que j'ai pu, au mieux, dans la mesure où je n'ai jamais cessé d'avoir à l'esprit mon objectif de vie.

Je me dis : « J'ai fait de mon mieux », et je vais dormir.

Ces points intermédiaires encourageants sont d'autant plus importants qu'il n'y a pas de ligne d'arrivée !

Un objectif de vie représente notre volonté vitale, essentielle, notre éclairage. Le mien n'a pas changé depuis des années.

La trilogie de mes objectifs

J'ai défini trois natures d'objectifs.

Mon objectif de vie, mon objectif du jour et celui de l'année.

Ce sont mes objectifs à court, moyen et long terme.

Je bâtis mes objectifs, je les considère sans jamais oublier que tout se joue dans le présent. Ils sont ambitieux mais réalistes.

Attention : un objectif *irréaliste* est une mise en danger, une forme de malveillance envers soi-même. Un peu comme quand on s'embarque dans une histoire d'amour dont on sait dès la première heure qu'elle est impossible. Évitons les impasses.

Les objectifs que nous nous fixons doivent avoir plus de chances d'être atteints que le contraire.

Ils sont ambitieux, parce qu'ils nécessitent un effort, de sortir de notre zone de confort où nous ne progressons plus, mais réalistes.

Pourquoi cette trilogie ? Parce que j'aime respecter les cycles naturels de la vie. Nous appartenons à la Nature. Il suffit d'un bain de mer ou d'une balade en forêt pour s'en souvenir.

Pourquoi au jour le jour ? Parce qu'une journée, c'est un espace de temps important, symbolique. C'est la lumière entre deux nuits. Qu'en faire ? En 23 heures 56 minutes et 4 secondes, la Terre tourne sur elle-même. Et moi, qu'est-ce que je fais ? Tout sauf tourner en rond !

Que vais-je faire de mon temps aujourd'hui ?

Je veille à ce que ma liste d'objectifs ne soit pas assommante. Un au minimum, trois au maximum. Cela peut être : trente minutes de vélo d'appartement, une lecture riche plus que distrayante, ranger ma chambre comme quand j'étais gamine ou écouter avec empathie quelqu'un dans la rue.

En soirée, je regarde mon carnet, oui, chaque jour. Qu'en est-il de mes objectifs ? S'ils ne sont pas atteints, je m'interroge. Je me félicite toujours de ce que j'ai fait et réfléchis à ce que je n'ai pas fait.

Et quand vient la nuit, j'oublie tout pour me reposer.

Rien n'est plus agréable que de s'endormir avec le sentiment d'avoir fait dans la journée ce que nous avions à faire.

Pourquoi chaque année ? Parce qu'il y a deux cycles essentiels de lumière. Une journée et un an. C'est notre unité de vie, j'ai quarante-neuf ans et cent un jours. Une année est un laps de temps incroyablement important. En 365 jours, notre Terre fait le tour du Soleil et ce n'est pas une mince affaire. 939 millions de kilomètres parcourus à une vitesse stable de 107 000 km/h. Au moment même où vous me lisez, notre Terre parcourt en silence 29 kilomètres à la seconde... Et sans le moindre courant d'air, dans le calme plat d'une mer d'huile en été, sans qu'une seule mèche de mon brushing bouge ! Vertigineux. En une année, la Terre fait son tour dans l'univers.

Et moi, qu'est-ce que je fais ? Tout sauf tourner en rond !

De nouveau, trois objectifs au maximum, réalisables mais ambitieux, mesurables.

Mon objectif pour l'année qui s'achève était d'écrire et de rejouer la comédie.

Comment définis-je mes objectifs ? Chaque année, j'ai un rituel musical. J'écoute une chanson, toujours la même, et je réponds à sa question, posée en anglais par une sirène, Barbra Streisand, sur une musique enchanteresse de Michel Legrand : « *What are you doing the rest of your life ?* » À écouter d'urgence ! Que vas-tu faire du reste de ta vie ?

Avant de définir mes objectifs, je m'interroge : est-ce VRAIMENT cela que je veux réaliser ? Il est fondamentalement intéressant de s'interroger sur nos VRAIS désirs, car s'ils ne sont pas vrais, si nous n'avons pas vraiment, puissamment le désir d'atteindre tel objectif, alors notre motivation dans le temps nous fera défaut. Qu'est-ce que je veux vraiment ? Voilà la question !

Nos objectifs, qu'ils soient de vie, pour un jour ou une année, ont la vertu de toujours nous offrir un cap quand on se perd, quand on ne sait plus où on en est.

La réalisation de nos objectifs nous valorise et permet de tester notre volonté.

Voilà tous les bénéfices de leur trilogie.

« L'homme du futur » ou la procrastination

Dans les creux de vague, les saisons basses de la vie, un danger s'offre à nous : procrastiner, remettre au lendemain ce que l'on peut faire le jour même. Souvent, une tâche qui nous déplaît. On pense se laisser ainsi plus de temps, de liberté avant d'affronter cette difficulté, mais c'est une erreur. Car on a conscience de procrastiner et l'idée de cette chose reportée que l'on a à faire nous gâche ce temps supplémentaire que l'on s'accorde.

Je m'attache, autant que possible, à faire ce que je peux faire, au moment où je le peux. « Avoir fait » est toujours un sentiment agréable.

Lors d'un tournage en Italie, j'ai rencontré une costumière mexicaine au caractère bien trempé prénommée Margarita. Très élégante, toujours chapeautée, elle m'amusait en racontant avec un fort accent et un vrai sens du drame les déboires de sa vie conjugale. Margarita critiquait vertement cet homme qu'elle aimait passionnément depuis des années : son mari. Lui aussi mexicain, il était atteint, à la différence de Margarita, de paresse subtropicale. Elle l'appelait « l'homme du futur » parce que quand elle lui demandait de faire quelque chose, il lui répondait toujours : « Oui, chérie, je le ferai demain… »

Maintenant, pause !

De même que le jour n'aurait pas de sens sans la nuit, de même mes objectifs, les caps de ma vie et les outils de ma volonté n'auraient pas de sens sans mes pauses.

Oui, je fais des pauses, chaque jour, chaque semaine, chaque année.

Chaque jour, je médite, au moins dix minutes d'apesanteur, de liberté totale, d'insouciance, de présence silencieuse à moi-même. Sans le moindre objectif, aucun cap. Je ne joue plus le moindre rôle. Je n'ai plus la moindre responsabilité sur cette terre. Je suis, j'existe, mon cœur bat, c'est tout.

Chaque semaine, pour moi, la pause, c'est le dimanche, je fais un break. Je me laisse aller sans être triste. Je n'ai pas d'horaire, pas de programme établi. Je profite de ma fille et ne fais rien qui ne me plaise pas, libérée de toute contrainte.

Chaque année, en général l'été au Val-André, dans notre petite maison de pierre pas très loin de la mer, je fais une grande pause. C'est les vacances, je retrouve le goût de mon enfance, la mer changeante, toutes les saisons en une seule journée de ciel breton et la marée qui recouvrait mes prénoms écrits sur le sable… Je m'adonne à mes loisirs préférés, la marche contemplative sur le sentier des Douaniers et la lecture. Je fais aussi un peu de ping-pong et je mange des crêpes pour récupérer les calories perdues. Le matin, je vais à pied au marché, j'achète du poisson aux pêcheurs et des fleurs. C'est ma *dolce vita* bretonne.

L'anticipation sensorielle

Cette technique, qui m'a été enseignée par un psychothérapeute, est très efficace pour s'automotiver. Lorsque je produis des efforts qui peuvent entamer ma motivation, je pense à l'avance à ce que je ressentirai lorsque j'aurai atteint mon objectif.

Je m'imagine dans cette situation. Je ressens la joie, la fierté, la satisfaction, le bien-être. Je vois des images de cette réussite, je peux même entendre les sons. Je vis la scène. De cette façon, je valorise mon objectif. En ressentant par anticipation sensorielle tous les bénéfices de l'atteinte de mon objectif, je me mobilise de nouveau, je me remotive.

Cette technique est employée par de nombreux sportifs qui visualisent leur victoire. Je l'utilise régulièrement, notamment pour effectuer des exercices de gymnastique fatigants. J'anticipe la sensation de bien-être et de satisfaction que j'éprouverai quand j'aurai terminé. Cette technique est efficace dès lors que l'on produit des efforts, pour toujours avoir à l'esprit notre objectif et ses bienfaits.

Préserver notre énergie vitale

Quand je m'interroge sur mon manque de volonté, la réponse est parfois simple : je suis fatiguée. Il y a deux types de fatigue, physique et psychologique, qui toutes les deux affectent notre énergie vitale. La fatigue mentale tient au stress et à l'ennui, à une forme de lassitude. Je veille à introduire dans mon quotidien un maximum de nouveauté, je change régulièrement de chemin, de parfum, et je fais de manière nouvelle ces mêmes choses barbantes que l'on a à faire. Je malmène ma routine !

Je veille autant que possible à préserver mon énergie vitale, à l'utiliser essentiellement pour la réalisation de mes objectifs.

Pour cela, je tiens à distance tout ce qui est consommateur d'énergie vitale : les sentiments extrêmes, la haine, la détestation, la colère, la jalousie et même la passion quand elle est douloureuse. Je ne déteste jamais, je m'éloigne, c'est tout. Je suis frappée d'entendre souvent dans les conversations les mots « détester » ou « avoir la haine ». C'est une façon de parler, de se démarquer ou d'exprimer un mécontentement profond, pourtant peu de choses sur cette Terre méritent notre haine. On peut combattre sans haine. Et l'indifférence est bien plus efficace que la violence. Elle a la vertu de ne pas abîmer celui qui la ressent et de ne pas nourrir sans fin le feu de sentiments négatifs.

Notre énergie vitale peut être diminuée par une mauvaise hygiène de vie.

Le sommeil est essentiel. En grande insomniaque, je sais de quoi je parle ! Quand on ne dort pas, c'est l'anxiété qui nous tient éveillés. Si nos peurs ne sont pas calmées, notre cerveau reste en hypervigilance, et commence la nuit blanche…

Je fais attention à ce que le moment qui précède mon sommeil soit calme et serein. J'ai fait de ma chambre un endroit simple et zen. Je lis, j'effectue des exercices de respiration, j'éloigne mes idées noires, je me rassure avec l'instant présent. Je vais bien, je peux dormir...

J'ai eu longtemps peur de mourir la nuit. C'était inconscient. Je l'ai formulé avec ma psy. Je craignais de ne pas me réveiller, alors je veillais, c'était plus fort que moi. Un cercle vicieux. Insomniaque, j'étais en décalage horaire, dans un état d'anxiété permanent.

J'ai connu une infirmière prénommée Henriette qui, un soir, m'avait calmée en m'affirmant que la nuit, le corps étant peu sollicité, il ne se passait pas grand-chose. Si mon cœur battait à minuit, il y avait de grandes chances pour qu'il batte encore au matin. Cela m'a aidée à m'abandonner à la nuit. Et si vraiment rien n'y fait, alors j'avale un somnifère. En revanche, il ne faut jamais s'énerver de ne pas dormir. Bien au contraire, il faut remercier son cerveau de veiller comme il le fait et tenter de lui expliquer qu'il peut se reposer.

Pour calmer mes peurs, souvent je me dis : la nuit est mon amie. J'ai besoin d'elle pour retrouver toute mon énergie. Je m'autorise cette pause pour être en forme le lendemain et retrouver, si c'est le cas, tous mes petits ennuis !

Notre alimentation est essentielle, c'est notre carburant, notre source d'énergie. Je suis gourmande, vous le savez, mais je veille le plus possible à la qualité énergétique, nutritionnelle de mon alimentation. Aucune chimie, j'en prends déjà suffisamment, au plus près de la nature, pas forcément cinq fruits et légumes par jour, mais autant que possible, beaucoup d'eau, peu de viande... Il y a pléthore de bons livres à ce sujet. L'important est d'être attentif, selon nos goûts, en toute conscience, à ce que l'on ingère. Hormis quelques petits excès, je n'oublie jamais que chaque composant de mon alimentation – tous ces additifs industriels de type colorants, antioxydants, hydrocarbures, triphosphates, ferrocyanures, nanoparticules perforatrices... aux noms de code banalisés écrits tout petit (E451, E535, E536, E171...) – va, si je l'avale, rentrer en contact direct avec mon système digestif, mon sang, mes cellules, ma petite fabrique de vie. Avec quel effet ?

Notre corps est précieux, traitons-le comme tel.

Notre activité physique nourrit notre énergie vitale. Je marche le plus possible.

Enfin, je veille « aux bonnes ondes » de mon environnement. Elles existent, ces ondes, c'est magnétique, physique. Tout être vivant dégage une énergie – même les pierres. Je m'éloigne de toute chose ou de tout être qui peut, par une forme de négativité que je ressens, entamer mon énergie vitale et mon *optimisme vrai*.

Un autocontrôle régulier et bienveillant

Autocontrôle... Voilà un mot qui fait peur ! De nature rebelle, je n'étais pas favorable à toute forme de contrôle. Ils sont pourtant nécessaires pour observer où nous en sommes dans l'atteinte de nos objectifs. Ces autocontrôles sont réguliers, souvent quotidiens. Je les transcris dans mon carnet. Je vois ce qui va et ne va pas. Les efforts que j'ai faits et ceux que j'ai évités.

Je mentionne régulièrement mon carnet. Oui, j'écris. Je matérialise mes objectifs, mes pensées et mes actions. Cela a l'avantage d'être concret, de ne pas encombrer mon esprit.

Notez le plus possible. Notre esprit est soulagé de savoir que ce qui est important pour nous, que nous ne devons pas oublier, existe concrètement à l'extérieur de nous.

Nous sommes concrets, physiques avant d'être intellectuels, pensants, spirituels. J'ai besoin de preuves tangibles de mes efforts, de mes décisions. Mon carnet peut être relu et constitue les archives de mon bien-être et les preuves de mon travail pour l'atteindre.

Dans mes autocontrôles, je suis toujours bienveillante avec moi-même. J'essaie toujours de comprendre pourquoi je n'ai pas produit tel effort qui était nécessaire ou pourquoi je suis en retard dans l'atteinte de mon objectif. Je m'encourage, tout le temps. Je suis mon propre coach !

Un environnement favorable

Quand on décide d'un objectif, à court, moyen ou long terme, qui nécessite que l'on produise des efforts, notre environnement peut jouer un rôle important. Par « environnement », j'entends essentiellement les quelques êtres proches qui gravitent autour de nous. Il est intéressant de partager nos objectifs avec eux pour obtenir leurs encouragements. Quand notre motivation vacille, nos proches prennent le relais !

À l'exception de ma fille, mon « environnement humain » a souvent été très limité, voire inexistant ! L'autonomie est alors essentielle. Nous savons parfaitement comment nous « autogérer ».

Seule ou pas, je n'ai souvent compté que sur moi-même pour atteindre mes objectifs de vie. « C'est la seule façon de ne pas être déçue », affirme mon amie Lili. Ce constat n'est pas pessimiste, il est vrai. C'est ainsi. Je crois que, face aux grands défis de la vie, dans ses épreuves, dans les choix que l'on doit faire, on est souvent seuls et c'est bien. Ne plus être seuls signifierait avoir une confiance totale en l'autre, jouir d'une compréhension intime de qui nous sommes. Cela est sûrement possible mais rare. Voilà pourquoi j'éprouve souvent un sentiment de solitude, mais qui me semble normal, qui ne me pèse pas.

Pour conclure, je dirais que la volonté, hissée à un certain niveau, est un véritable talent en soi. Elle permet tout.

Les plus grandes réussites de ce monde sont avant tout le fruit d'une exceptionnelle volonté.

J'ai vu des femmes et des hommes se transformer parce qu'ils le voulaient au plus profond d'eux-mêmes. Je les ai vus changer parce qu'ils prenaient conscience de leur vrai potentiel et commençaient à croire en eux-mêmes. J'ai vu des êtres rayonner parce qu'ils devenaient joyeux, des femmes et des hommes rendus heureux par le simple fait de décider d'être optimistes, vraiment, et d'agir.

La volonté et l'*optimisme vrai* peuvent tout changer, notre corps, notre vie et notre regard sur le monde.

21

L'optimisme réaliste

La vie, ce n'est pas d'attendre que les orages passent, c'est d'apprendre à danser sous la pluie.

SÉNÈQUE

Martin Seligman a mis en lumière par l'expérience scientifique les vertus de l'optimisme. En étudiant deux hommes, d'âge, de niveau d'études et de milieu socioculturel semblables mais de caractère différent, l'un optimiste, l'autre pessimiste, le professeur de psychologie a prouvé que la personne optimiste a 50 % de chances en plus de réussir ce qu'elle entreprend avec les mêmes moyens que la personne pessimiste.

50 % de chances en plus, par une simple disposition de notre esprit !

On peut définir l'optimisme par une manière positive de voir la vie, d'en extraire, y compris dans les difficultés, un élément actif qui nous aide à progresser, à vivre mieux et à nourrir notre motivation.

Voir la vie de manière positive… Voilà qui m'a longtemps interpellée. J'avais beau essayer, il y avait dans ma vie et sur Terre des éléments négatifs qu'il m'était impossible de regarder de manière positive.

Colorer notre optimisme de vérité

Peut-on tout le temps, inconditionnellement, voir la vie de manière positive ?

Ma réponse est non. Je n'ai pas peur du malheur qui frappe. Il frappe, c'est tout. Je tente de m'en protéger, d'être prudente sans excès de peur, mais quand il frappe, je l'accepte et je continue. Nous connaissons tous des malheurs qu'il est impossible de regarder de manière positive.

Il est important de reconnaître cette réalité.

Même si je rêve d'un monde meilleur, je suis profondément ancrée dans la réalité.

Je colore mon optimisme de vérité. Je ne souhaite pas être optimiste à tout prix, inconditionnellement positive.

Par respect pour celles et ceux que le malheur a frappés, je suis optimiste vraie et je sais reconnaître ce qui est strictement négatif.

En écrivant ce mot « malheur », je prends conscience de la peur qu'il provoque et je comprends qu'on le fuit comme la peste.

On peut décider de ne pas en parler, pourtant c'est la vie. Alors parlons-en, libérons-nous de cette peur ! Le malheur existe, la foudre frappe, c'est comme ça. « C'est. »

J'aime beaucoup ces deux petits mots « C'est » que l'on peut prononcer en signe de reconnaissance et d'acceptation calme de ce qui est, de ce qui se passe en nous et autour de nous, pour, d'une certaine façon, s'en défaire et passer à autre chose.

On peut tout faire pour se prémunir des foudres du malheur, pour tenter de passer « entre les gouttes », mais parfois ça ne marche pas. On est malheureux. Ça tombe du ciel. Parfois, « c'est du brutal ! » comme dit Michel Audiard. Puis la roue tourne, on l'aide à tourner, on devient plus heureux. L'*optimisme vrai* n'efface pas le malheur, il permet simplement de gagner la bataille.

J'ai à l'esprit quelques exemples parmi une liste infinie d'événements qu'il est impossible de regarder de manière positive.

Le 1er novembre 1755, fête de la Toussaint pour les catholiques, il y a eu à Lisbonne un tremblement de terre sans précédent qui a mis pendant quatre jours à feu et à sang cette ville réputée pour sa piété. Ce séisme, dont on estime aujourd'hui la magnitude à 9 sur une échelle de 10, a provoqué la mort de 60 000 hommes, femmes et enfants, il a détruit 90 % de la ville et fait des ravages jusqu'en Espagne et au Maroc. Les rescapés qui s'étaient réfugiés dans le port pour fuir les effondrements ont été emportés par un tsunami géant. C'était la fin du monde, un 1er novembre, le jour de la fête de tous les saints, la veille de la commémoration des défunts… Quelle fête…

Cette catastrophe naturelle dont on connaissait mal les mécanismes a ébranlé les penseurs du siècle des Lumières et l'idée de la toute-puissance de Dieu.

Les questions qui obsédèrent alors les philosophes comme les simples gens étaient : pourquoi ? Pourquoi tous ces morts, ces innocents ? Pourquoi un 1er novembre ?

Il y a soixante-quinze ans, c'est-à-dire hier sur l'échelle de l'humanité, commençait la Shoah. Mon père est né en 1936. Il se souvient de l'arrestation brutale d'un enfant juif qui pleurait devant la cathédrale à Lamballe. Pas de catastrophe naturelle cette fois, seulement l'action des hommes.

Nous sommes régulièrement informés de la liste des malheurs qui frappent l'humanité. Pour préserver mon zen, je ne regarde pas les informations chaque jour, je lis aussi une presse objective, qui permet le recul.

Quand j'observe la violence ou l'injustice devant mon poste de télévision, je me pose cette même question : pourquoi ?

Je n'ai pas de réponse. Personne. L'unique vertu du pire est de faire aimer le meilleur.

La question demeure. Peut-on être optimiste en observant la réalité de notre monde ? Ma réponse est oui. Optimiste vrai.

Je dirais même qu'il n'y a pas d'autre choix. C'est la seule façon de progresser, d'être plus heureux et de créer un jour notre paradis sur Terre.

Le mal sera éradiqué, c'est une évidence, c'est le grand dessein de l'humanité et de la science.

« "Nous avons inventé le bonheur", diront les Derniers Hommes et ils cligneront de l'œil », écrit Nietzsche.

Pourquoi cligner de l'œil ? Parce que ce sera faux ?

Je ne le pense pas. L'humanité avance de manière chaotique vers le bonheur, mais elle progresse. Reconnaissons qu'il vaut mieux vivre au XXIe siècle qu'au XIe quand l'espérance de vie était de vingt-sept ans et que les rages de dents rendaient fou.

Est-il nécessaire d'attendre des siècles que nous ne verrons pas pour goûter au paradis terrestre ?

Je suis de nature impatiente. Le futur m'ennuie, car il faut l'attendre.

Je vais vous avouer quelque chose. Quand je coupe téléphone, télévision et m'allonge dans le ronron de mes chats, quand je marche à côté de ma fille qui chantonne, quand je vois dans le sourire d'un homme qu'il me désire encore, quand une dame m'embrasse sans un mot dans le bus, quand ma bouche se remplit de chouquettes interdites au goût de gloss, je me dis que le paradis est là, dans ces instants de joie qui jaillissent, comme des dauphins dans l'écume…

22

Être inconditionnellement constructif

Il est grand temps de rallumer les étoiles.

Guillaume APOLLINAIRE

S'il est impossible d'être tout le temps positifs face au négatif, nous pouvons tous être inconditionnellement constructifs.

Dans les couloirs d'hôpitaux où j'ai traîné, dans les bidonvilles de Bombay et même ceux de Paris, je peux voir les blessures de la vie, je ressens les effets du négatif. Mais je perçois aussi toutes nos réserves de positif.

Notre réserve vitale

Je connais l'espoir formidable des malades, le sourire de migrants porte de la Chapelle qui goûtent leur liberté, la joie d'une petite fille indienne au tee-shirt troué qui joue pieds nus dans la rue.

Il y a en nous tous, quelles que soient nos épreuves, une réserve d'énergie, d'humanité, de foi que l'on ne ressent plus quand on est aveuglés par le négatif. C'est une chose propre au malheur d'être plus marquant que le bonheur. Plus voyant, plus évident, plus impactant, plus photogénique. Les médias sont fascinés par le mal car nous le sommes comme nos ancêtres l'étaient par la foudre. C'est normal, il fait peur, terriblement peur. Le mal trouve un écho puissant en nous. Il est une menace pour la vie, notre vie. On en oublie le bien, le positif.

J'accepte le négatif, les blessures, les effondrements, puisqu'ils existent, mais sans cesse je reconstruis. C'est le sens de la vie qui l'emporte toujours. J'ai vu dans le Var une colline entièrement calcinée par les incendies de l'été. Le spectacle était désolant. La terre et les pierres étaient noircies, les arbres morts formaient des carcasses. En marchant dans les cendres, j'étais impressionnée. De cette vue lunaire, la vie semblait partie.

L'année suivante, sur le même chemin, des pousses d'arbres ont percé, de petites fleurs jaunes butinées par quelques abeilles ont étoilé le sol…

Certains tombent, nous tombons, mais la vie continue, cette vie que nous composons. Nous en sommes les indispensables maillons. C'est vrai. La vie qui paraît immortelle n'est faite que de nous, maillons mortels. Elle est faite de fleurs qui fanent et deviennent des fruits, des graines, et d'autres fleurs, d'animaux qui se nourrissent d'autres animaux, de corps anonymes allongés sur un champ de bataille qui se fondent à la terre pour perpétuer le cycle de la vie. Le mortel forme l'immortel. Les deux se mêlent. Quand notre corps s'éteint, quand le maillon cède enfin, la mémoire, les livres et les cœurs se souviennent de nous. Mais puisque nous sommes la vie, nous la composons, quelque chose en nous reste immortel. Une énergie, un souffle, quelques particules…

Reconstruisons nos châteaux

Quand j'étais gamine, je faisais des châteaux de sable avec mes cousins sur la plage immense du Val-André. On commençait le matin. Chacun le sien. Fallait faire le plus beau. J'y passais des heures. Je montais plusieurs tourelles que je moulais avec mon seau en chassant ma cousine qui me copiait. Je creusais la plage comme une taupe, avec les mains et le nez pour trouver du sable humide qui tienne. Puis je cherchais des bois flottés pour les passerelles et la clôture, bien solide. Avec des coquillages et quelques galets, je dessinais des fenêtres, des meurtrières et j'interdisais à quiconque, râteau menaçant à la main, de pénétrer dans mon royaume. Tout le monde obéissait, sauf la marée. Encore elle. J'enrageais. Tout était irrémédiablement effacé. De la digue, je la voyais arriver à la vitesse d'un petit âne, vague après vague. Et mon château fondait comme une glace. Je me consolais avec l'odeur du chocolat chaud que ma tante Catherine nous préparait tous les après-midi.

Quand j'ai grandi, la marée m'a poursuivie, jusqu'à Paris. Elle a défait mes châteaux. C'est ainsi. Je n'ai pas pleuré trop longtemps, je les ai reconstruits.

J'ai une confiance infinie dans l'Homme. Je suis inconditionnellement constructive.

Je sais que le Bien l'emportera. Le Mal s'éteindra comme un virus vaincu. Les pousses et les fleurs recouvriront les cendres.

L'humanité aura la peau du Mal avec le progrès de la science et une prise de conscience que la vie n'a de sens qu'ensemble, tous ensemble. Les réseaux sociaux, malgré leurs excès, suivent d'ailleurs ce mouvement. Ils nous relient.

Ce n'est pas une utopie. Au-delà de mon *optimisme vrai,* je vous livre ma conviction. La science vaincra les fausses croyances et fera émerger la vérité, comme Charles Darwin l'a fait en démontrant l'évolution de l'Homme du têtard à notre forme actuelle. Adam et Ève ont disparu dans le jardin d'Éden. La vérité a été rétablie et l'injustice faite aux femmes réparée. Ève, faible et coupable, n'a jamais en croquant le fruit défendu entraîné Adam dans sa chute. Que de sottises sexistes ! Bien au contraire, quand je regarde les actualités et les visages qui la composent, je me prends à rêver d'un monde où les femmes auraient au moins autant de pouvoir que les hommes... Encore un peu de patience, mesdames ! « La femme est l'avenir de l'homme. » C'est un homme qui l'a dit, Aragon.

J'ai confiance en l'Homme. Sur ma route, j'ai croisé de nombreuses personnes, et finalement très peu de gens méchants. J'ai même vu le bon dans le pire des êtres et j'ai surtout vu des hommes et des femmes en souffrance.

Ce qui me passionne, c'est de gommer sans attendre la souffrance immatérielle. La souffrance de l'esprit, du cœur, la tristesse, la solitude, la dépression, l'angoisse, tous ces états que je connais.

Ma théorie de l'allumette

Je me souviens d'un photographe de mode barbu aux allures de philosophe qui disait quand la photo était ratée : « Ça ne brille pas ! »

C'était il y a longtemps, nous étions dans son studio à côté de Pigalle pour illustrer un reportage destiné à un magazine allemand. J'avais fait de mon mieux, pourtant le couperet était tombé : « Ça ne brille pas, Charlotte ! » Curieuse et un peu vexée, je l'interrogeai : « Mais qu'est-ce qui ne brille pas ? »

Du doigt, il m'indiquait de venir voir. Sur les tirages, il désignait mon regard : « Tu vois, là, tu ne brilles pas… Il y a toujours une étincelle dans le regard. Quand elle est faible, ça ne brille pas. Aujourd'hui, tu fais semblant, tu es triste… Ton cœur éteint tes yeux. Oublie tout, on ne peut pas être triste quand on a vingt ans, allez, rallume la flamme, on la refait… »

Ces mots m'ont marquée. C'est vrai que j'étais triste, pas tout le temps, et ce jour-là, je ne sais plus pourquoi.

Regardez-vous dans le miroir, bien près, la voyez-vous, cette étincelle ? Elle est toujours là, cette pointe de lumière dans les yeux.

Un feu brûle en chacun d'entre nous. Nous avons des réserves inexploitées, insoupçonnées, un carburant qui attend d'être enflammé. Une réserve d'amour, de bonheur, une part de confiance, notre âme en sommeil, un talent, un désir, un potentiel qui n'a pas encore éclos… Comme ce santon provençal dans la crèche de mon enfance, nous avons tous en nous un joli fagot de bois à embraser.

L'allumette, c'est notre *optimisme vrai*.

Soyons inconditionnellement constructifs, d'abord avec nous-mêmes. Ayons toujours confiance en nous, même éprouvés, même à terre, même quand le négatif nous submerge.

Prenons notre allumette et rallumons notre flamme.

Faut que ça brille ! Reconstruisons inlassablement.

Une allumette n'est qu'un brin de bois trempé dans du soufre, mais si le soleil s'éteignait, une seule suffirait à le rallumer.

Si nous le voulons, nous pouvons embraser notre vie, illuminer notre regard, répandre notre lumière autour de nous.

Si l'on ne peut pas être positif tout le temps, on peut être inconditionnellement constructif et rallumer notre flamme. Poser sur le monde un regard réaliste, optimiste et agir ! C'est cela être optimiste vrai.

Je fais confiance à la vie, je me fais confiance, j'embrase mon allumette et je reconstruis.

Lisbonne est aujourd'hui une ville merveilleuse où le soir, en haut des vieilles ruelles, derrière les tramways jaunes, on peut entendre dans des cafés de pierre l'âme lancinante et brune des chanteuses de saudade. La nostalgie triste et douce de tout un peuple s'est muée en musique qui réchauffe les cœurs.

Je me suis autoproclamée « inconditionnellement constructive » !

Voulez-vous faire cette déclaration avec moi ? Cela ne prend que quatre mots et peut changer une vie.

23

Rester optimiste malgré l'absence

L'absence ni le temps ne sont rien quand on aime.

Alfred de MUSSET

« À quelque chose malheur est bon. » Vous connaissez ce proverbe affirmant que l'on peut trouver du positif dans le négatif. L'intention est intéressante, constructive, mais pas toujours réaliste. L'*optimisme vrai* consiste à ajouter : « À quelques exceptions près ! » Il ne faut pas se raconter d'histoires. À chacun sa liste d'exceptions. Dans la mienne, il y a la disparition des personnes que j'aime et, de façon générale, toute mort prématurée. Mais à quel âge une mort n'est-elle plus prématurée ? Quand sommes-nous prêts à laisser partir ceux que nous aimons ? À peu près jamais.

Il n'y a rien eu de « bon » dans le décès, il y a vingt ans, de ma mère. Au mieux, il y a peut-être un sens. Parfois, il n'y a rien à comprendre, rien de positif à retirer, juste à accepter.

Il n'y a rien à extraire pour notre cœur de certains malheurs. Si ce n'est... ressentir plus vivement encore l'amour dans la perte, éprouver la peur de mourir donc l'envie de vivre, reconnaître que ce qui nous pousse chaque jour, c'est notre besoin d'amour, sous de multiples formes, mais toujours l'amour. Et quand il s'en va, qu'il s'agisse d'une mère ou de tout être aimé, quand on perd cela, la présence, les regards, les preuves d'amour, ça fait mal. Très mal.

Il n'y a eu rien de bon dans l'envol de Maman. Je parle d'envol car elle était un ange, triste ou silencieux, mais toujours protecteur. Je sais qu'elle continue sa mission. L'amour de Maman vit toujours en moi.

Elle ne voulait pas me voir malade. Elle le disait. Ça lui était insupportable. Elle a souffert, chose troublante, d'un cancer de l'œil. Son départ m'a contrainte à grandir. Je trouve peut-être dans cette réalité le seul sens de sa mort prématurée. J'apprends aussi à mieux aimer les gens vivants.

Quand la réalité est cruelle, et qu'elle n'a rien de bon, qu'elle semble « absurde » ou injuste, quand on ne peut pas la changer, je l'accepte, je la fais mienne, car j'ai fait le choix de vivre, de vivre vraiment.

Je déteste cette expression à la mode, « faire le deuil ». Les sept étapes du deuil ! Pourquoi sept ? Pourquoi pas trois ou mille ! Il ne s'agit pas d'une procédure d'expertise comptable.

Je ne fais jamais mon deuil. Je vis avec. Je laisse le temps faire et mon cœur, ma mémoire.

Quand je suis en deuil ou dans la peine, j'accueille mon émotion, je la dorlote, je la partage, j'en parle. Je me souviens, j'embrase mes souvenirs, je ris, je pleure, le temps que cela dure, le temps que perce la joie. La joie de retrouver en moi cet être que j'aimais et celle de vivre malgré tout.

J'accepte. Je me rends à la réalité de l'absence physique, à la réalité de la vie sur Terre et « j'examine d'autres beautés ». Mais je ne fais pas mon deuil ! Je ne compte pas les étapes. Foutaises ! Bien au contraire, je laisse grandir l'amour de mes chers disparus en moi. Maman reste en moi.

J'ai ressenti à sa mort de la culpabilité. J'avais le sentiment d'avoir ma part de responsabilité. Pourquoi étais-je vivante ? J'aurais pu la retenir en l'aimant davantage, en la préservant de mon sort. J'ai appris que ce sentiment est naturel. Je n'ai rien à regretter, j'ai fait comme j'ai pu. Si je n'ai pas agi différemment, c'est que je ne le pouvais pas. Je ne pouvais pas exprimer davantage d'amour et n'avais rien à cacher à ma propre mère. Tant pis si on ne s'est pas dit à quel point on s'aimait. Ne forçons pas notre nature. C'est ainsi que nous sommes.

Faisons vivre en nous nos disparus pour de bonnes raisons, pour la joie et l'amour qu'ils nous apportent encore. Arrêtons ces questions qui font mal. Elles sont inutiles, nocives. Laissons les âmes vivre en paix. Nos âmes. Et continuons, c'est le sens de la vie, pour nous et pour eux.

Ma croyance d'une vie après la mort me permet sûrement de mieux accepter le départ d'êtres aimés. Nous sommes des milliards à le croire. Vous pourriez dire que vous tenez là une limite de mon *optimisme vrai*. Mais non, j'en ai la preuve ! Je vous la livrerai dans quelques pages, au chapitre « Croire au merveilleux ».

Les optimistes vrais croient-ils en une vie après la vie ? Ils croient d'abord en l'Homme, en ce qui est « vrai », à ce qui vit maintenant.

Le temps qui passe et la mort tout au bout sont une invitation permanente à vivre totalement notre présent avec ceux que nous aimons.

Si je crois en une vie après la mort, je sais aussi que ce qui « est » maintenant ne « sera » jamais plus.

La mort n'est pas la fin de la vie, elle est la fin de notre vie terrestre, de cette enveloppe charnelle que nous connaissons.

S'il y a une vie après, elle sera forcément différente. Pourquoi mourir autrement ?

Maman ne sera jamais plus comme elle était. Si nous nous retrouvons un jour, ce sera sous une autre forme. Nos énergies, nos âmes, notre amour s'enlaceront. Mais je ne verrai plus son visage, ses mains, son sourire. Cette forme-là a vécu. Son souvenir vogue dans mon cœur, mais cette forme terrestre a vécu et ne sera plus.

N'attendez pas pour aimer, pour le faire, pour le dire, pour enlacer, sourire, déguster, pour aimer sous toutes les formes de ce verbe aussi puissant qu'insaisissable.

N'attendez pas pour aimer, cela pourrait être la devise de mon optimisme vrai.

Et surtout ne comptez pas sur une vie après la mort pour rattraper le temps perdu !

24

Accepter notre destin, dessiner notre destinée

Le destin mêle les cartes et nous jouons.

Arthur SCHOPENHAUER

Il est une règle du stoïcisme, commune à la sagesse bouddhiste, qui m'a réellement aidée : accepter ce qu'on ne peut pas changer, c'est-à-dire ne pas lutter contre des moulins à vent, le processus naturel de vieillissement ou la marée…

Certains événements, mineurs ou majeurs, négatifs ou positifs, arrivent sans que l'on puisse les maîtriser ni les changer. On peut appeler ça le destin.

Nous avons par ailleurs, sur d'autres événements de notre vie, un vrai pouvoir décisionnaire. Par exemple, un jour j'ai décidé de me marier et, quelques années plus tard, de divorcer.

Ces événements influençables que je maîtrise, je les nomme « ma destinée ». C'est mon loisir de « jouer avec les cartes du destin ».

Le stoïcisme utilise une image forte et violente comme peut l'être la vie pour illustrer le « destin », que l'on ne peut pas changer.

Il est tel un chariot tiré par les chevaux puissants de l'univers, auquel nous sommes attachés. Si nous marchons calmement à côté, tout va bien. Si nous nous opposons à sa traction en luttant pour marcher dans une autre direction, nous sommes traînés quand même, de force, à terre, blessés, le chariot du destin ne cessant d'avancer.

On ne peut pas s'opposer à notre destin.

Mais on peut créer notre destinée, décider de changer de vie, de comportement, de façon de penser, on peut décider d'être conscient de notre chance ou de se battre, d'être pleinement présent à l'instant, calmement, d'aimer, de changer, de sourire, là, maintenant.

Le champ de ce que l'on peut changer est immense.

Nous l'oublions parfois. Ne serait-ce que changer nos pensées.

Notre vie est un alliage subtil, aux proportions mystérieuses, de notre destin et notre destinée.

Accepter notre destin, c'est être sage, c'est se donner une chance d'être plus heureux.

Il est une chose que l'on peut toujours changer, c'est notre regard sur la vie, le monde, les êtres, notre destin.

Nous détenons par ce regard un pouvoir immense, celui de changer notre vision des choses, d'en modifier leur impact, de donner à la vie la couleur qui nous plaît.

25

La pensée « opportunité »

L'optimiste est celui qui voit une opportunité dans chaque difficulté.

Winston CHURCHILL

Sir Winston Churchill était un homme passionnant et incroyablement optimiste. Tant mieux pour nous. Gary Oldman, acteur magnifique, qui incarne ce héros dans un film retraçant son action pendant la Seconde Guerre mondiale, a déclaré : « Sans Winston Churchill, les jeunes Français ne parleraient pas français ! »

Voir une opportunité dans une difficulté est une manière de penser très bénéfique qui nous amène non seulement à dépasser plus facilement les difficultés, mais à nous surpasser nous-mêmes.

C'est un mécanisme puissant qui rend plus fort et change notre regard. Chercher une opportunité dans une difficulté, quand cela est possible, simplement essayer, c'est formidable !

La difficulté nous révèle, elle éprouve notre courage, notre détermination, notre tempérament, notre maîtrise de nous-mêmes. On apprend à nager bien plus vite à contre-courant que porté par les flots.

Vous pouvez essayer d'imaginer votre vie comme un vaste champ d'opportunités et de difficultés, plus ou moins grandes, plus ou moins durables, un champ de fleurs et d'orties. Imaginez maintenant que de ces difficultés vous puissiez extraire des opportunités. Par un simple exercice mental, une appréhension différente de la réalité, votre vie deviendrait alors ce qu'elle est vraiment, une vaste opportunité. Et les orties dans votre champ de fleurs deviendraient médicinales. Bien cueillies, préparées, pressées, chauffées, elles forment le meilleur des remèdes.

Quand une difficulté surgit, si je parviens à y trouver une opportunité, cela revient à m'en faire une alliée. Cette difficulté devient aidante, je la surmonte plus facilement.

Quel genre d'opportunité ? Une raison de réfléchir, d'apprendre et de changer. L'intensité d'une difficulté dépend directement du regard que nous posons sur elle. Si je pense « opportunité », si je passe de l'émotion à la réflexion constructive, la difficulté diminue et ma capacité à la surmonter progresse.

Mon *optimisme vrai* prend ses racines dans la réalité. Il s'agit de trouver dans le présent un *vrai* aspect positif à un événement négatif.

Pour cela, il est nécessaire d'avoir « accepté » au préalable cet événement comme faisant partie intégrante de notre vie.

Essayer...

L'optimiste vrai ne fait aucune supposition, même bienveillante ou rassurante. L'optimiste vrai agit concrètement dans le présent.

Notre conditionnement mental ne fonctionne que s'il repose sur la vérité.

L'*optimisme vrai*, c'est dire : « Je fais de mon mieux pour que tout se passe bien et j'essaie de chercher dans chaque difficulté présente une opportunité réaliste de progresser. »

J'écris « j'essaie ». J'insiste sur cette formulation intentionnelle. Pas de systématisme. Ne se forcer à rien. Essayer.

J'aimerais au passage réhabiliter le verbe « essayer ».

De nombreuses écoles de développement personnel affirment qu'essayer, c'est déjà entrevoir la possibilité d'échouer, « je vais essayer » sous-entendrait « mais je ne suis pas sûr d'y arriver ». Il faut donc agir sans « essayer » avec la certitude que l'on va réussir.

NON. C'est peut-être la meilleure façon d'échouer. Se mettre ainsi sous pression. Je n'essaie pas, je réussis ! Mais qui réussit à tous les coups ?

« Essayer » est un mot formidable. Donnons-nous les moyens de trouver une opportunité réaliste dans une difficulté et si cela ne marche pas, au moins on aura essayé, on aura tenté d'approcher cette difficulté différemment et cela nous aidera de toute façon à la surmonter.

L'*optimisme vrai*, c'est éviter le systématisme. C'est parfois admettre qu'on ne voit pas le sens d'une difficulté dans le présent, ce qui ne veut pas dire qu'il n'y en a pas. Il nous échappe et nous apparaîtra peut-être ultérieurement.

Le mot « opportunité » rappelle « opportunisme », négativement connoté. Une opportunité, c'est au contraire une chance, une main tendue, un vrai signe de la vie.

Si la vie a un sens, alors ses épreuves aussi. Et quand on comprend leur sens, tout va déjà mieux.

L'accueil émotionnel

Quand une difficulté m'est « offerte » (notez mon optimisme par le choix de ce mot !), quand une bonne vieille galère me tombe du ciel, quand une épreuve douloureuse me surprend, je privilégie toujours « l'accueil émotionnel » : quelles sont mes émotions, leur intensité ? qu'est-ce que je ressens, vraiment ? pourquoi ai-je mal ? quelles sont mes craintes... ? Je laisse couler mes émotions sans jamais les juger.

Je pleure assez souvent. C'est ma façon d'exprimer ma lassitude face aux difficultés et ce sentiment que j'éprouve en premier lieu : trop, c'est trop, c'est vraiment trop injuste, à la manière de Calimero. Et je pleure. Pas toujours, mais assez souvent.

J'ai cessé de penser : « Mais quelle imbécile je fais à pleurer comme ça ! » Non. Le corps ne ment pas. Accueillons nos larmes même si elles nous agacent. Ce sont nos larmes, le poète dit « le sang de notre âme ».

J'ai l'âme sanguine, quand je pleure, mon cœur fragile se rappelle à ma mémoire. C'est une bonne nouvelle à une époque où tout nous incite à être toujours plus fort. Je ne suis pas toujours forte. Je suis optimiste vraie, réaliste, consciente de mes forces et de mes limites. J'ai un cœur qui bat, une âme qui saigne et je pleure ! C'est comme ça.

J'ai lu récemment dans un article scientifique que les personnes qui pleurent vivent plus longtemps. J'ai donc toutes mes chances de vieillir ! Par nos larmes, nous évacuons des toxines qui autrement resteraient en nous. J'ai trouvé le sens du drame qui nous frappe. C'est pour pleurer ! Le drame est thérapeutique. Si nous ne pleurons pas, il frappe encore plus fort. À vos mouchoirs ! Pour cet exercice, inutile d'avoir recours aux oignons hachés, comme une actrice en difficulté sur un plateau, la composition des larmes culinaires n'a rien à voir avec celle des vraies larmes.

Mes larmes sont mon expression. Je ne les retiens jamais.

Les larmes qui coulent à l'intérieur sont un poison.

Quand avez-vous pleuré pour la dernière fois ? Allez, vérifiez ! Assurez-vous que votre cœur ne sèche pas, qu'il peut encore saigner, transpercé d'une flèche. Et vous, messieurs ? Comprenez-vous maintenant pourquoi les femmes vivent plus longtemps que vous ?

Autorisez-vous à pleurer et n'oubliez pas de rire aussi !

Transformer une difficulté en une opportunité

Après l'accueil de nos émotions, selon un temps qui varie pour chacun, vient la réflexion.

Quel est le réel impact de cette difficulté ? Quelles sont mes craintes ? Sont-elles justifiées ?

Que puis-je faire pour surmonter cette difficulté ?
Quelle opportunité puis-je y trouver ?

À l'exception de quelques cas dont chacun est libre de dresser la liste, je vous assure que dans chaque obstacle, chaque changement, il y a, si on veut bien prendre le temps de les observer, des opportunités.

Avant d'écrire *L'Amour dans le sang*, j'étais en pleine difficulté, jusqu'au cou. Déprimée, isolée, faible, sans travail. Mes ressources s'épuisaient tout comme moi. Je devais trouver une solution pour moi et ma fille. Je voulais garder le contact avec le public, tenter d'être utile, gagner ma vie si possible, m'exprimer autrement puisque je ne pouvais plus faire l'actrice. J'ai donc décidé d'écrire. Ça a été une formidable opportunité.

L'écho que mon premier livre a eu dans le cœur, dans la vie de certains lecteurs a véritablement donné du sens à ce que j'ai vécu. Cela m'a pris quelques années pour le réaliser. Il y avait bien une opportunité dans ma difficulté, pour moi et pour les autres.

« Penser opportunité », quand c'est humainement possible, j'insiste sur ce point, cela change tout. C'est prendre du recul, de la hauteur, c'est regarder les choses différemment, s'offrir une autre perspective, c'est s'abriter de l'orage en l'observant d'un balcon ensoleillé. Cela occupe l'esprit et change notre humeur.

« Penser opportunité », c'est considérer un soi-disant « échec » ou un événement douloureux comme une expérience de vie.

Faites l'exercice suivant : pensez à ce que vous appelez encore « un échec » dans votre vie.

Accueillez vos émotions avec bienveillance.

Pensez maintenant que c'était une expérience de vie. Ce qui est vrai.

Pouvez-vous dire ce qu'elle vous a appris ?

Si vous parvenez à en retirer une leçon, si petite soit-elle, un apprentissage, un bienfait, un changement, alors ce n'était pas un échec mais bien une expérience de vie.

Avec le recul, en quoi cette expérience a-t-elle représenté pour vous une opportunité ?

En modifiant votre regard, votre ressenti a-t-il changé ?

Souvenez-vous, les échecs n'existent pas, nous ne vivons que des expériences.

Apprenons, changeons notre regard, réfléchissons aux opportunités et ne reproduisons pas ce qui nous a fait souffrir.

Je vais maintenant illustrer la « pensée opportunité » avec quelques exemples réels de ma vie d'un niveau de difficulté différent.

Les opportunités d'une simple « galère »

Cet été, en Bretagne, j'ai écopé d'un PV d'un montant incroyable mais vrai de… 135 euros. Vive les tarifs de stationnement « dangereux » !

135 euros ! J'avais les yeux scotchés sur le papier… Pourquoi pas 1 000 euros ? Ou la prison direct ? C'est du délire ! Elle gênait qui, ma Citroën AX qui tient encore sur ses roues par la grâce divine ? Garée de surcroît le long de l'église ? Sérieusement, de quel « danger » s'agit-il ? Un monsieur âgé que j'interpelle en

plein désarroi m'informe : « Mais c'est l'accès pompier, ma p'tite dame... » L'accès pompiers pour l'église ?! Mais qui a déjà vu un malaise à l'église ? On y va vivant ou allongé, mais rarement entre les deux ! J'enrage... C'est du racket ! Les voitures rouillées ne devraient pas être verbalisées !

Opportunité de cette galère ? Zéro ! Moins 135 euros ! Ce genre de choses pouvait me faire pester longtemps. Cette fois-ci, cela n'a duré qu'un bon quart d'heure.

Possibilité de changer cette réalité ? Aucune ! Le temps où on pouvait courir après monsieur l'agent, lui faire un grand sourire en recoiffant sensuellement ses cheveux, lui raconter un petit bobard dont il n'était pas dupe, pour finir par le supplier de déchirer notre PV, est révolu.

OK, j'accepte mon destin ! J'oublie même ce PV... Il n'a jamais existé. Je ne vais pas gâcher ma journée pour un bout de papier ! Je n'en parlerai à personne, je vais juste payer. Je peux même le faire avec mon smartphone, c'est écrit sur la notice. Je m'assieds dans mon AX, je respire profondément et je paie. J'ai bien les boules quand même ! Quand je clique sur « valider votre paiement » après avoir tapé le numéro interminable de ma carte bleue, c'est fini, payé, plié, on n'y pense plus, la vie continue.

Quelques heures plus tard, je m'attable à une terrasse devant la plage pour profiter entre deux averses du soleil chaud de l'été. Je consulte mes mails, toujours sur mon smartphone, et lis l'accusé de réception de mon paiement de PV. J'ai une bouffée de chaleur, puis j'éclate de rire. Je bois mon thé, je rêvasse en regardant le ciel et pense... Maintenant que ma contrariété est passée, quelle opportunité puis-je voir dans cette petite galère de PV : zéro ? Vraiment ?

À bien y réfléchir, je peux quand même admettre que je me suis garée où j'ai pu, car j'étais pressée. D'habitude, je vais à pied. Je voulais faire mes courses juste avant la fermeture de midi. J'ai roulé vite jusqu'à la place de l'église avec ma voiture aux freins qui grincent. Le sol était glissant, au carrefour, j'ai pilé pour laisser la priorité à un monsieur en mobylette... J'ai eu peur. J'avais oublié tout cela. Je suis arrivée juste à temps sur la place. Mais pourquoi étais-je pressée ? Je déteste l'être. Quand je suis pressée, je perds l'opportunité d'apprécier le présent, je m'éprouve, je prends des risques, je me hâte, je fais tout mal, je transpire, je m'agite. Claire, ma psy, affirme que les personnes régulièrement en retard, alors qu'elles pourraient ne pas l'être, s'éprouvent, se compliquent la vie et celle des autres, elles entretiennent un rapport difficile à elles-mêmes et donc à autrui... C'est facile d'être à l'heure et très agréable.

Ce matin-là, j'étais pressée, j'avais flemmardé sur le canapé... Je savais que j'avais ces courses à faire... J'ai bondi, roulé trop vite, j'aurais pu avoir un accrochage ou, pire, renverser ce monsieur...

Ce PV à 135 euros est peut-être un avertissement, un rappel, l'opportunité de réfléchir... notamment à la façon de ne jamais plus prendre de PV de ma vie ! Je dois aussi faire réparer les freins de ma Titine. Ce que j'ai fait. Un PV de 135 euros m'a donc peut-être sauvé la vie ! J'exagère, mais pas tant que ça. Creusons, allons toujours plus loin que l'événement lui-même.

Les opportunités d'une critique

J'ai été longtemps vulnérable aux critiques. Je les refusais, me refermais sur moi-même et contre-attaquais, car je n'avais pas suffisamment confiance en moi.

J'ai étendu ma technique de recherche d'opportunités aux difficultés que nous pouvons rencontrer dans nos relations avec autrui.

Imaginez une discussion, un peu tendue, au travail ou entre amis. Tout à coup, vous êtes ouvertement critiqué, on vous reproche quelque chose, on s'oppose à vous. Le réflexe naturel est de vous refermer pour vous défendre, de rentrer dans l'opposition.

Si au contraire vous pensez « opportunité », vous accepterez cette critique, cette opposition positivement, vous prendrez immédiatement le dessus, vous surprendrez votre interlocuteur par votre maîtrise.

Pour calmer vos émotions, pensez que les mots exprimés par votre interlocuteur sont rarement contre vous, mais pour lui. L'autre veut avant tout exprimer son point de vue ou un besoin, il recherche naturellement l'approbation et la reconnaissance. Plutôt que de vous défendre, vous pouvez même valoriser l'autre : « Je comprends ce que tu dis, tu exprimes un point de vue intéressant que je ne partage pas. »

Cette critique devient l'opportunité de faire la démonstration de votre self-control, de connaître votre interlocuteur davantage, d'argumenter et de faire valoir votre point de vue de manière calme, ce qui est bien plus efficace qu'une contre-attaque. Si la critique est constructive, c'est aussi tout simplement l'opportunité de progresser.

Les opportunités d'un événement grave

Je me suis bien sûr posé la question essentielle, voire existentielle, des opportunités de mes difficultés de santé. Quand un concept est bon, il est bon tout le temps.

J'ai mis des années avant de comprendre le sens de mon état de santé et les opportunités que cette expérience de vie m'a fournies.

Si je parvenais à trouver une opportunité dans toutes mes galères, alors ma vie prendrait un tout autre sens.

Le défi était de taille, osé, sensible… ambitieux mais réalisable. Je l'ai relevé.

Quelles opportunités réalistes pouvais-je trouver dans ma séropositivité, dans l'exclusion qui l'a accompagnée, dans ma greffe cardiaque, dans les souffrances inouïes que j'ai endurées pendant des mois ?

En bref, quel aspect positif pouvais-je globalement, véritablement, voir dans ma maladie ?

J'ai mis beaucoup de temps à répondre parce que je n'acceptais pas ma réalité. Certains événements frappent si fort qu'ils nous projettent dans une sorte d'irréalité, de cauchemar dont on espère la fin. Au fond de soi, on croit que ce n'est pas vrai. On ne peut voir aucune opportunité puisqu'on refuse de voir la réalité en face. D'où l'importance, avant toute chose, de l'acceptation.

Mon *optimisme vrai*, je l'ai forgé en réalisant un jour : c'est vrai, je suis malade, c'est ainsi, ce n'est pas un cauchemar, c'est ma réalité. Mais je vais tout faire pour m'en sortir. De cette maladie, je créerai ma sur-vie.

Interrogée au début du tournage de *Demain nous appartient* par une journaliste qui évoquait ma santé comme un chemin de croix, je l'ai surprise en répondant :

« C'est vrai que c'était dur, et peut-être davantage pour ceux qui m'aiment, et ça l'est toujours, mon espérance de vie sera vraisemblablement réduite à cause de ma maladie, je le sais et je l'accepte. C'est la meilleure façon de vivre le plus longtemps possible. En ce moment, je vais plutôt bien. Mon état de santé me demande simplement plus d'efforts, de concentration, de motivation pour être au même niveau de forme que d'autres personnes qui n'ont pas eu mes problèmes mais je n'échangerais ma vie pour rien au monde.

— Vraiment ?

— Oui. Parce que cette maladie, cette santé vacillante m'ont tout permis, de savourer la vie, de progresser, d'être meilleure. Je suis devenue à l'écoute de la souffrance des autres. Je ne l'aurais jamais été, pas comme cela en tous les cas, si je n'étais pas passée par ces épreuves, si je ne comprenais pas cette souffrance en l'ayant moi-même ressentie. Si je n'avais pas conscience de la fragilité de la vie, qu'elle peut basculer à tout moment, je n'aurais pas développé cette faculté de déguster le présent, de m'émerveiller, d'être totalement concentrée sur la vie maintenant, cet instant qui s'écoule et ne reviendra pas. Je ne me sens pas plus forte, comme dit Nietzsche, je me sens plus vivante, et plus humaine aussi… »

C'est vrai. Grâce à la maladie, mon rapport à la vie a changé. Je vais davantage à l'essentiel. Je n'aime que les rapports sincères, ce qui est concret, qui existe vraiment. J'aime les belles paroles pour leur musique, leur poésie mais je préfère de loin les preuves, les actes, même maladroits. J'aime les gens vrais, ceux qui bossent, qui rament, ceux qui font des efforts, qui existent et sont vraiment eux-mêmes.

Dans la vie, je ne joue pas. Je n'avance pas masquée.

Quand on a du succès dans le show-business, c'était particulièrement vrai dans les années 1980 et 1990, on peut vivre dans une bulle, voler de fête en fête, à l'écart de tout problème matériel, dans une sorte d'oasis d'amour un peu factice parmi des courtisans habiles. Vivre dans une bulle… La mienne a vite éclaté. Et c'est tant mieux.

Quand vous êtes malade, votre quotidien, ce n'est plus les jolies fêtes du show-business. Quand vous êtes malade, vous patientez comme tout le monde dans des salles d'attente grises en lisant des magazines périmés, vous vous allongez sur des lits métalliques à une place, très éloignés des king-size de palaces. Vous portez ces jolies blouses blanches nouées dans le cou, fendues dans le dos, griffées « Hôpitaux de Paris ». Votre corps est facilement accessible, toujours prêt pour le bloc.

Vos amis deviennent les infirmières, les aides-soignantes, les femmes d'entretien. Vous apprenez que la dame qui arrive à 6 heures pour faire votre toilette vit seule avec quatre enfants. Elle a des cernes sous les yeux parce qu'elle cumule les jobs pour financer leurs études. Ce sont ces dames vos amies, vos héroïnes, quand vous êtes malade. C'est la vraie vie.

Sans la maladie, je n'aurais pas eu ce goût exacerbé de la réalité et de la vraie vie. Ma curiosité et mon empathie auraient-elles existé ? Il m'arrive de penser que j'aurais été une insupportable conne ! Inconsciente de sa chance ou de son malheur doré, fermée aux autres parmi des flatteurs, éprise de son nombril, de son image… J'aurais pu avoir une vie de fuite, de starlette, passer mon temps à me distraire, à « éviter la vie » sans jamais trouver la paix. J'aurais pu vivre dans une de ces bulles qui lorsqu'elle éclate fait plus mal que la vraie vie.

Mais ça n'a pas été mon cas puisque j'ai été malade. C'est incroyable, je suis presque tentée d'écrire : ouf ! La vie est surprenante.

Vous voyez qu'il y a bien des opportunités dans la difficulté.

Mon cinéma à moi

Il existe un exercice de prise de recul mental simple, que j'aime bien faire et pas seulement parce que le cinéma est mon métier.

Quand je rencontre une difficulté, j'accueille en premier lieu mes émotions. Ensuite, je tente logiquement de trouver une solution et, si possible, un sens à ces difficultés.

Parfois, la difficulté est trop grande, trop personnelle, trop intime pour que je puisse prendre le recul objectif nécessaire pour y apporter une solution.

Alors, après mon accueil émotionnel, « je vais au cinéma… », dans ma chambre.

Je m'allonge sur mon lit, j'effectue une dizaine de respirations lentes et profondes en fixant un point, puis je ferme les yeux.

Je me vois entrer dans un cinéma avec de beaux fauteuils en velours rouge, je m'assieds où je veux, la salle est toute à moi, je m'installe confortablement, le film va commencer.

Pas de pop-corn, pas de soda, juste moi, paisible, attentive, bien assise.

Sur l'écran, j'apparais, je me vois dans ma vie quotidienne, chez moi ou dans le lieu même où j'ai pris connaissance de la difficulté que je rencontre. Je regarde ma vie de l'extérieur, en spectatrice bienveillante, neutre. Sur l'écran, on peut être plusieurs acteurs. Je peux regarder une dispute, un échange tendu, une situation impliquant plusieurs personnes. Et je m'interroge. Quel est mon point de vue de spectatrice ? Qu'est-ce que je pense vraiment de cette situation ? Quelles sont les émotions en jeu, chez moi ou chez mes partenaires ? Quels sont les sons, les images, les couleurs de la scène qui se déroule sur l'écran de mon esprit ? S'ils ne sont pas agréables, je peux les changer. Sur mon écran, je peux tout faire, je peux baisser les voix, éclaircir les couleurs, ajouter un peu de bleu ou quelques sourires. Mon but est de considérer cette situation difficile d'un autre point de vue, d'une position calme, extérieure, objective.

J'apprécie beaucoup cet exercice. Après avoir visualisé la scène, après l'avoir éventuellement modifiée, je me demande, et parfois je vois, quelles en sont les opportunités, quelle peut être la suite favorable du film de ma vie. Je cherche à bien comprendre l'intrigue et, si possible, le happy end ! Si je ne le trouve pas, le film s'arrête, la lumière se rallume et je quitte mon cinéma.

Si je trouve une fin heureuse, c'est encore mieux.

Dans les deux cas, l'exercice offre une prise de recul apaisante. L'effort d'imagination et de réflexion permet de contenir les émotions, de les atténuer, les comprendre. Le film d'un moment de notre vie est comme un voyage dont on revient riche, légèrement changé.

Essayez !

Si nous cherchons l'opportunité dans la difficulté, dans ce qui nous arrive et qu'on ne peut pas changer, alors nous maîtrisons par notre réflexion la situation au lieu de la subir. Nous reprenons le contrôle des choses, nous devenons actifs. C'est un sentiment agréable et stimulant.

En trouvant, quand c'est possible, une opportunité dans la difficulté, un sens, on peut désamorcer la souffrance, la diminuer, la dépasser, en sortir, s'ouvrir à autre chose qui ne fait pas mal et s'enrichir.

Trouver avec le temps des opportunités, dans mon état de santé, a vraiment changé ma vie. Je suis passée toute seule de victime à être humain, vivant, utile. Je suis devenue un roseau agissant, qui plie et ne rompt pas, réfléchit, cherche, agit. En trouvant toutes ces opportunités, j'ai aussi dessiné le sens de ma vie.

26
La réalité de mon *optimisme vrai*

Il faut comprendre que le pessimisme ou l'optimisme n'ont rien à voir avec la réalité. Ils sont fonction de la représentation que l'on se fait du réel.

Boris CYRULNIK

Boris Cyrulnik a parfaitement raison. Voilà pourquoi j'ancre mon optimisme dans la réalité.

À l'été 2015, je suis allée en vacances à Los Angeles avec ma fille et Annie, mon amie et coiffeuse préférée de la rue de Sèvres. On avait loué un appartement avec une petite piscine chauffée, ça changeait pour une fois de l'eau glacée du Val-André.

J'ai bien aimé la Californie, la douceur permanente de l'air, le ciel bleu chaque matin, et même ces autoroutes immenses tout au fond de la vallée que j'apercevais de la terrasse, toujours bondées mais calmes ; ce flot régulier de voitures, la nuit, m'hypnotisait.

J'ai visité Hollywood en m'étonnant qu'ils ne m'aient toujours pas contactée ! Mon agent affirme qu'il faut être bilingue, ils doivent donc connaître mon niveau d'anglais. J'ai quand même pris la pose sur la colline devant les grandes lettres blanches pour envoyer ma photo à Steven Spielberg, genre « Coucou, c'est moi, Chacha *from* Paris » ! Je ne lâche jamais.

J'ai aimé ces palmiers hauts et fins, introuvables à Paris ou au Val-André, dont la cime oscille comme un grand plumeau qui fait la poussière. C'est pour ça que le ciel est si bleu.

J'ai lutté à chaque coin de rue contre la profusion de nourriture alléchante, bien chimique, super sucrée, pleine de E500... disponible 24 heures sur 24 pour bien grossir et acheter après, dans un état d'urgence coupable, toutes sortes de produits amincissants vendus par d'irrésistibles téléachats diffusés en continu, comme ces shots à l'artichaut transgénique, qui vous purgent d'un seul coup de toutes vos graisses ! Voilà ce qu'on appelle une société de consommation bien huilée.

Aux États-Unis, j'ai « kiffé » les sourires. Les Américains sourient tout le temps, surtout quand vous entrez dans un magasin. Ça change de mes Parisiens. Et j'ai « surkiffé » les mecs musclés en string sur Venice Beach. (Ma fille m'a mise au défi de glisser « kiffer » dans mon livre. Voilà qui est fait, ma Tara, mais pas plus.)

Je restais des heures entières à observer, méditer, « halluciner » sur mon banc, comme une petite vieille que j'espère devenir, face à la plage immense, pendant que ma fille et Annie se doraient la pilule au soleil, ce qui m'est interdit pour des raisons médicales. Pour moi, c'est manches longues, ombrelle et casquette avec visière, à l'américaine.

Quel défilé à Venice Beach ! Des filles sans âge au corps parfait, infatigables, qui filent sur des rollers. D'autres, obèses, souvent jeunes, au rythme ralenti, avec à la main un cornet de glace ou un de ces donuts diaboliques, nappés de petites paillettes multicolores.

Et ces hommes torse nu qui soulèvent de la fonte avec des biceps plus larges que mes cuisses… À défaut de donuts, je salivais par l'imagination, j'étais une plume dans leurs bras… Les ingrats ne m'ont même pas jeté un regard ! Ils préfèrent les filles en rollers. Cela n'a pas gâché mon spectacle.

Je ne connais pas de pays qui offrent dans un espace commun autant de contrastes et de liberté. Car ces hommes et ces femmes se croisent face à l'océan sur le même chemin, riches ou modestes, musclés ou gros, blonds ou blacks, ados ou âgés, dans une sorte d'indifférence joyeuse. Chacun est libre là-bas d'être comme il est, de perdre ou de gagner.

Il y a aux États-Unis plus qu'ailleurs une forme d'émulation permanente, de mouvement incessant, qui laissent penser que tout ce monde évolue dans une vaste compétition sociale. Certains gagnent, d'autres s'accrochent ou abandonnent. C'est dur, mais c'est le jeu.

On doit beaucoup de choses au peuple américain, à commencer par notre libération, comme répétait à l'envi mon grand-père qui admirait énormément le courage de ces jeunes hommes partis de l'autre côté de l'océan se faire tirer comme des lapins sur une plage de Normandie, pour libérer un pays dont ils ne connaissaient que la tour Eiffel.

Je doute que les générations qui n'ont jamais connu la guerre, dont je fais partie, apprécient à sa juste valeur le bonheur de vivre en paix, même en état d'urgence.

Dans l'avion, en picoreuse curieuse, j'avais feuilleté *Le Guide vert*. La culture américaine ouvertement matérialiste avait pour origine la motivation première des immigrants qui ont constitué ce pays vieux de seulement quatre siècles : la faim, la survie, la volonté de revanche sociale et de trouver l'eldorado !

Les États-Unis sont nés du départ massif de peuples européens qui connaissaient la persécution, la misère et même la famine comme en Irlande au milieu du XIXe siècle, il n'y a pas si longtemps : 1 million de morts de faim, 2 millions d'émigrés.

Rien n'a changé. Quand on craint pour sa vie, on s'enfuit. Quand on est opprimé, on rêve de liberté et on prend le premier bateau. Quand on a faim, on ne pense qu'à ça. Pas à la philosophie, ni à l'amour ni aux concepts de développement personnel inventés au XXe siècle, bien après l'immigration de masse, par… les Américains !

Toutes les écoles de communication, de psychologie moderne ont été développées aux États-Unis. Ce peuple d'immigrés méritants a retiré de son parcours une réelle capacité à affronter les difficultés.

Entre autres écoles, ils ont créé la programmation neuro-linguistique, la fameuse PNL qui franchement ne m'a jamais totalement convaincue. Mais l'intention était bonne. Mieux communiquer, copier ceux qui font tout mieux que nous, changer pour vivre plus heureux, se « déprogrammer » pour remplir son cerveau de nouvelles émotions positives… Quand le thérapeute m'a dit : « Nous allons maintenant opérer en vous une déprogrammation », j'ai pris peur. Et si ce gourou déprogrammait tout ? Je serais bien ! Je ne suis pas un MacBook. Si je perdais le souvenir de ce qui m'a blessée, que deviendrait mon désir de caresse ?

Je ne veux pas être « déprogrammée », je veux simplement me connaître un peu plus, accepter ma vie, la déguster, m'aimer comme je suis, vous aimer comme vous êtes et avancer, progresser en offrant le meilleur de moi-même.

Les écoles de développement personnel ont en fait inventé peu de choses. Tout le monde copie tout le monde depuis la nuit des temps. On retrouve dans la philosophie, la psychanalyse, la psychologie classique et même la littérature nombre de leurs concepts. Il s'agit souvent d'une nouvelle mise en forme intelligente, d'une synthèse plus « marketing ».

Mon conseil, quand on découvre une de ces écoles, une de ces thérapies brèves, « comportementales et cognitives », qui promettent souvent des bienfaits miraculeux, c'est de toujours rester critique, de ne rien accepter totalement, car rien ne correspondra parfaitement, vraiment à qui vous êtes. Lisez, documentez-vous comme je l'ai fait, essayez et ne prenez que ce qui vous va. Ne retenez que les idées qui trouvent un écho en vous, les actions thérapeutiques qui vous font réellement du bien.

Écoutez toujours votre intuition, votre intelligence. Votre esprit, libéré de ses fausses croyances, sait tout à fait ce qui est bon pour vous. Votre corps aussi. Écoutez-les.

Remettez tout en question et choisissez par vous-même, sans subir l'ascendant de qui que ce soit. Vous pouvez être aidé bien sûr, orienté, accompagné, mais ne faites rien sous l'influence d'autrui.

Il y a beaucoup de profiteurs de fragilité, même passagère, sur cette terre. Beaucoup de marchands manipulateurs, à tous niveaux, dans nombre de commerces et de lectures.

Faites de même avec ce livre. Ne prenez que ce qui vous va vraiment.

Choisir par nous-mêmes, en toute liberté, sans influence, en exerçant notre esprit critique, cela s'appelle le libre arbitre. Nous l'avons tous.

Les Américains sont les champions de l'optimisme.

Vaincre la difficulté, quelle qu'elle soit, sourire en toutes circonstances, *yes, we can !* C'est dans leur ADN, leur culture, leur histoire.

N'oublions pas qu'ils sont aussi les as du marketing que l'on peut traduire en français par « l'art de tout vendre ».

J'ai lu deux livres américains, pas en entier, je dois l'avouer, des best-sellers vendus à des millions d'exemplaires. Je suis toujours respectueuse de ce qui rencontre le succès public.

Je voulais me documenter avant d'écrire ce livre-ci. Leur couverture m'a interpellée ! C'était bien fait. L'un proposait de réfléchir un peu pour devenir riche – c'était à ma portée – et l'autre de se faire tout simplement un tas de nouveaux amis. Cool ! Programme alléchant en diable. Ces deux livres dans les mains, je me sentais sauvée. Après 500 pages, je n'aurais plus de fins de mois difficiles et j'aurais vaincu la solitude entourée d'amis chéris.

J'ai acheté, j'ai lu, j'ai réfléchi… et j'ai beaucoup ri. Mon banquier attend toujours ma transformation. Quand il m'appelle, je lui dis : « Soyez patient, je vous prie, je réfléchis encore ! »

Les livres n'étaient pas mauvais, ils étaient juste fumeux, tout le monde pouvait devenir riche en dollars ou en amis si seulement on s'en donnait les moyens… Ah bon ? C'était donc si simple que ça ? Des milliards de pauvres gens vivaient donc dans l'ignorance de leur potentiel de devenir riches… Il était donc si facile de rompre la solitude dont souffrent des millions de Français… Tout me semblait plus profond que cela.

Restons sérieux, soyons optimistes, mais réalistes, vrais.

Si l'on veut aider les Hommes à être plus heureux, il faut le faire avec le cœur, structurer un tant soit peu sa pensée, sa méthode et surtout commencer par ne pas prendre nos lecteurs pour des imbéciles, même si l'on est le roi du marketing.

J'aime cette phrase prononcée par Maria Callas, lors de l'une de ses master class, qui étaient en fait des cours de vie, donnés à New York quand, brisée par l'amour, elle ne pouvait plus chanter : « Surtout, ne jamais sous-estimer personne ! »

Quand on veut vraiment accompagner quelqu'un dans son développement personnel, on l'aide à se connaître, à trouver sa vérité, à s'aimer, on n'impose rien, on essaie d'accompagner dans ce processus formidable qui est : comment devenir le meilleur de soi-même.

Quand on veut le bien d'autrui, on ne lui dit pas que pour être heureux il faut être riche et avoir beaucoup d'amis.

La limite de l'optimisme américain, c'est, d'une part, une volonté mercantile palpable et, d'autre part, le déni de nos faiblesses, de nos fragilités, de notre complexité, c'est d'imposer un modèle unique. Marche en souriant ou crève. La limite de cet optimisme réside précisément dans ces sourires un peu forcés, systématiques, ornés de dents trop blanches, comme une illusion possible, mais qui n'est pas VRAIE, comme si les Américains avaient définitivement vaincu le mal-être et le vieillissement de l'émail.

La limite de l'optimisme américain, c'est tous ceux qui en sont exclus, qui n'ont peut-être pas lu les deux fameux, fumeux, best-sellers ! Ce sont des Américains et des Américaines que l'on voit peu à la télévision, qui ne réussissent pas à sourire tout le temps, qui ont raté le train du succès et ne tentent plus de remonter dessus, des millions de sans-abri et de personnes pressurisées, obèses, mal dans leur peau, qui tentent de s'imposer par leur corpulence dans une société de vainqueurs qui les a rejetés, et s'en prennent alors à ce qui leur reste, leur propre corps.

L'illusion n'est pas la vie

Il y a dans un sourire trop blanc quelque chose de plaisant et à la fois d'insupportable.

Plaisant, car il est clair que c'est plus agréable à regarder qu'un sourire noir aux dents manquantes ; insupportable, parce que c'est faux, pas vrai, *fake*.

Les dents de Jane Fonda sont plus blanches que ma porcelaine. Est-ce beau ? Julia Roberts n'a pas vieilli depuis trente ans. Est-ce beau ? Est-ce vrai ?

C'est faux. C'est *fake*. Et, surtout, pour toutes celles qui comme moi ont les dents beiges et de nouvelles rides à chaque saison, c'est stressant, anxiogène. Je dois être nulle ! Pourquoi suis-je si loin de ces modèles tendus par notre société ?

J'en suis loin et c'est bien. Je suis vraie et peut-être plus heureuse que Jane Fonda et Julia Roberts, que j'admire et embrasse au passage !

Quand je scrute mon visage dans mon miroir grossissant, les doigts plongés dans un pot de crème dont je doute du vrai pouvoir raffermissant, je vois bien la marque du temps. Certains matins, j'ai même l'impression d'avoir pris trois ans dans la nuit !

J'accepte ma réalité, je n'ai rien de génétiquement commun avec Julia Roberts, ou pas les mêmes moyens, ou pas la même pression. Je tiens plus de l'arbre dont on évalue l'âge au nombre de ses couches circulaires, qu'on appelle d'ailleurs « cernes » du tronc. Pour moi, c'est pareil, il suffit de compter mes rides ! On peut vieillir et garder dans le regard, le sourire, quelque chose d'immuable, insensible au temps, qui dit « j'aime la vie » et attire davantage qu'une illusion d'optique.

La vérité a un pouvoir thérapeutique, pas l'illusion, même bien vendue. Personne n'est dupe. On ne croit pas à ce qui est faux.

J'oppose mon *optimisme vrai* à un optimisme forcé, systématique, érigé comme un modèle unique de vie. Je propose mon « optimisme français » face à l'optimisme américain qui inspire tant de livres *made in France*.

Être optimiste vrai, c'est accepter que parfois, malgré toute la bonne volonté du monde, une galère peut rester une galère, sans aucun bienfait à en retirer. Aucun systématisme. On essaie, on fait de notre mieux, si possible on pense « opportunité » pour trouver un sens, un bienfait, on est bienveillant avec soi-même, on prend simplement conscience de notre pouvoir, par l'esprit et l'action, d'être plus heureux.

L'enjeu de l'*optimisme vrai*, c'est précisément de trouver comment vivre plus heureux quand la vie nous abîme, comment faire pour ne pas être amer, comment être optimiste ET réaliste.

27

Découvrons tout notre potentiel cérébral

Le cerveau fait sablier avec le cœur,
l'un se remplit pour vider l'autre.

Jules RENARD

À l'origine de mon *optimisme vrai*, il y a la prise en compte de la réalité de notre situation, de qui nous sommes. Il y a la découverte de tout notre potentiel, car il est sous-exploité, comme un cheval de course, désorienté, que nous mènerions toujours au pas.

Tout commence avec soi. On ne peut pas être réellement optimiste si l'on ne croit pas d'abord en soi. Cela doit venir de l'intérieur.

Si j'ai confiance en moi, alors j'ai confiance en mon influence, mon action sur le monde qui m'entoure. Rien n'est meilleur pour la confiance que de découvrir ce dont nous sommes capables.

Tenter d'être optimiste à tout prix sans connaître nos émotions, notre fonctionnement intérieur, sans trouver l'origine de nos idées noires, de nos peurs, de notre confiance fissurée, me paraît tout à fait superficiel et donc à terme inefficace.

Pour nous éclairer sur ce qui se passe dans notre tête, notre cœur, je souhaite partager ce qu'une amie, neurologue reconnue, m'a appris un jour, car ce fut pour moi une révélation et cela m'a aidée à mieux me comprendre et me maîtriser.

Selon la théorie du Dr MacLean, notre cerveau, que nous envisageons comme un organe unique, comprend en réalité trois cerveaux distincts, interdépendants et possédant chacun une fonction précise : le cerveau reptilien, siège de l'instinct de survie, le cerveau limbique ou cerveau des émotions et le néocortex, cerveau de la réflexion.

Mon but n'est pas de vous donner une leçon de neurosciences mais de vous éclairer sur le fonctionnement de nos pensées et de nos émotions pour mieux les maîtriser. Cela est déterminant pour notre bien-être.

Nous ne contrôlons pas la naissance de nos pensées et de nos émotions. En revanche, nous pouvons les modifier, les transformer, par la concentration, en sollicitant l'un de nos cerveaux.

Ces trois cerveaux sont successivement apparus au cours de l'évolution de l'Homme. Allons ensemble, pendant quelques lignes, à l'origine de la vie, de nous tous, de nos émotions, de notre âme, pour mieux comprendre qui nous sommes et les ressources infinies de notre nature.

L'émergence de nos cerveaux

Il y a 13,7 milliards d'années a eu lieu le fameux big bang, sorte de mégafusion d'énergies née du chaos, du vide sidéral qui ne l'était donc pas tant que ça… Où situer ce point, ce grand début ? On connaît le temps mais le lieu ? Partout ! Dans chacun des atomes de l'espace intergalactique. Il est à l'origine de la vie et demeure dans chacune des cellules des êtres vivants, en chacun de nous. Nous portons la vie et donc son origine. D'ailleurs, quand j'écoute mon cœur, ça fait bing, bang, bing, bang…

13 milliards d'années… Face à l'immensité, nos vies sont des éclairs, une étincelle dans le grand brasier. Cette idée m'apaise, me remet à ma place, moi et tous mes grands problèmes.

Le big bang n'était qu'énergie, une formidable force créatrice de tout. Nous sommes tous nés de cet élan. C'est strictement, scientifiquement vrai. À l'origine, nous ne sommes qu'énergie, force et lumière. Cette idée-là me plaît aussi. Le matin, en nous réveillant, devant notre visage encore ensommeillé, pensons à cela : « À l'origine, je n'étais qu'énergie, force et lumière… » J'adore ! Déjà, ça me fait rire quand j'aperçois le contraire dans ma glace, mais comme c'est vrai, ça me donne un petit coup de fouet !

Il y a 4,5 milliards d'années naissait notre bonne vieille Terre, peu après le Soleil et ses rayons chauds.

La Vie commence non pas « à soixante ans » comme le fredonnait ma mère avec Tino Rossi en dansant seule dans le salon, mais il y a 3 milliards d'années avec l'apparition de procaryotes, les premiers organismes vivants, unicellulaires sans noyau, réduits à la plus simple expression. Juste une toute petite chose, microscopique, invisible mais vivante, une sorte de bactérie, notre ancêtre originel à tous.

Un milliard d'années après les premiers procaryotes, l'union faisant la force, des eucaryotes sont nés : regroupement d'organismes unicellulaires pourvus pour la première fois d'un noyau. C'est la naissance de notre instinct grégaire, cette façon animale que l'on a de toujours rechercher de la compagnie, de vivre en meute, ensemble, en société, réunis.

Ce premier noyau est aussi le premier cœur battant.

Il y a 555 millions d'années, nous formons « la faune de Burgess », qui tient son nom du lieu au Canada où l'on a retrouvé sa trace. Un mélange exclusivement marin, composé d'algues, d'éponges et de mollusques. Voilà d'où je tiens mon côté « ravioli vapeur ». J'étais une éponge, un mollusque…

Mais les mollusques sont devenus têtards. Tout change toujours, pour le meilleur. Et un jour… le têtard deviendra Mozart !

410 millions d'années avant notre ère, la baignade se termine. Nous sortons de l'eau et posons le pied par terre. Enfin le pied… Un embryon de patte d'une sorte de batracien. Nous nous rapprochons de la grenouille, sans le pot de crème qui viendra, comme Mozart, bien après.

La grenouille évolue, se subdivise, créant de multiples espèces.

C'est à cette époque que notre cerveau reptilien apparaît, 200 millions d'années avant Jésus-Christ, bien avant notre forme actuelle.

C'est aussi à cette époque que les premiers dinosaures commencent à semer la terreur sur notre planète avant de disparaître quand celle-ci est percutée par une météorite massive en – 65 millions. Les premiers mammifères naissent à la mort des dinosaures.

Le malheur des uns fait donc le bonheur des autres. La vie continue.

En – 35 millions, les choses se précisent, nous devenons des mammifères évolués, vraisemblablement des lémuriens, sorte de petits singes rieurs, sautant de branche en branche, picoreurs de fruits, dont j'ai gardé quelques traits de caractère.

C'est précisément à cette époque que se forme notre cerveau limbique, le cerveau des émotions, celui qui ressent.

Notre néocortex, le cerveau de la réflexion, est de loin le plus récent. Il naît vers 3 millions d'années avant Jésus-Christ, quand nous passons de singe à australopithèque. Nous avons donc passé 32 millions d'années à ne ressentir que des émotions ! Ça laisse des traces. Je demeure souvent dans cet état.

Dans cette transformation incessante de l'Homme, une question me taraude… À quel moment précis a eu lieu le second big bang ?

Lequel ? Celui de notre âme, bien sûr ! Quand ce voile spirituel, cette essence de nous-mêmes, se sont-ils immiscés dans notre corps changeant ? Il doit bien y avoir une date. S'il n'y a pas de date, il n'y a pas d'âme et ça n'est pas possible ! Mon âme que je ressens, à qui je parle depuis si longtemps, quel âge as-tu ? Quel âge a l'âme des Hommes ?

Puisque personne ne sait, je décide une fois pour toutes que notre âme existe depuis le début. De même qu'elle nous survit, elle nous a précédés.

Avec son nouveau cerveau intelligent, l'Homme évolue sans cesse. Il se peaufine pour épouser finalement notre forme actuelle d'*Homo sapiens*, environ 35 000 ans avant notre ère.

Ce qui me frappe en écrivant cette rapide chronologie, c'est de savoir que notre esprit et notre sensibilité sont aboutis depuis 35 000 ans…

C'est inouï et terrifiant quand on connaît les épreuves et la brutalité auxquelles l'Homme a dû faire face au cours de son histoire.

Lors d'un voyage à Rome avec un amoureux, j'ai appris que le sublime Colisée, que l'on visite maintenant avec un cornet de *gelato* dans la bouche, a été longtemps le théâtre d'innommables boucheries. Des chrétiens étaient donnés à croquer à des fauves tandis que la foule applaudissait devant leurs corps mutilés. De la même façon, au Mexique, les Aztèques ont offert jusqu'au XVIe siècle des sacrifices humains à leurs dieux vénérés. Des cœurs étaient arrachés de corps vivants à l'aide d'une pierre taillée…

Ce « pire » qui subsiste dans la barbarie moderne plonge nos pays dans un état d'urgence.

Quand j'y pense, j'ai envie de pleurer d'impuissance. Puis j'examine « d'autres beautés »... Je reprends mon bâton de pèlerin d'optimiste vrai et me souviens que la vertu du pire est de faire aimer le meilleur.

En étant inconditionnellement constructifs, on peut remarquer dans toute cette histoire la formidable résilience des Hommes, leur incroyable capacité à résister à tout, à se reconstruire, puisque, détail important, nous sommes toujours là. Et de plus en plus nombreux. La vie l'emporte donc toujours.

C'est dans nos gènes, nous sommes programmés pour vivre, pour survivre aussi quand il le faut. Nous avons résisté à des épreuves d'une brutalité inouïe. Nous sommes formidablement plus résistants que nous ne le pensons.

L'Homme est l'espèce vivante qui, quoi qu'on en pense, possède de loin la plus grande faculté d'adaptation.

J'aime cette définition d'André Gide : « L'intelligence, c'est la faculté d'adaptation. »

Quand je suis dans l'épreuve, je me souviens de mon instinct de vie et de mon adaptabilité génétique. Face aux difficultés, je m'adapte en cherchant sans cesse des solutions. L'Homme ne fait que cela depuis des dizaines de milliers d'années.

Notre part reptilienne

Le cerveau reptilien, organe primitif très ancien, est responsable de la régulation des fonctions vitales de notre corps comme la respiration, le rythme cardiaque, le sommeil, la reproduction, il est le gardien des réflexes innés, de notre instinct de survie et de notre homéostasie.

Homéostasie… Ce mot m'a toujours laissée rêveuse, autre mystère de la vie. C'est la capacité du corps humain à se maintenir à 37 °C. C'est quand même fou que l'on soit toujours, qu'il fasse un froid de chien ou une chaleur de four, à 37 °C. Et cela dans chacun des 7 milliards de corps humains vivant sur notre planète. Et si l'on monte en température, ne serait-ce que d'un degré, c'est la fièvre !

Pourquoi, comment ? 37 °C… Fascinant. Notre corps est merveilleux.

Je vois dans cette homéostasie le symbole d'un équilibre que nous recherchons tous naturellement.

Dans le cerveau reptilien, on retrouve l'instinct de reproduction ; en clair, l'activité sexuelle séparée donc de toute émotion. Là, mon romantisme en prend un sacré coup ! Cela rejoint la hiérarchisation des besoins fondamentaux de l'Homme pensée par le génial Abraham Maslow et sa célèbre pyramide qui dissocie largement les besoins primaires, physiologiques de notre corps, dont le besoin sexuel, des besoins secondaires, d'affection, d'amour et de reconnaissance.

Je me souviens d'un petit copain que j'avais surpris tôt dans notre relation en flagrant délit d'adultère. Il m'avait soutenu, slip à la main, que ce n'était pas sa faute : c'était son cerveau reptilien ! À l'époque, je n'y connaissais rien, je l'avais mis dehors en lui demandant de revenir quand il aurait acquis un cerveau humain. J'agirais de même aujourd'hui !

Je peux concevoir que l'instinct sexuel fasse partie des besoins primitifs de l'homme (et de la femme !), mais il me semble, grâce à Dieu ou à la civilisation, que cette fonction est quand même largement plus maîtrisable que le besoin de boire, de manger ou de respirer. De plus, il s'agit bien d'instinct de reproduction. Reconnaissons que ce n'est pas la motivation première de notre activité sexuelle. J'en veux pour preuve la persistance du désir bien après la ménopause. Et s'il ne s'agit pas de reproduction, on peut donc bien parler de besoin de plaisir, de sensualité, d'amour…

Le cerveau de nos émotions (le cerveau limbique)

Le cerveau limbique, cerveau émotionnel, s'est développé bien après le cerveau reptilien. À force d'accouplements sauvages au fond de grottes obscures, les hommes et les femmes ont commencé à s'attacher les uns aux autres, à ressentir des émotions.

Et de frissons en frissons, tout a basculé. L'amour est né. C'est le troisième big bang. Quand exactement ? Personne ne sait quel âge a l'amour, mais, un beau matin, une femme drapée dans son paréo de peau a aperçu un homme se rincer dans la rivière et l'a reconnu. Elle s'est souvenue du feu tendre dans son regard, de ses caresses particulières, de ce râle qui n'avait rien d'animal. Elle s'est approchée de son corps nu, lui a caressé l'épaule et l'homme l'a serrée dans ses bras sans la chevaucher.

Cette femme qui a inventé l'amour s'est attachée à cet homme plus qu'aux autres, pourtant tous capables de reproduction. Elle a aimé sa peau, son odeur, ses gestes, le poids de son torse sur son corps frissonnant et ne l'a plus quitté. La femme amoureuse a nourri chaque jour le feu tendre dans le regard de son homme et a gardé à distance, pas folle, toute autre femme.

L'amour était né. Et l'Homme avec lui. Car c'est bien la capacité d'amour mêlée à une intelligence inouïe qui caractérise notre espèce.

J'entends certains m'interroger : « Pourquoi est-ce une femme qui un beau matin a inventé l'amour et pas un homme ? »

Pourquoi ? Mais enfin, c'est évident ! Les hommes, que j'aime, ont bien des qualités, ils ont inventé toutes sortes de choses pour le progrès de l'humanité, mais l'amour, enfin soyons sérieux, cette chose sublime, aussi complexe qu'indispensable, cet Éden mystérieux, c'est bien une femme qui l'a inventé ! Ce n'est pas un homme tailleur de silex. Certes, ils ont suivi le mouvement car c'était agréable : qu'y a-t-il de plus doux que l'amour d'une femme ? Ils s'y sont adonnés avec volupté tout en continuant leurs passe-temps favoris, la chasse, la conquête et la guerre. Regardez bien les informations, vous me comprendrez.

Le cerveau des émotions, leurs souvenirs et l'amour étaient nés… Toute une histoire !

C'est bien sûr mon cerveau préféré. S'il me semble envisageable, mais regrettable, de vivre toute une vie sans réfléchir – certains semblent très bien y parvenir –, je préférerais mourir plutôt que d'être privée d'émotions.

J'ai l'impression que je ne vis que pour cela. Ressentir des émotions, les partager, les susciter, vibrer comme un violon. Voilà pourquoi j'attache autant d'importance à l'accueil émotionnel dans le processus cérébral qui se met en place lors de la rencontre d'une difficulté.

Le cerveau des émotions est sûrement notre cerveau le plus mystérieux. Il est insondable, infini. S'il y a une échelle de l'intelligence logique, mesurée par le fameux QI, il n'y en a aucune pour nos émotions. Quelle est la mesure de l'amour ?

Le cerveau de notre réflexion (le cerveau néocortex)

Autour des cerveaux reptilien et limbique s'est développé le néocortex, « la matière grise ». C'est notre ordinateur, le siège de notre logique, de notre raison, de nos perceptions sensorielles, de nos commandes volontaires, de notre conscience, de notre langage, etc., plus puissant, dans certains cas, que n'importe quelle intelligence artificielle !

Aucun ordinateur à ce jour ne va plus vite que nous, par exemple dans la reconnaissance visuelle : retrouver dans une foule dense un visage aimé en une fraction de temps. Ce le sera peut-être un jour. Mais l'amour n'investira aucune machine. De la même manière, si un ordinateur peut copier, calculer à très grande vitesse, il est incapable de créer.

L'amour, la peine et la créativité resteront humains. Très bien.

Dans quel cerveau sommes-nous ?

De la même façon que nous sommes incapables de penser exactement au même moment à deux choses à la fois, notre esprit ne peut pas se trouver en même temps dans le cerveau reptilien, le cerveau des émotions ou celui de la réflexion.

La maîtrise de nos instincts, de nos émotions et de nos pensées étant essentielle pour notre bien-être, il est important de savoir que nous pouvons nous déplacer à volonté dans ces trois cerveaux, essentiellement dans celui des émotions et de la réflexion.

L'intérêt de passer de l'un à l'autre est de susciter volontairement la réflexion quand nous nous trouvons dans l'émotion ou, inversement, d'aller chercher notre émotion quand nous sommes en pleine réflexion.

Dans le cerveau émotionnel, il n'y a aucune espèce de logique, de raisonnement rationnel. Et dans le cerveau de la réflexion, il n'y a aucune émotion. Seule y règne notre capacité de pensée, et donc de trouver toutes nos solutions.

Si vous invitez quelqu'un qui est dans la douleur à expliquer ses émotions, vous l'emmenez, le temps de sa réponse, dans le cerveau de la réflexion pour calmer sa peine.

Si vous prenez le temps d'exprimer vos émotions, vous voyagez quelques secondes dans le néocortex où il n'y a pas d'émotions. Ce voyage atténue donc forcément votre ressenti. Si vous écrivez vos émotions ou en parlez, en transitant nécessairement par la fonction du langage appartenant au cerveau de la réflexion, vous sortez un instant de votre cerveau émotionnel et baissez de ce fait le niveau d'intensité de vos émotions.

Voilà pourquoi l'expression écrite, verbale, artistique de notre émotion est thérapeutique. Voilà pourquoi nous nous sentons toujours mieux après avoir parlé de nos problèmes avec un ami, même si cet échange ne nous a apporté aucune solution.

L'expression de nos émotions, en transitant par notre néocortex, permet de les calmer, de les structurer, de les comprendre. C'est bien sûr particulièrement intéressant et utile quand nos émotions sont négatives, quand nous sommes mal.

Nos émotions sont des messagers muets. Notre rôle est de leur donner la parole, de les traduire en mots même si parfois ils semblent limités. « Les mots manquent aux émotions », dit Victor Hugo. Pourtant, je veille toujours à mettre des mots sur mes émotions, pour les accueillir, tenter de les comprendre et atténuer parfois leur intensité en basculant par le langage du cerveau émotionnel à celui de la réflexion.

Le patient, l'anxieux ou l'amoureux allègent leurs souffrances par le langage, l'échange, les mots écrits ou parlés. L'artiste soulage sa peine par son art. Le processus d'expression comprend naturellement le besoin d'être entendu, lu, compris, rassuré.

On dit communément qu'il est préférable de ne pas décider « à chaud », sous le coup d'une émotion, c'est juste, parce que les bonnes solutions sont dans la réflexion et non dans nos émotions, surtout quand elles sont négatives.

Savez-vous dans quel cerveau nous passons le plus clair de notre temps ?

Les intellectuels crieront : « Dans le néocortex, bien sûr ! » C'est faux. Cela peut bien sûr varier d'un cerveau à l'autre, mais sans exception, nous passons notre vie principalement dans nos émotions. D'où l'importance de savoir calmer nos émotions négatives et d'aller chercher nos émotions positives.

L'utilisation du cerveau de la réflexion est volontaire. Nous décidons de réfléchir, mais nous sommes tous à un moment donné, quelles que soient notre attention et la profondeur de notre réflexion, naturellement ramenés vers l'oasis de nos émotions, comme à l'origine de la vie. Nous sommes tous nés d'une émotion.

Nous sommes des êtres émotionnels capables de raison. Pas l'inverse. Et nous ne tenons pas en place !

Il nous est tous arrivé d'écouter un discours passionnant et d'être perturbé tout à coup par un mot, qui trouvait un écho particulier en nous, ou par le regard sympathique de notre voisin(e), ou par notre cerveau reptilien qui crie :

« J'ai faim » ou « Mais que cet orateur est bel homme… ».

De même, un élève en classe, un cadre en réunion de travail, un chef d'État à un sommet, un lecteur, tout le monde fait sans cesse des allers-retours entre émotion et réflexion, à la vitesse de l'éclair, n'importe quand.

Une idée, une situation, une vision, un parfum, des mots… résonnent d'abord dans notre cerveau émotionnel. Nous ne restons jamais longtemps dans le cerveau de la réflexion.

Il est d'ailleurs très intéressant de travailler notre capacité d'attention, de concentration, en observant simplement avec bienveillance quand nous basculons dans l'émotion alors que nous sollicitions notre réflexion pour y revenir doucement.

Posez-vous de temps en temps la question : « Où suis-je ? Dans le cerveau de mes émotions ou dans le cerveau de ma réflexion ? »

Si vous avez besoin de réfléchir, interpellez-vous : « Comment puis-je trouver une solution à la situation que je rencontre ? »

Si vous avez besoin de vous motiver, pensez aux émotions que vous ressentirez quand vous atteindrez tel ou tel objectif.

L'expression thérapeutique

Je suis une militante de l'expression sous toutes ses formes pour trois raisons essentielles :

- sans expression, pas de communication : or, elle est essentielle pour la vraie compréhension de l'autre, pour trouver des accords et plus largement la paix ;
- sans expression, pas d'échange : or, c'est ce qui nous nourrit, nous enrichit. Nos ressources quand elles sont mélangées deviennent plus puissantes. Selon cette nouvelle règle arithmétique que j'invente : 1 + 1 = 3. C'est valable en amour, au travail, en amitié. Deux êtres qui échangent sont plus forts que la simple addition de leurs capacités. Voici un exemple concret : un homme français parlant chinois peut communiquer avec des êtres sinophones. Une femme française parlant espagnol peut se faire comprendre d'hispanophones. Réunissez cet homme et cette femme, par la synergie de leurs talents, des Chinois vont pouvoir communiquer avec des Espagnols ;

• troisième et dernière raison fondamentale : l'expression d'une émotion négative est thérapeutique. Garder pour soi une émotion qui fait mal est néfaste pour notre moral et notre santé.

Je le répète, nos larmes qui coulent à l'intérieur sont un poison.

Exprimez-vous ! Je vous en conjure. Exprimez-vous vraiment. Il en va de votre vie. Ne gardez rien en vous qui fasse mal. Rien. Pas de jardin secret douloureux. Vous savez, ces choses que l'on garde pour soi, par pudeur, par honte, pour faire le fort, que l'on emporte dans la tombe…

L'expression, l'extériorisation de ce qui nous pèse à l'intérieur est une règle essentielle de bien-être, peu respectée, par tradition culturelle ou par peur.

Nombre d'hommes et de femmes meurent sans le savoir de silence.

Notre société par ses différents médias semble favoriser l'expression. Mais parle-t-on de l'essentiel ? De ce qui nous touche vraiment ? De ce qui fait mal ? Quel est le niveau de sincérité de cette communication ? N'est-ce pas avant tout une communication d'image ? De façade ? Légère ? Sociale ? Je ne la juge pas, mais il me semble qu'elle n'incite pas à être « vrai », et qu'elle nourrit plutôt cette obsession que l'on a de toujours offrir une image valorisée, donc artificielle, de soi. L'expression thérapeutique, c'est autre chose. C'est exprimer qui l'on est vraiment, ce qui est enfoui en soi, qui nous pèse et que l'on craint de verbaliser.

Je peux comprendre le désir de pudeur, de garder les choses pour soi, que mon exhortation à s'exprimer intimement puisse heurter certains d'entre vous aimant le secret, la réserve.

Je respecte ce point de vue, mais je tiens d'expérience à démontrer tous les bienfaits de l'expression thérapeutique et d'une communication vraie dans laquelle on peut s'exprimer tel que l'on est, sans mentir, un tant soit peu.

Lorsque j'incite à exprimer ce qui ne va pas, je parle par exemple d'expression avec un professionnel, qui reste bien évidemment confidentielle.

L'expression thérapeutique peut aussi intervenir, ne l'oublions pas, avec soi-même !

On peut s'écrire, se parler : pour ma part, je prends des notes dans mes cahiers et je me parle à voix basse ou haute, j'échange avec moi-même. Quitte à passer pour une douce folle ! C'est bien dommage. Pourquoi quelqu'un qui se parle à voix haute serait-il fou ? Voilà un préjugé qui invite au silence.

L'expression thérapeutique peut aussi intervenir avec un véritable ami, un conjoint (pour celles et ceux qui en ont un), bien qu'il me semble qu'en amitié ou en amour, on joue souvent un rôle, mû par une bonne intention, offrir toujours la meilleure version de soi. Or, il est essentiel de trouver un espace d'expression où l'on puisse être à 100 % soi.

Dans une société de plus en plus dure, moins protectrice, plus libérale, mondialisée, dans cette vaste concurrence humaine que nous vivons tous les jours, il convient d'exprimer nos forces, notre enthousiasme, nos sourires, même feints, notre optimisme à tous crins et de garder pour nous nos faiblesses, nos doutes, nos émotions négatives, notre vulnérabilité.

L'*optimisme vrai* nécessite l'expression authentique de qui nous sommes, de ce que nous ressentons. Trouvez, s'il vous plaît, un espace d'expression vraie, totale, thérapeutique !

Il me semble que notre civilisation a toujours privilégié la raison par rapport à l'émotion.

L'éducation très formatée, structurée, vise à développer, susciter l'intelligence logique, les mathématiques, la résolution ordonnée d'un problème. L'émotion semble un peu honteuse, un trait de faiblesse. Il faut souvent la cacher.

Peu de choses sont honteuses. Je n'aime pas ce sentiment qui engendre la culpabilité toxique.

Pour conclure sur notre fonctionnement cérébral, je dirais que l'*optimisme vrai* est à la fois dans le cerveau de la réflexion qui calme nos émotions négatives, cherche la vérité et trouve des solutions, et dans le cerveau émotionnel où nos émotions positives nous permettent de savourer le plaisir de vivre et nous invitent à l'action.

28

L'intelligence émotionnelle appliquée à l'*optimisme vrai*

Sans émotions, il est impossible de transformer les ténèbres en lumière et l'apathie en mouvement.

Carl Gustav JUNG

Il est une capacité que nous ignorons souvent à propos de nous-mêmes, c'est notre intelligence émotionnelle. On a longtemps cru que les maîtres du monde étaient les plus intelligents au sens logique du terme. Jusqu'à ce que Daniel Goleman, docteur en psychologie américain, découvre et nomme notre « intelligence émotionnelle ». Son œuvre est remarquable. On s'est ainsi aperçu que les vrais leaders de ce monde, à l'exception de quelques fous et tyrans relevant de la psychiatrie, se distinguent par leur intelligence émotionnelle.

Qu'est-ce que c'est ? C'est d'abord notre capacité à comprendre nos propres émotions, à les accueillir sans s'y opposer, à les ressentir pleinement pour tenter de les maîtriser.

L'intelligence émotionnelle, c'est ressentir avant de réfléchir, s'autoriser à vivre pleinement nos émotions avant de les comprendre.

L'intelligence émotionnelle sert en priorité à calmer les émotions négatives et à susciter des émotions positives. Elle sert à se maîtriser et à rassurer, valoriser, motiver, séduire. Il est difficile de résister à quelqu'un qui comprend nos émotions, qui reçoit chacun de nos battements de cœur. Pour moi, rien n'est plus séduisant et rare que d'être intimement compris.

Comme toute intelligence, elle peut être utilisée à des fins diverses. On la retrouve dans l'écoute apaisante d'un ami, la science d'un thérapeute, le brio d'un orateur, l'habileté d'un négociateur, l'attractivité d'un séducteur, la manipulation d'un politique…

Contrairement à l'intelligence logique évaluée par notre quotient intellectuel, qui demeure inchangée même si on dévore un manuel entier de sudokus, nous pouvons faire progresser notre intelligence émotionnelle en nous exerçant simplement à l'écoute des émotions.

Posez-vous un instant, prenez le temps, quelques secondes, quelques minutes, pour interroger vos émotions. Quand on va mal ou très bien, notre ressenti s'accompagne de symptômes physiques portant sur le rythme cardiaque, la transpiration, la peau, la gorge, le ventre… Les émotions sont souvent diffuses. On les ressent, sans vraiment les identifier, sans reconnaître ce qui les a provoquées. Qu'elles soient positives ou négatives, nos émotions sont des messagers qu'il est riche d'interroger.

Posez-vous quelques questions :

• *Quelles sont ces émotions que je ressens ? Comment puis-je les nommer, les décrire le plus précisément possible avec mes mots ?*

• *Que m'apprennent ces émotions ? D'où viennent-elles ? Que veulent-elles me dire ?*

• *Que puis-je en faire ? Comment les calmer ou au contraire les exacerber si elles sont positives ?*

La première fonction de l'intelligence émotionnelle est d'accueillir nos émotions telles qu'elles sont, de les reconnaître, de leur souhaiter la bienvenue, même quand elles sont négatives. Ainsi, elles le seront un peu moins.

Maîtriser nos émotions négatives

Le but de mon *optimisme vrai* n'est pas de supprimer toute émotion négative, ce serait illusoire, il est d'en diminuer l'impact et surtout d'éviter qu'une émotion négative ne s'installe durablement en nous.

Les émotions négatives peuvent créer une souffrance physique par la somatisation. Il est essentiel pour notre bien-être de pouvoir les identifier, les atténuer, les apprivoiser, car leurs dégâts peuvent être considérables, insidieux, décalés dans le temps.

Dans mon *optimisme vrai,* j'accueille mes émotions négatives sans les juger, je les comprends, les accepte, puis je pense « opportunité ».

Comment puis-je me servir de ces émotions pour avancer et ainsi les transformer en une force constructive ?

Pour cela, il faut chercher la vérité de nos émotions, leur origine.

À l'origine d'une émotion, il y a une pensée.

On ne souffre pas d'une pensée à proprement parler.

On souffre de son écho dans notre cerveau émotionnel.

La pensée est l'archet sur la corde, l'émotion le son du violon.

On souffre de l'émotion négative engendrée par une pensée noire.

Cette émotion qui s'exprime par le corps épuise notre énergie vitale. Elle peut nous rendre apathique, triste, déprimé, même un instant. Pendant la durée de vie de cette émotion, elle nous laisse sans désir, cloué à notre chaise, notre lit, le ventre noué.

Voici la mécanique thérapeutique : accueillir avec bienveillance, « aimer » notre émotion négative puisqu'elle fait partie de nous, la décrire le plus précisément possible, l'identifier, la formuler, s'interroger sur son origine, mener un dialogue intérieur de vérité pour aller « au bout » de cette émotion négative et découvrir l'émotion positive qu'elle peut cacher, la valeur essentielle qui peut être touchée. Puis accepter et agir, décider d'une action, mener un combat.

Quelles sont nos émotions négatives ?

La peur, la tristesse, la mélancolie, la dépression, la démotivation, la honte, la volonté d'en finir, la jalousie, le désir de nuire, la méchanceté…

À chacun sa liste. Pas trop longue, si possible !

Nous évoquerons la peur au chapitre suivant.

Laisser s'exprimer nos colères

La colère est un sentiment à part. À l'exception de quelques psychopathologies et tempéraments colériques, la colère surgit lorsque quelque chose ou quelqu'un ne respecte pas votre système de valeurs, c'est-à-dire ce qui est essentiel pour vous dans la vie.

Quand on vous ment, si la vérité est une de vos valeurs essentielles, ce qui est mon cas, cela vous met en colère. Cette émotion vous informe que votre valeur « vérité » a été transgressée.

Quand vous vivez une injustice – si la justice est une de vos valeurs –, cela vous est insupportable et vous met en colère.

Il y a deux sortes de colère. La colère qui éclate et la colère souterraine.

Nous connaissons tous la colère qui éclate et passe comme un orage.

Quand elle vous cueille, laissez-la s'exprimer. Maîtrisez autant que possible sa violence, car elle s'accompagne toujours de souffrance. Dites « je suis en colère », faites-la résonner dans votre voix, plaquez votre main sur la table si cela est nécessaire. Interrogez-vous : « Quelle valeur en moi est touchée ? » Dites-le. Affirmez votre colère et la valeur qu'elle défend. L'intensité de votre émotion baissera pour laisser place à la réflexion. Vous trouverez alors le moyen le plus efficace de faire respecter vos valeurs.

La colère souterraine est plus difficile à identifier. Il est pourtant essentiel de le faire pour s'en libérer.

La colère souterraine n'éclate pas. Elle coule en nous comme une lave. À un moment, dans notre vie, une de nos valeurs a été transgressée si fortement que nous avons été plongés dans un état de sidération, incapables d'éclater. Par instinct de survie, nous avons inhibé cette transgression et la colère qu'elle a suscitée. Nous nous sommes tus en pensant que cela passerait avec le temps. De quelle transgression s'agit-il ? D'une grande injustice, d'un déshonneur, d'une honte, d'un manque absolu de respect, d'une humiliation... La déflagration du trauma est toujours en nous. Son énergie destructrice est prisonnière et nous mine. Une colère souterraine peut nous diminuer durablement, nous déprimer, nous nuire.

J'ai été longtemps une femme en colère, sans le savoir. Je souriais, mais à l'intérieur je brûlais. J'étais irascible, déprimée, c'était souvent la faute des autres. J'étais incapable de voir quoi que ce soit de positif parce qu'en moi, la colère régnait. Je n'avais pas accepté ce que je ressentais comme une injustice immense, irrémédiable : ma contamination. Après avoir essayé plusieurs traitements antidépresseurs qui ne marchaient pas, après plusieurs échanges avec ma psy, un jour, lors d'un dialogue intérieur de vérité, j'ai matérialisé mon émotion sur mon carnet, j'ai écrit en grand : « Je suis en colère. » Le fait même de l'écrire tendait les muscles de mon bras. Je pensais que c'était oublié, mais pas du tout. C'était une vieille colère. J'ai crié dans ma chambre, des années après le trauma.

J'ai pleuré. Puis j'ai pris ma colère dans les bras. Je l'ai accueillie. Je me suis parlé. J'ai pensé : c'est normal. Je l'ai acceptée. Je me suis demandé comment faire de cette colère une force pour rebondir, pour nourrir un combat. Ma valeur transgressée était l'injustice. Alors j'ai décidé d'écrire pour partager et prévenir d'autres injustices.

Réfléchissez, si vous le souhaitez, aux traumas de votre vie…

Repensez-y le temps de ces lignes. Quels souvenirs reviennent à votre esprit ? Quelles émotions suscitent-ils en vous ? Exprimez ces émotions avec vos mots. Écrivez-les ou parlez à voix haute. Êtes-vous en colère ? Accueillez votre émotion avec bienveillance, avec calme. Ne vous reprochez pas d'être toujours en colère. C'est normal.

Quelle valeur a été transgressée en vous ? Exprimez-la. Reconnaissez cette valeur.

Acceptez votre émotion, « aimez » votre colère, car elle fait partie de vous. Elle vous livre un message, peut-être « bats-toi », ou peut-être « tu es une femme, un homme formidable et tu ne le vois pas »…

Aimez votre colère, lisez son message. Elle se calmera.

De quelle façon pouvez-vous transformer cette émotion négative en énergie constructrice pour réparer votre valeur transgressée ?

Réfléchissez… Décidez d'une action, quelle qu'elle soit. Elle peut être de décider tout simplement de vivre plus heureux à partir d'aujourd'hui, libéré de votre émotion…

Félicitez-vous maintenant d'avoir réussi cet exercice sensible.

Transformer une émotion négative en émotion positive

Je vais prendre maintenant un exemple personnel de transformation d'une émotion négative, en l'occurrence la tristesse, en émotion positive.

Le questionnement qui va suivre, un bref échange avec une femme truculente, puis un dialogue intérieur, est applicable à toute émotion négative.

Quand ma fille est partie au pensionnat, je l'ai accompagnée à la gare. Je suis restée sur le quai comme dans les films, debout à regarder le train disparaître au-delà de l'immense verrière. Bonjour tristesse, marée de larmes. J'ai pleuré en me laissant tomber sur un banc comme une pauvre malheureuse que j'étais. Je me suis autorisée à pleurer sans me moquer. J'avais le cœur gros. Derrière mon kleenex, j'ai vu une femme à la démarche hésitante s'approcher. Je l'avais remarquée, elle faisait la manche au début du quai.

« Ça ne va pas ? me demande-t-elle.

— Non, ça va passer, c'est gentil, dis-je en hoquetant.

— Les gares, c'est l'endroit où on pleure le plus avec les cimetières ! Quand les gens sont tristes, ils donnent plus, mais les cimetières, on n'a pas le droit d'y aller.

— Les hôpitaux, c'est pas mal non plus…

— C'est vrai, ça… Mais je préfère les gares, c'est plus vivant, puis j'ai du bol, j'ai une santé de fer !

— C'est une chance…

— C'est la santé qui va pas ?

— Non… c'est ma fille qui vient de partir.

— Ah… Ben ça va, au moins vous en avez une !

— C'est vrai.

— J'échange ma santé contre votre fille !

— Non merci…

— Allez, arrêtez de pleurer, vous voulez boire un coup ? »

La dame me tend sa cannette taille XL.

« Non merci, c'est très gentil.

— Vous dites beaucoup "non merci".

— Je dis "oui" aussi.

— À quoi ?

— À la vie.

— Oh la la, madame est philosophe ! Moi, je dis oui à la bière.

— C'est un peu la même chose…

— Ah bon ? Faut que je réfléchisse, alors… Bonne journée, madame !

— Bonne journée, madame…

— Vous auriez pas une petite pièce ?

— Si… »

La femme s'est éloignée en agitant sa maxi-cannette en signe d'au revoir. Je l'ai suivie du regard en souriant. J'avais envie d'aller boire un coup avec elle. Elle s'est rassise au même endroit en replaçant son panneau en carton. Je me suis levée et suis partie en marchant d'un bon pas. Ma tristesse était-elle passagère ? Comment pouvais-je sourire alors que je pleurais comme une fontaine quelques minutes plus tôt ? J'avais été distraite, interpellée. Mon émotion avait été remplacée. Le temps d'un échange, je me suis ouverte, exprimée, mon esprit a fait un petit tour dans mon néocortex. L'expression, l'échange et la réflexion ont atténué mon émotion.

Dans le bus, bercée par son éternelle clochette et ses mouvements lents, j'ai continué ma réflexion, j'ai interrogé mon émotion dans un dialogue intérieur de vérité entre ces parts de moi que je nomme « Charlotte Cortex » et « Charlotte Love » :

« Qu'est-ce qui s'est passé ? a demandé Charlotte Cortex.

— J'étais triste et je le suis encore un peu, a répondu Charlotte Love.

— Vraiment ?

— Oui.

— Ce n'est que cela, de la tristesse ?

— Oui.

— Pourquoi es-tu triste que ta fille parte ?

— Parce qu'elle grandit et qu'elle va s'en aller. Sa présence va me manquer. »

De nouveau, Charlotte Love est au bord des larmes.

« Pourquoi ? demande Charlotte Cortex.

— Parce que je l'aime !

— Tu es triste parce que tu aimes ta fille ?

— Non ! Je suis triste parce qu'elle part et qu'elle est ma raison de vivre.

— Elle est ta seule raison de vivre ?

— Non…

— Est-ce bien pour elle de partir ?

— Oui. Nous l'avons décidé ensemble.

— Était-elle triste aussi ?

— Moins que moi !

— Quelle est l'opportunité pour elle de partir ?

— Grandir, réussir ses études, devenir une jeune femme…

— C'est bien.

— C'est bien pour elle…

— Et donc pour toi !

— Oui… Mais elle ne sera plus près de moi.

— N'est-ce pas égoïste ?

— Sûrement, mais c'est ainsi.

— Tu es triste du départ de ta fille ou de ta solitude ?

— Des deux. C'est la même chose ; son départ, c'est ma solitude.

— Qu'est-ce qui te rendrait le plus heureuse ? Qu'elle vive tout le temps près de toi ou qu'elle devienne une jeune femme indépendante ?

— Qu'elle grandisse... Qu'elle réussisse sa vie... Qu'elle utilise ses talents... Mais qu'elle ne m'oublie pas !

— Pourrait-elle t'oublier ?

— Non ! De toute façon, je lui rafraîchirais la mémoire !

— Ça va mieux ?

— Oui.

— Pourquoi pleurais-tu ?

— Je ne pleure plus.

— Pourquoi étais-tu triste ?

— Parce que j'aime ma fille et qu'elle grandit.

— Es-tu vraiment triste ?

— Je l'étais... »

Ce dialogue est une retranscription en mots la plus fidèle possible de cet échange qui a eu lieu dans ma tête, dans mon cœur, que j'ai noté chez moi dans mon carnet.

Nous avons la possibilité de converser avec nous-mêmes en laissant parler nos avis contraires, notre émotion et notre raison, car nous sommes multiples, infiniment nuancés, faits de courants contraires.

Si l'échange avec un thérapeute ou un tiers bienveillant est toujours riche et parfois indispensable, nous avons en nous les ressources nécessaires pour calmer nos émotions négatives et amplifier nos émotions positives, car nous jouissons d'une intelligence émotionnelle sous-exploitée et nous nous connaissons mieux que quiconque.

Écoutons-nous, recevons nos émotions quelles qu'elles soient et conversons avec nous-mêmes dans un exercice d'introspection fructueux que je nomme un « dialogue intérieur de vérité ».

Dans un dialogue intérieur de vérité, l'enjeu est de trouver l'émotion positive sous l'émotion négative et les valeurs qui sont éprouvées.

Dans la tristesse peut se cacher le désir d'être aimé, la valeur « amour » est touchée. Dans la peur, la valeur « vie » est éprouvée. Sous la souffrance, on peut ressentir la volonté de plaisir.

Les émotions négatives et positives sont comme l'ombre et la lumière, indissociables.

Si, grâce à notre intelligence émotionnelle, nous réussissons à calmer nos peurs, notre colère, notre tristesse, alors nous restent l'amour, la confiance et le plaisir de vivre !

Voilà un mécanisme essentiel de mon *optimisme vrai*.

Créer nos émotions positives

Notre intelligence émotionnelle nous permet cela.

L'optimisme, c'est tendre vers des émotions positives.

Quelles sont-elles ? La joie, le bonheur, le plaisir, l'excitation, le rire – que j'aime rire ! – mais aussi la fierté, la plénitude, la satisfaction de se réaliser et d'aider chacun à le faire. Il y a aussi l'espoir, la foi. Une émotion positive indéfinissable, intense, une force. Foi en quoi ? En ce que nous voulons ! Mais avoir foi. Foi en nous, en notre aptitude au bonheur, en nos ressources, nos talents, foi en quelque chose de plus grand que nous, qui nous dépasse, nous montre un certain sens de la vie et nous hisse vers le haut, le haut de nous-mêmes, vers l'humanité, foi en notre lumière, en une force magnétique qui nous relie, en un « au-delà », un « après », foi dans le bonheur, le plaisir, la joie possible là, maintenant. Libre à chacun d'avoir foi en quoi que ce soit qui puisse générer une émotion positive, une envie d'avancer et de vivre.

En quoi avez-vous foi ?

Dans mon *optimisme vrai*, rien n'est imposé.

On ne force pas une émotion positive, de même qu'on ne feint pas de sourire pour ne pas grimacer, pour être vrai. En revanche, on peut penser, quand on le veut, à ce qui nous rend heureux, on peut se rappeler à chaque instant un souvenir de joie, d'amour, de bien-être et créer ainsi une émotion positive bénéfique.

On essaie ?

Fermez les yeux un instant, les mains à plat. Concentrez-vous sur votre souffle… Respirez… Lentement… Profondément… Autorisez-vous cette détente. Pensez à un moment heureux de votre vie, à un lieu où vous avez été en paix, serein, joyeux, souriant… Visualisez ce lieu, le paysage, les visages, votre sourire, revoyez les couleurs, la lumière, entendez les voix, la musique, les bruits, sentez les parfums… Quelle émotion éprouvez-vous ? Nommez-la. Concentrez-vous sur cette émotion… Gardez ce souvenir en vous, puis laissez-le repartir dans votre mémoire. Il est à vous, à votre disposition quand vous souhaitez ressentir une émotion positive.

Ancrer une émotion positive

Quand vous ressentez une émotion positive, prenez le temps de l'observer, d'en prendre pleinement conscience, cela augmentera votre bien-être. Prenez la photographie de votre émotion pour déguster davantage l'instant où elle jaillit et immortaliser son souvenir de manière plus profonde et consciente dans votre mémoire.

L'intelligence émotionnelle appliquée aux autres

L'intelligence émotionnelle consiste également à comprendre les émotions des autres pour pouvoir les influencer. Pour cela, il suffit d'être profondément attentif au langage non verbal, aux gestes, aux symptômes du corps et au langage paraverbal, la voix.

Si le cerveau de la réflexion et tous les mots qu'il stocke peuvent mentir facilement, intentionnellement, le cerveau émotionnel et le corps sont de piètres menteurs ! Difficile de dissimuler physiquement nos peurs, nos désirs, nos joies, nos peines.

Je vous propose un exercice pour utiliser votre intelligence émotionnelle avec vos proches.

Jouons au « mentaliste » !

Vous connaissez sûrement cette série américaine et son héros charmant. Nous sommes tous capables d'être mentalistes. Claire, ma psy, m'a expliqué sa technique. Un corps en proie à une émotion la dissimule avec difficulté et l'exprime presque automatiquement par un geste inconscient ou un symptôme. Le corps s'exprime sans filtre. Tous les gestes involontaires d'une personne sont autant d'informations sur son état émotionnel. Selon une théorie simple et vraie de psychologie classique, une pensée crée une émotion qui crée une action, en l'occurrence un mouvement.

Ainsi, une personne gênée par une question portera la main à son visage, se frottera la joue ou touchera son nez… Pourquoi ? Parce que notre visage est la partie la plus expressive de notre corps, et que c'est une évidence dont nous avons conscience. On peut souvent y lire comme dans un livre ouvert. Pour que son émotion devienne moins lisible, une personne gênée placera, par un geste de la main, un obstacle, comme un paravent, entre son visage expressif et son interlocuteur.

L'analyse du langage non verbal, de l'observation de l'expression corporelle des émotions, est avant tout extrêmement logique.

On en est tous capables.

Que fait donc le séduisant mentaliste ? Le corps mentant mal, il le scrute avec attention. Il analyse ses moindres mouvements et fait un lien immédiat avec la situation, les mots et l'émotion qui les ont provoqués.

À partir du mouvement, il remonte le fil pour retrouver l'émotion, puis la pensée à l'origine, et donc la vérité !

Le feuilleton américain est une œuvre de fiction. La réalité est moins simple. Mais cet exercice d'observation et d'« enquête émotionnelle » est toujours riche. Il permet de travailler notre attention à l'autre et notre capacité d'empathie. Sommes-nous assez attentifs à ceux qui nous entourent ? Cela me fait penser à cette scène du film *La Boum*, où Brigitte Fossey, assise dans un restaurant, demande à son mari, à qui elle reproche de ne plus la regarder, ce qu'elle porte sous la table, une jupe, un pantalon, des escarpins... ? Et le pauvre Claude Brasseur ne sait pas répondre.

L'intelligence émotionnelle, c'est se souvenir que pour vivre en harmonie avec les autres il faut savoir les écouter, les observer, les ressentir, avant de réfléchir et de s'exprimer.

Les autres sont toujours sensibles à l'attention que l'on peut leur porter. Les observer, c'est les faire exister, les respecter.

Lors d'un prochain dîner, d'une prochaine réunion, d'un prochain tête-à-tête, jouez au mentaliste, observez en silence... Utilisez votre intelligence émotionnelle et votre capacité d'observation, vous serez surpris par la richesse de ce que vous découvrirez et par la pertinence de vos interventions.

S'adapter aux émotions des autres

L'intelligence émotionnelle est d'autant plus importante qu'elle permet réellement d'adapter notre comportement à la situation.

Si nous ressentons qu'une personne est plongée dans l'émotion, il est inutile d'attendre d'elle un comportement raisonné ou logique. Il faut d'abord l'aider à sortir de ses émotions, à les accueillir, à les calmer.

L'impact d'un message

Notre culture et notre éducation sont nourries de mots, tout comme ce livre ! Tout est intellectualisé. Or, il est scientifiquement prouvé que l'impact d'une personne qui s'exprime devant d'autres dépend à 60 % de sa gestuelle, à 25 % de sa voix et seulement... à 15 % de ses mots ! Cette étude américaine reconnue a été menée dans le cadre d'un message d'importance normale. Il est clair que si l'on nous annonce la Troisième Guerre mondiale, l'impact des mots sera supérieur.

La voix transporte les émotions

On peut percevoir une foule de choses dans la voix.

Quand vous écoutez quelqu'un pour la première fois, demandez-vous en oubliant les mots ce que vous dit cette voix.

La voix a un pouvoir puissant, unique.

Je peux percevoir chez ma fille, à une subtile différence d'intonation, un changement d'humeur, une difficulté non verbalisée.

De même, il m'arrive comme à vous d'entendre une chanson sans comprendre les paroles et cependant d'être bouleversée. Pourquoi ? Parce que la voix est le premier vecteur de l'émotion. Un être qui crie sa souffrance ou sa joie parle toutes les langues.

L'intelligence émotionnelle que je vous propose d'utiliser est en chacun de nous. Elle est souvent en sommeil, car on nous demande de réfléchir bien plus que de ressentir. L'école nous apprend à structurer notre pensée, à calculer, à retenir. Elle devrait aussi nous apprendre à ressentir, à être en empathie, à rentrer en vraie relation avec autrui.

Nos émotions gouvernent notre vie bien plus que notre raison et méritent à ce titre qu'on les découvre, qu'on les observe avec attention, curiosité et bienveillance. Notre intelligence émotionnelle sert à cela.

Régulièrement, faites un point émotionnel. Interrogez-vous. Quelles sont vos émotions ? Que ressentez-vous vraiment ? Si vous le pouvez, exprimez ou écrivez votre réponse. Rajoutez un indice d'intensité, de 1 à 10. C'est intéressant. Cela permet de comparer. De mois en mois par exemple.

Plus généralement, qu'est-ce qui vous apporte de la joie ? Qu'est-ce qui vous pèse ? Pourquoi êtes-vous gai ou triste ? Ces questions amènent toujours une réflexion, une action.

Écrire ce que l'on ressent, c'est mettre notre cerveau de la réflexion, qui contient la fonction du langage, au service de notre cerveau émotionnel. C'est s'écouter vraiment, s'étudier. C'est faire un pas vers une plus grande connaissance de soi-même, vers notre vérité et davantage de sérénité.

Souvenez-vous : qu'est-ce que la vérité ? « Se dévoiler soi-même. »

Qui sommes-nous ? Un corps, des pensées, des émotions et des actes.

Notre état émotionnel conditionne totalement nos actes. L'observation, l'accueil, la compréhension et la maîtrise de nos émotions sont des étapes essentielles de l'*optimisme vrai*.

29

Maîtriser nos peurs

Que feriez-vous si vous n'aviez plus peur ?

Mark ZUCKERBERG

Nous avons fait la connaissance de notre intelligence émotionnelle. Je vous propose de nous concentrer sur un de ses composants essentiels, la maîtrise de nos peurs. Le plus grand combat de ma vie n'a pas été celui contre la maladie, mais contre mes peurs.

Comme Mark Zuckerberg, je me suis souvent interrogée : que ferais-je si je n'avais plus peur ? Comme si la peur était un poids posé sur mes désirs, ma volonté, mes actions, mes capacités, mon bonheur, mon optimisme, mon sommeil… Elle l'est.

Les vertus de la peur

À l'origine, la peur est utile. Elle forme un message d'alerte adressé à notre instinct de vie. Il est bon d'avoir peur pour échapper au danger. La gazelle flânant dans la savane est sauvée par sa peur du lion. Le problème est que nous ne sommes pas des gazelles et qu'il y a peu de lions.

En vérité, notre vie n'est pas menacée en permanence. Or, la peur a envahi nos vies. La peur ponctuelle et justifiée est saine, la peur permanente, donc injustifiée, est hautement toxique.

D'aussi loin que je me souvienne, j'ai eu peur. J'ai joui de moments de répit, mais j'ai eu essentiellement peur.

Enfant, après la naissance de ma sœur, j'ai eu peur d'être abandonnée, désaimée. Je me souviens de l'amour tellement discret de mes parents que je me demandais s'il existait.

Je me souviens d'avoir eu peur quand nous avons été mis à la porte, pour des chamailleries de belles-sœurs, de cette majestueuse maison familiale qui formait le décor heureux de mes vacances. Je me suis sentie rejetée, à part.

J'ai eu peur quand un adolescent s'est masturbé jusqu'à la jouissance devant mon corps nu de fillette sous la douche en colonie de vacances.

J'ai eu peur que mes notes à l'école ne soient jamais à la hauteur des attentes de mon père et de mon grand-père.

À l'adolescence, j'ai joui d'une trêve de la peur. Un vent de révolte a soufflé en moi. Une poussée hormonale émancipatrice m'a fait quitter l'enfance et ses peurs. J'ai goûté à quelques années d'insouciance, vite stoppées par le VIH.

Mon insouciance a été de courte durée et j'ai retrouvé mes peurs. Plus vives cette fois, car ma vie était menacée.

Puis j'ai lutté contre ces émotions qui ne faisaient qu'aggraver mon état et dont une majorité n'était pas « vraie », pas le reflet d'un réel danger.

Et je lutte encore ! J'en veux pour preuve ces quelques anxiolytiques que j'avale toujours, le plus modérément possible, pour calmer mes peurs quand je n'y arrive pas moi-même.

L'accès en direct à une information surabondante participe beaucoup à notre peur ambiante. L'insécurité physique et sociale, la peur de la violence et du chômage génèrent beaucoup d'anxiété. On a peur de la pollution, du changement climatique, des pesticides et des bactéries. Je me souviens de ce best-seller qui préconisait de ne plus s'embrasser, mais de se saluer en joignant les mains à la mode asiatique. Mais bien sûr ! Tous en chambre stérile, on s'enverra des cœurs avec nos smartphones.

On a peur des *fake news*, du cancer, de la menace terroriste et de ces messieurs à la drôle de coupe de cheveux, américain et nord-coréen.

J'ai peur des kilos en trop, mal répartis en plus. Je crains d'avoir définitivement quitté la norme esthétique.

J'ai peur pour l'avenir de ma fille et la santé de mon père qui vieillit. Comment ferai-je sans lui ?

J'ai peur qu'un jour d'orage trop fort mes chats ne sautent par la fenêtre et moi avec.

J'ai peur de la page blanche et surtout j'ai peur que vous ne m'aimiez plus.

Bref, j'ai peur.

Et vous, de quoi avez-vous peur ?

Les cinq contraires de la peur

Je me souviendrai à vie de ce moine unique mi-bouddhiste et mi-sikh, rencontré en Inde il y a quelques années. C'était dans le vieux quartier d'Udaipur. Cette ville du Rajasthan est un enchantement. Bordée de plaines rousses, son cœur est un lac où se dresse un vieil hôtel anglais de marbre blanc. Les Indiens l'appellent « le navire immobile ». À Udaipur, on ne sait plus, à quelques siècles près, à quelle époque on vit.

J'errais avec mon amie Lili comme dans un rêve quand j'ai aperçu l'homme au pagne orange avec un turban, devant l'entrée d'un temple, entouré d'une petite foule attentive. Notre guide nous a informées qu'il s'agissait d'un moine atypique, connu et vénéré, qui répandait au matin sa bonne parole. Je me suis approchée, attirée par l'éclat particulier de son regard et ce sourire esquissé qui laissait penser que cet homme sans âge détenait je ne sais quelle vérité. Pourquoi a-t-il tendu le bras vers moi ? Je ne sais pas.

Ma main dans la sienne, j'ai senti sa chaleur, à la limite de la brûlure. C'était incroyable. Notre guide était une jeune Indienne au regard malicieux, fluette sous des voiles chatoyants. Je m'accrochais à ses lèvres qui traduisaient les paroles du sage :

« De quoi as-tu peur ? m'a-t-il demandé sans détour.

— Je n'ai plus peur.

— Mais ta main tremble.

— Je suis impressionnée.

— Il y a ce que tu dis et ce que tu es. Ce dont tu as peur et ce qui est vrai. Pourquoi mens-tu ?

— Je ne mens pas ! »

J'étais agacée. Je pensais à retirer ma main, qu'il serrait en me perçant du regard.

« Mentir, c'est se tromper soi-même ! dit-il. Tout ce qui vient de toi te ressemble. Respecte-toi, tu n'as pas à mentir. Dis-moi de quoi tu as si peur ? »

Je me sentais vaciller. J'étais bien, légère, éblouie, en vacances, je riais avec Lili, et je me retrouvais d'un coup au confessionnal de ma vie. J'avais nié ma peur face au moine parce que je l'avais oubliée, je ne souhaitais pas en parler. J'avais tendu la main pour un peu de réconfort, c'était tout. J'hésitais à partir mais j'ai répondu :

« J'ai peur du malheur, bien sûr, de la fin !

— Vous autres, Occidentaux, vous passez votre vie à avoir peur, et vous mourez de peur ! Le corps ne résiste pas longtemps à un tel traitement. La peur est un poison. Mais toi, c'est différent. Tu as connu la mort, n'est-ce pas ?

— Oui… Comment le savez-vous ?

— Tu n'y penserais pas autant si tu ne l'avais pas vue.

De quoi as-tu peur puisque tu la connais ?

— De manquer de temps avant qu'elle revienne.

— Le temps de quoi ?

— De voir grandir ma fille, de voir un monde meilleur.

— Mais ce monde meilleur est déjà en toi, regarde-le et tu n'auras plus peur. Aligne-toi.

— Je ne comprends pas. »

Le moine a eu ce geste : la main droite dressée descendant verticalement du milieu du front jusqu'au ventre.

« Aligne-toi, esprit et corps, mots et émotions, peur et réalité, sois vraie et tu n'auras plus peur. Connais-tu le contraire de la peur ? »

Je restais sans voix. Lili, aussi médusée qu'impatiente, a lancé :

« Le plaisir !

— Non, chère madame. Certains ont plaisir à avoir peur. »

Le contraire de la peur ? Je n'y avais pas pensé. J'osais :

« La vie ?

— Précise ta pensée. »

J'en étais incapable, je séchais, je ne connaissais pas la réponse à cette question essentielle.

C'est étrange, dans le dictionnaire, il n'y a pas de contraire officiel de la peur. À chacun sa version !

Sans lire ce qui suit, dites-moi quel est pour vous le contraire de la peur. Notez le mot qui vous vient en premier à l'esprit. Il est important et constitue une de vos valeurs essentielles, car il a le pouvoir de contrer la peur.

Interrogez-vous sur cette valeur : comment la faites-vous vivre ? Est-elle respectée dans votre vie personnelle, votre vie professionnelle ?

Que pouvez-vous faire pour la valoriser ?

Le moine m'a donné sa réponse, qui s'est gravée en moi :

« La peur a cinq contraires, c'est la pyramide de la vie, un carré avec au centre un sommet, le cinquième contraire. Dans l'ordre, les quatre angles du socle sont : la vérité, l'acceptation, l'action et la confiance qui mène au sommet, l'amour.

— Mais j'ai aimé en ayant peur…

— Alors ce n'était pas de l'amour.

— J'étais passionnément amoureuse !

— Tu le dis toi-même, c'était de la passion, de l'ivresse… L'amour n'est pas celui qu'on croit.

— La confiance mène à l'amour ?

— L'amour est la forme ultime de la confiance. Sans confiance, l'amour n'est que passion, souffrance…

— Certaines vérités me font peur !

— La vérité, c'est la vie. Mentir, c'est la défigurer. La vie ne fait pas peur, elle est. C'est ainsi. "C'est." Elle existe. As-tu peur du ciel, de la mer et des fleurs ?

— Non.

— N'aie pas peur de la mort, alors. C'est la vie. Qui veut être éternel ? N'aie pas peur de ce qui est, que tu ne peux pas changer. Bâtis ta pyramide, quitte ta peur pour apprendre, connaître ta vérité, l'accepter, agir et aimer. Aimes-tu seulement la femme que tu es ?

— Je ne peux pas répondre à cette question.

— Elle est pourtant essentielle. Rien n'existe si ce n'est pas en toi. Le ciel, la mer et les fleurs n'existent que dans ton regard. Ferme les yeux et ils disparaissent. L'amour reste en toi, même les yeux fermés. Donne-toi cet amour que tu attends et tu n'auras plus peur. »

L'homme m'a saluée en souriant. J'étais comme paralysée. Il a pressé ma main pour me réveiller, puis s'est tourné vers une femme qui l'agrippait.

Lili s'est manifestée :

« Ça va, Mère Teresa ? T'as l'air tout chose… Il est incroyable, Mister Bouddha ! »

Je me suis assise en silence, j'ai saisi mon carnet pour noter mot à mot les paroles du sage. Je les ai relues des dizaines de fois, persuadée que certains enseignements m'échappaient.

Notre pyramide de vie

Mon *optimisme vrai* doit beaucoup à ce moine atypique, au pagne bouddhiste et turban sikh.

Je me suis attachée à apprendre encore et encore. Plus on sait, plus on limite l'inconnu, on touche à la vérité et on a moins peur.

Je me suis attachée à la vérité, j'ai accepté beaucoup de choses et j'ai agi, en harmonie avec qui je suis, avec ma réalité, j'ai tenté de « m'aligner ». J'y pense souvent.

Suis-je « alignée » ? Esprit et corps ? Mots et émotions ? Peur et réalité... Je me tiens droite, les yeux fermés et je repense à Udaipur.

Tout en haut de la pyramide, j'ai découvert plusieurs formes d'amour. J'ai laissé l'amour passion sans regret. Je n'ai plus à m'éprouver. À l'exception du lien maternel, la forme la plus puissante d'amour que j'ai découverte est l'amour de soi, de la personne que l'on est vraiment. C'est d'autant plus fort que je partais de loin !

J'ai beaucoup réfléchi à l'idée que « l'amour est la forme ultime de la confiance »...

Mes passions ont été marquées par la défiance, une forme de trahison. Je n'ai pas connu d'amour serein. Peut-être viendra-t-il ?

Dans cette attente, je serai l'être le plus digne de ma confiance.

Je contemple régulièrement « ma pyramide de vie ». Je ne sais pas toujours à quel étage je suis, parfois je monte, je descends, mais à partir de ces cinq contraires, de ces valeurs essentielles, j'ai construit une plus grande maîtrise de mes peurs.

À partir de cette image géométrique, symbolique, j'ai formulé, structuré une méthode personnelle, pour calmer mes peurs, les trier, considérer celles qui sont utiles à ma survie et chasser celles, plus nombreuses, qui entravent ma vie et m'empêchent d'aimer.

Avant ma rencontre avec le sage, je me suis aperçue que je suivais déjà, sûrement de manière chaotique, nombre des préceptes qu'il invoquait.

Je vais maintenant vous parler de ma méthode ADIVA, pilier de mon *optimisme vrai,* que je bâtis depuis trente ans. Pour la finaliser, je me suis inspirée du sage d'Udaipur, dont je ne connais même pas le nom.

30

Ma méthode ADIVA

La victoire sur soi est la plus grande des batailles.

PLATON

« Vous autres, Occidentaux, vous passez votre vie à avoir peur, et vous mourez de peur ! Elle est le pire des poisons. »

Quelques mois après mon retour d'Udaipur, le temps que l'idée fasse son chemin, j'ai décidé que je n'aurais plus peur, ni de la mort ni de rien. Je resterais prudente face au danger, mais je ne serais plus rongée par la peur. C'était décidé. Parfois, j'ai rechuté, mais c'est resté mon cap.

« Aligne la peur et la vérité ! »

Je me suis aperçue que si le sentiment de peur est réel, ce qui le provoque souvent n'est pas vrai.

Je vis avec prudence et parfois insouciance, mais sans peur. Je ne laisse plus ce poison pénétrer durablement mon corps.

Mes peurs, mes crises d'angoisse, mes scénarios catastrophe ne sont pas partis du jour au lendemain comme par magie. Il faut du temps entre le choix de la loi et son application. Mais, du moment où j'ai décidé de ne plus avoir peur, à quelques nuits d'orage près, le tourment en moi s'est calmé. J'ai distingué la réalité de ce qui existe vraiment et la virtualité de mon imagination. J'ai remis en question avec rigueur et détermination la cause réelle de mes peurs. Je me suis interrogée : réel ou virtuel ? Véritable intuition ou projection de mes peurs ? Réalité ou scénario ? Vrai ou faux ?

En écrivant ce livre, je souhaite partager ma « pyramide de vie » et cette manière que j'ai désormais d'éloigner mes peurs. Je peux parler de méthode, car au fil du temps, en m'entraînant avec mes peurs pour cobayes, j'ai structuré ma démarche, ma façon de me questionner moi-même en recherchant la vérité, en appliquant à mes idées noires infondées mon *optimisme vrai*.

Ma méthode ADIVA a changé ma vie. Nous avons tous le pouvoir, seuls avec nous-mêmes, avec cet être que nous connaissons mieux que quiconque, d'aller chercher toutes nos ressources, nos forces, notre intelligence, pour faire grandir notre paix intérieure.

La peur permanente est injustifiée

La peur est un sentiment naturel, une émotion instinctive qui nous prévient d'un danger. Sans peur, nous mourrions vite. Avoir peur, c'est aussi vouloir rester vivant. Sans peur, nous traverserions la rue sans regarder, nous fumerions sans limites, nous mangerions n'importe quoi, nous suivrions nos envies, nos pulsions, sans garde-fou, notre vie serait vite en péril.

Ce qui tue, c'est l'excès de peur, une peur permanente et infondée.

L'excès de peur se nomme le mauvais stress.

Nombre de spécialistes m'ont affirmé : le mauvais stress tue ! Mais vraiment ! On le sait, mais qui y prête vraiment attention ? Qui le croit vraiment ? Qui agit ?

Le mauvais stress, l'excès de peur durable et infondée, sont l'ennemi numéro 1 du cœur, du cerveau et de notre système immunitaire. Ils empêchent de dormir et font vieillir.

Le mauvais stress s'invite au plus profond de nous, il se nourrit de nos peurs, nos doutes, nos fêlures intimes, nos chagrins, nos blessures, nos complexes, nos mauvais souvenirs, de tout ce qui grise notre âme.

Quand le corps a peur, il produit de l'adrénaline stimulante qui fait courir plus vite la gazelle devant le lion, c'est le bon stress.

Quand le corps a peur tout le temps, il produit du cortisol, véritable poison en goutte à goutte. Notre cerveau des émotions impose à notre corps d'être en hypervigilance puisqu'il nous croit en danger. Notre corps doit veiller tout le temps, jour et nuit, ce qui entraîne irritabilité, fatigue et insomnie.

Notre organisme n'est pas conçu pour vivre éternellement dans la peur, y passer notre vie, plus ou moins consciemment, minés en profondeur sans le savoir vraiment, jusqu'au jour où, trop tard, nous découvrons dans notre chair les ravages de la peur.

Et là, je vous fais peur ! Mais c'est une bonne peur, saine, utile, un bon stress ! C'est un avertissement, de l'adrénaline qui incite à l'action. Le lion est là, mais nous avons encore le temps de détaler.

Le risque, si la peur nous ronge sans que nous ne fassions rien, comme le dit le sage indien, c'est de mourir de peur, rien de moins.

Alors comment donc maîtriser durablement nos peurs, chasser la permanence de cet état, retrouver notre paix intérieure ?

Nous détenons nos propres clés

À bientôt cinquante ans, je suis frappée par l'étendue de nos ressources intérieures inexploitées. Cela fait un peu démago ou argument bateau, mais c'est strictement vrai. Nous ne nous faisons pas suffisamment confiance. Nous pouvons trouver nous-mêmes les réponses à nos questions.

Notre besoin naturel de contact humain nous fait penser que les autres nous sont nécessaires pour tout et notamment pour résoudre les équations de notre vie. Avant de faire appel à autrui, avons-nous seulement essayé de nous écouter vraiment, de nous interroger intimement, totalement, jusqu'au bout, sans lâcher, de creuser jusqu'à toucher le cœur des choses, notre âme, notre vérité ?

Répondez maintenant sans réfléchir à la question suivante : connaissez-vous quelqu'un qui vous connaisse mieux que vous-même ?

Si la réponse est oui, alors lâchez ce livre toute affaire cessante et courez ! Épousez cette personne si cela est possible et surtout demandez-lui son secret ! Comment fait cet être pour vous connaître mieux que vous-même ? Mais vous pouvez chercher longtemps ! Si on peut être aimé plus que l'on s'aime soi-même, personne ne nous connaît mieux que nous-mêmes. Acceptons-le une fois pour toutes et utilisons ce puits de connaissances !

Que fait un bon psychothérapeute ? Il utilise l'écoute active et des techniques rigoureuses de questionnement pour faire émerger la solution de qui ? De nous-mêmes, bien sûr ! Qui gamberge ? Qui rame et trouve ? C'est bibi ! Avec l'aide de sa carte bleue qui rougit. Je ne plaisante qu'à moitié. L'accompagnement par un professionnel est utile si nous n'arrivons à rien nous-mêmes. Mais au moins essayons !

La solution est en nous, nulle part ailleurs. À tel point que toute solution qui ne vient pas de nous ne marche pas ou pas longtemps.

Nous sommes seuls maîtres à bord. C'est à la fois vertigineux et heureux. Nous sommes seuls à décider, à choisir pour nous-mêmes et c'est bien. Accepteriez-vous vraiment que l'on décide de votre vie à votre place ?

J'aime l'amour et l'amitié plus que tout, mais toute ma vie, je n'ai fait que décider par moi-même. Dans les moments charnières de ma vie, j'ai toujours été seule, face à moi-même. Je suis la première personne, et peut-être la seule, qui puisse vraiment m'aider. Tout commence en soi. Le sage indien dit : « Ce monde meilleur est déjà en toi… »

Voilà pourquoi le travail d'introspection que je vous propose m'apparaît essentiel. N'allons pas chercher loin ce qui est déjà en nous.

Faisons-nous confiance et partons à la chasse aux trésors ! En nous-mêmes.

L'Homme cherche, sans cesse, il veut des réponses, il est curieux. Comme tout le monde, j'ai cherché, mais jamais en moi. J'ai évité soigneusement de me trouver. Ma devise était : « Ne te connais pas toi-même, au moins tu ne seras pas déçue. » Il n'y avait pas de trésors en moi. Je ne m'estimais pas. Je ne voulais pas me rencontrer. Jusqu'au jour où rien d'autre n'ayant vraiment marché, au cœur de ma solitude, en souvenir d'Udaipur, je n'ai pas eu le choix. J'ai cherché en moi. *Connaissez-vous vous-même !*

Connaissez toutes vos ressources ! Questionnez-vous ! Vous détenez bien des réponses. Et ce faisant, aimez-vous, ne vous jugez jamais, vous avez fait ce que vous pouviez. Cherchez votre vérité, vos trésors.

C'est un bien beau voyage que de chercher en soi.

Que veut dire ADIVA ?

ADIVA est un acronyme dont la sonorité « divine » est d'à-propos, vous savez, cette part de lumière en nous qui ne s'éteint jamais.

ADIVA reprend les initiales des trois étapes essentielles de ma méthode :

- A pour Accueil émotionnel et acceptation ;
- DIV pour Dialogue Intérieur de Vérité ;
- A pour Action.

Ces mots se sont imposés à moi quand j'ai voulu structurer ma façon de maîtriser mes peurs et plus généralement mes émotions négatives.

Utiliser ADIVA avec toutes nos émotions négatives

La méthode ADIVA fonctionne avec toutes nos émotions négatives, pas uniquement nos peurs.

Je l'ai exercée avec ma honte, ma tristesse, ma colère… Il est toujours apaisant d'aller à l'origine de nos émotions. De voir ce qui est vrai, ce qui ne l'est pas. Ce qui est factuel et ce qui relève de la construction mentale.

Le plus important avec ces émotions négatives est de les accepter, de les aimer, pour s'en défaire, et d'agir.

Les principes de la méthode ADIVA fonctionnent parfaitement :

- accueil de nos émotions et acceptation ;
- bienveillance, absence de jugement ;
- questionnement approfondi pour bien cerner notre émotion ;
- recherche de notre vérité ;
- et action !

Il est remarquable de constater que, sous une grande part de nos émotions négatives, la peur émerge. Voilà pourquoi je consacre la démonstration de ma méthode ADIVA à ce sentiment dont toutes les autres émotions négatives semblent des variantes.

Sous ma honte perçait la peur d'être rejetée, désaimée, de n'être pas à la hauteur.

Sous ma colère perçaient ma peur de mourir, ma peur que la vie soit injuste.

Sous ma tristesse perçait ma peur de perdre l'amour.

De même, sous ces émotions, se cache souvent un élan positif. Sous la honte, se cache le besoin d'être aimé. Sous la colère, la volonté de se battre. Sous la tristesse, le désir de croire en la vie.

L'objectif de ma méthode ADIVA

ADIVA a pour but de calmer nos peurs profondes ou toute émotion négative durable, celles qui nous plombent, nous pourrissent la vie, nos idées noires, nos scénarios catastrophe, par un questionnement intime qui repose sur notre autobienveillance, notre vérité et incite à l'action.

Aucune peur n'est irrationnelle. Toute peur a une cause qui n'est pas toujours vraie, fondée.

Toute émotion négative naît selon un processus. L'interroger, le connaître, le maîtriser, permet d'éviter que l'émotion ne dure.

Les émotions négatives les plus graves sont liées à des traumatismes que, par instinct de survie, nous avons inhibés. Leur origine échappe souvent à notre conscient.

Je tiens à prévenir de la limite de ma méthode et de ce livre.

Un mal-être persistant, intime, gluant, doit être traité avec l'aide d'un professionnel de la santé de l'esprit.

Si vous passez une émotion post-traumatique au crible d'ADIVA, si vous vous questionnez intimement sans vous juger, vous vous approcherez de son origine, vous ressentirez vivement son écho, mais vous n'aurez jamais accès, seul, éveillé, à votre inconscient. ADIVA vous permettra simplement de comprendre qu'il est essentiel pour votre bien-être de bénéficier d'une prise en charge psychologique professionnelle. En clair, ADIVA ne concerne pas les cas extrêmes.

Mon livre, je l'espère, est un outil de développement personnel, de mieux-être, une aide bienveillante, une approche de la vie inconditionnellement constructive, mais pas un outil psychiatrique.

Comment se pratique-t-elle ?

Ma méthode ADIVA se pratique seul. Quand on la maîtrise, on peut la partager avec un proche que l'on accompagne dans un dialogue intérieur de vérité.

Idéalement, le lieu, le moment doivent être propices, mais l'on peut pratiquer la méthode ADIVA n'importe où, selon l'urgence de la situation.

Personnellement, je la pratique à chaque fois que l'anxiété me prend, c'est-à-dire un état de peur intense, sous-jacent, ou chaque lundi matin, si tout va bien, pour faire le point sur mes peurs qui ne sont jamais loin et passer une semaine la plus sereine possible.

C'est un échange intérieur, autonome, un dialogue bienveillant avec soi-même, qui a pour but de nous rassurer profondément en faisant émerger notre vérité et notre capacité d'action.

Cet échange intervient entre notre part Zen et notre part Stress.

C'est ainsi plus évident, plus concret, facile à imaginer et vrai.

Notre part Zen

Cette part lumineuse et sereine de nous-mêmes existe. Elle semble s'absenter dans nos tempêtes, mais elle est là. Elle est notre essence, le meilleur de nous-mêmes, une part pure, vitale, bienveillante qui reconnaît le bien, une part idéaliste, sage, observatrice de ce que nous faisons, ressentons. Elle est cette petite voix, cette flamme, cet éclat de soleil qui demeure en nous malgré les épreuves, qui sait tout de nous et naturellement, instinctivement, beaucoup de la vie. Cette part qui fait que chaque jour, quand la nuit est finie, nous posons le pied par terre, pour vivre encore.

Je pensais l'appeler « l'âme », mais je tiens à inscrire ce livre, quelle que soit ma foi, en dehors de toute notion religieuse et dans notre réalité bien terrestre. Cette part de lumière, de sagesse, je l'appelle notre part Zen.

Dans notre part Zen, il y a la joie, la plénitude, la confiance, des rires qui résonnent encore, l'harmonie, il y a notre bienveillance, notre humanité et cet amour que nous avons naturellement les uns pour les autres, qui n'est altéré que par la peur et la souffrance.

Trouvez-vous votre part Zen ? Je vais vous y aider.

Souvenez-vous d'un moment lumineux, d'un moment harmonieux, d'une satisfaction particulière… Cherchez bien… Une balade sans notion de temps, la joie sur un visage aimé, une jouissance, une caresse, un repas, un paysage, la mer infinie, un ciel embrasé, une rue déserte, la douceur d'un été qui commence…

Vous tenez votre moment lumineux ?

Nous en avons tous au moins vécu un, quel qu'il soit.

Eh bien, ce moment lumineux, c'est votre part Zen qui vous a permis de le vivre, c'est elle qui est allée le rechercher et elle vous remercie.

Notre part Stress

Dois-je développer ? Après notre part Zen, le contraste est rude !

À l'origine de cette part de nous, il y a tout ce qui nous mine et gâche notre plaisir de vivre : la pression, qu'elle soit sociale, familiale, professionnelle ou amoureuse, nos tourments, nos doutes, nos expériences malheureuses, nos espoirs déçus, nos traumas, nos humiliations, le jugement des autres, nos prétendus échecs, nos croyances limitantes, erronées, nos souffrances...

Bref, vous comprenez !

Mon histoire, mes expériences ont créé ma part Stress, mon anxiété permanente. Je ne m'en séparerai jamais totalement. Elle se renouvelle même parfois ! Cette part est en moi. Mais je la connais, je la maîtrise davantage, je l'exprime, je la rends vivable, acceptable et, parfois même, je l'oublie !

Commencer ADIVA

Je m'assieds ou m'allonge de manière confortable, dans un lieu où je me sens bien, au calme, en sécurité, ma chambre par exemple.

Avant toute chose, j'effectue quelques respirations profondes, en pleine conscience, c'est-à-dire en me concentrant sur ce geste simple, ce mouvement vital et négligé : respirer.

J'utilise la respiration « royale », forcément, pour la méthode ADIVA ! J'inspire le plus possible, lentement, en fermant les yeux, en tentant de visualiser et de suivre le souffle de l'air qui court en moi, me remplit, me donne vie. À mesure que j'inspire, je gonfle mon ventre en me fichant bien de cette rondeur insoupçonnée qui en sort, puisque c'est mon ventre, mon torse que je gonfle, c'est mon corps, je l'aime comme il est.

L'intérêt de respirer par le ventre est de masser notre diaphragme et nos intestins, si sensibles, de cette manière douce, intérieure.

Les poumons remplis d'air, le ventre rond, je bloque ma respiration le temps de compter un, deux, trois, puis j'expire, le plus lentement, le plus profondément possible, jusqu'à vider totalement mes poumons (et retrouver mon ventre dans une forme à peu près normale !). Je mets les mains à plat le long de mon corps ou posées sur mon ventre pour sentir ses mouvements.

Je répète cette respiration dix fois. Après ce bref exercice, je me sens tellement bien que j'hésite à me plonger dans mes peurs et mes idées noires qui semblent s'être éloignées d'elles-mêmes !

Première étape : l'accueil émotionnel et l'acceptation

Quand la peur me prend, je l'accueille. Je l'accepte totalement, j'accepte mes pensées, mes sensations, mes émotions quelles qu'elles soient. Je me libère, je m'invite à m'exprimer sans jugement, sans autocensure, je suis bienveillante avec moi-même et avec ma peur, car elle fait partie de moi. Je n'enrage pas de la ressentir. Je ne me culpabilise pas. Je ne me reproche rien, ni d'être faible ni d'être nulle, fragile, irraisonnable... J'ai le droit d'avoir peur... C'est comme cela que je suis, comme cela que mon cerveau perçoit ma réalité et la livre à mon corps.

J'accueille mon sentiment avec neutralité, douceur et vérité. Je reconnais que « j'ai peur ». C'est comme ça. Cela est, « c'est ». Quelle qu'en soit la raison, cette peur existe. Je suis tendre avec moi-même, comme on l'est avec un enfant apeuré. Je n'amplifie pas ma peur avec de la colère, de l'énervement ou de la honte. Mes idées sont noires, je vais les colorer. Pour l'instant, je les regarde en face, je les accueille. J'observe ce qui se passe en moi. Je ne m'y oppose pas.

Parler à notre peur

Souvent, je me parle, en silence ou à voix haute : « J'accueille mon sentiment de peur avec bienveillance, douceur, il fait partie de moi, c'est comme cela que je suis à cet instant... »

Parler à sa peur, la formuler, la faire exister à l'extérieur de soi en l'exprimant, contient déjà en soi un pouvoir calmant. Nous passons, par le langage, du cerveau émotionnel au néocortex.

Si vous avez peur, dites-le ! Même à vous-même, à voix haute ! La peur n'aime pas qu'on en parle.

L'accueil de nos émotions quelles qu'elles soient est essentiel pour pouvoir les comprendre. Aimons-les, acceptons-les, et tout va déjà mieux.

Quand on ressent de la tristesse, ne nous obligeons pas à être fort ! Accueillons-la, dorlotons-la.

Quand on ressent de la honte, de la colère, faisons de même. Aimons toutes nos émotions. Offrons-nous ce sas de décompression si essentiel entre l'émotion et la réflexion, que sont notre accueil et notre acceptation.

Deuxième étape : le dialogue intérieur de vérité

Après l'accueil émotionnel de notre peur, je m'interroge par des mots simples, de nouveau en silence ou à voix haute : de quoi ai-je peur ? Quelles sont mes peurs ? Quelles sont mes idées noires ?

À mesure que je réponds mentalement ou oralement, je garde mon corps dans le calme d'une respiration lente et profonde.

Après leur accueil, je vais tenter de comprendre mes peurs, leurs causes, je vais les questionner, les préciser.

Une bonne nouvelle dans ce processus : nos peurs ou nos idées noires, à un instant précis, sont concentrées sur quelques points. Il est impossible d'avoir peur de mille choses à la fois. Tant mieux !

Je formule alors clairement, dans ma tête, en parlant ou par écrit, la liste de mes peurs. À chaque peur exprimée, je peux revivre l'émotion qui l'accompagne. De nouveau, je l'accueille et continue ma formulation. Nous retrouvons ici le pouvoir calmant de l'expression. Mettre des mots sur nos émotions les libère, les apaise. Après avoir précisé mes peurs, je vais les interroger une à une, les passer au crible de ma vérité. Pourquoi ai-je peur ? J'en cherche les causes. Des réponses apparaissent, je les observe toutes en gardant à l'esprit ma volonté de vérité.

Percer les « réponses écrans »

Si l'on veut maîtriser, limiter ses peurs, il est important de connaître leur vraie cause.

Mon sentiment de peur est toujours vrai, puisque je le ressens ; en revanche, ce qui le provoque ne l'est pas toujours. La cause de mes peurs n'est pas toujours « vraie ». Bien au contraire, elle est souvent imaginée, supposée, anticipée, irréelle, fausse.

Je cherche donc la vraie cause de mes peurs.

Je m'interroge en utilisant jusqu'au bout mon questionnement intérieur à l'aide d'un adverbe magique : « Vraiment. »

J'ai découvert toute seule le pouvoir incroyable de ce mot si courant. « Vraiment ? » conduit toujours à un niveau supérieur de vérité.

« Tu m'aimes ?

— Oui.

— Tu m'aimes vraiment ?

— Euh… »

Si le « oui » devient « euh » et se fait hésitant. Il est temps de creuser !

« Je suis nulle !

— Pourquoi dis-tu ça ?

— Je suis nulle, je te dis !

— Tu es vraiment nulle ?

— Euh… »

Dans un questionnement intérieur comme dans tout échange, ce que l'on exprime en premier n'est pas toujours notre vérité.

Nos premières réponses peuvent être des réponses de protection ou de dissimulation, je les nomme des « réponses écrans » parce qu'elles font écran à notre vérité.

Une « réponse écran » est une réponse facile à formuler, crédible, souvent toute faite, une vieille croyance que l'on ressort automatiquement (« je suis nulle ! ») dans une forme d'habitude, de paresse ou de démotivation, qui cache notre vérité plus difficile à exprimer.

Nos peurs sont souvent ancrées en profondeur, anciennes, honteuses, accablantes, immenses, elles ne se livrent pas facilement de manière précise et exacte. Elles forment aisément un brouillard d'anxiété qu'il faut percer. En prenant nos peurs une à une, posons-nous intimement la question : « Est-ce vraiment de cela que j'ai peur ? Ma peur cache-t-elle une autre peur que je n'exprime pas ? »

Trouver nos vraies peurs, c'est trouver les vrais maux dont nous souffrons. Sans cela, sans cette vérité, on ne peut rien faire. On ne peut pas guérir d'un mal sans l'avoir précisément identifié.

Pour percer mes « réponses écrans », j'utilise les adverbes « vraiment » mais également « pourquoi ? ». Aussi longtemps que nécessaire, à chaque nouvelle réponse, je m'interroge « pourquoi ? » jusqu'à toucher le cœur des choses, notre vérité vraie.

Pourquoi as-tu peur ? Est-ce vraiment de cela que tu as peur ? Pourquoi ?, etc. Quand je touche ma vérité, je le sens. L'écho en moi est particulier. Il n'y a plus de « pourquoi ? » possible. J'y suis, au cœur de ma peur.

Il convient de s'interroger lentement, si possible les yeux fermés pour être plus attentif encore à nos sensations corporelles immédiates.

Nous connaissons notre vérité. Notre corps sait parfaitement reconnaître nos vraies peurs.

Je conseille de passer du temps à questionner nos peurs. On bâcle souvent cette étape en une seconde, parfois même sans s'interroger du tout, on pense savoir ce qui nous mine, qui est toujours la même chose, mais non, nous produisons à chaque fois une « réponse écran », un mensonge fait à nous-mêmes, car notre vérité nous fait encore plus peur.

Quand je sais vraiment de quoi j'ai peur, quand je connais vraiment la cause de mes peurs, je les passe au crible de la vérité.

S'attacher à ce qui est vrai

Ce qui est vrai est prouvable, certain, sûr à 100 %. C'est aussi simple que cela.

Voici quelques-unes de mes vérités prouvables.

Aujourd'hui, le ciel est bleu, c'est parfaitement vrai. Ma fille va bien, elle est amoureuse, c'est vrai. Elle fait de plus en plus femme, c'est vrai aussi. Cela me rend gaie et triste à la fois. Bientôt, elle partira pour de bon et je ressentirai ce que les psys appellent joliment « le syndrome du nid vide », c'est vrai.

En Syrie, en Libye, c'est la guerre, c'est vrai. Mieux vaut être du bon côté de la mer. Dans cette Méditerranée, dont je contemple chaque jour le bleu argenté, plus de 5 000 hommes, femmes et enfants en quête d'une vie meilleure sont morts noyés en 2016.

Des bateaux surchargés, bourrés à craquer par des trafiquants de vie, ont coulé comme des pierres sans un seul survivant. La dernière chose que ces mères africaines ont entendu avant de sombrer aussi, c'est l'appel à l'aide de leur enfant, se débattant comme elles dans l'eau froide de la nuit, un dernier : « Maman... »

Mon chat est craquant quand il pianote sur mon clavier pour réclamer mon attention. C'est vrai.

Mon genou me fait très mal depuis deux jours, je suis en plein tournage, on travaille dix heures par jour. C'est vrai aussi.

Des actrices et même des acteurs, et bien d'autres femmes et hommes, sont régulièrement victimes de harcèlement sexuel. Ça fait du bruit à cause du porc américain. Tant mieux. Mais il y a du bon porc français. Je l'ai raconté dans mon premier livre.

En 2016, 123 femmes sont mortes en France de violences conjugales.

Tout cela est vrai et constitue la réalité.

Je vais terminer cette liste infinie de vérités en beauté avec une femme surprenante que j'ai déjà citée... Évelyne Dhéliat ! La jolie blonde fait la pluie et le beau temps à la télévision, mais surtout elle ne fait pas son âge ! J'enrage de voir ses bras musclés. J'adore cette femme qui me donne la pêche et sourit avec grâce même quand il pleut dans sa vie. C'est vrai !

L'existence comprend suffisamment de vérités qu'il nous faut admirer ou affronter pour en plus s'encombrer de suppositions, de scénarios, d'idées noires qui ne sont PAS VRAIS.

Nous nous effrayons souvent nous-mêmes. Halte au massacre ! Les scénarios catastrophe sont faits pour le cinéma. Dans la vraie vie, en considération des 7 milliards d'êtres humains qui peuplent notre Terre, ils sont assez rares.

« S'attacher à ce qui est VRAI » est essentiel dans la gestion de notre peur.

Si la cause de ma peur n'est pas vraie, pas certaine, pas prouvable, alors je la chasse, je dis : « Ce n'est PAS VRAI. » Je libère mon esprit de ce qui est faux, pas certain, pas prouvé, sans aucune réalité dans mon présent.

Pour s'attacher à ce qui est vrai, on s'interroge, on prolonge le dialogue en nous entre notre part Stress et notre part Zen. De nouveau, on utilise les adverbes « vraiment » et « pourquoi ? » en se posant une seule question : « Est-ce VRAI ? »

Je vais prendre un exemple de ce questionnement que j'ai eu à propos de mon dernier amoureux : nous l'appellerons Pierre. J'aime bien ce prénom millénaire qui ne vieillit pas. Je n'ai jamais eu d'amoureux qui s'appelait ainsi, mais je n'ai pas non plus serré dans mes bras tous les saints du calendrier ! Le seul Pierre que j'ai embrassé, sur la joue, avec une grande tendresse, c'est Pierre Mondy, mon papa de télé.

Retour à nos moutons, à Pierre, mon amoureux. L'échange qui suit entre Charlotte Stress et Charlotte Zen est strictement vrai. Je l'avais écrit dans mon carnet, pour exprimer, matérialiser et comprendre mon dialogue intérieur de vérité.

« J'ai peur que Pierre me quitte, dit Charlotte Stress.

— Es-tu certaine qu'il va te quitter ? répond Charlotte Zen.

— Je le sens… Intuition féminine !

— Elle ne t'a jamais trompée ?

— Parfois…

— Claire t'a déjà dit que l'intuition est souvent la projection de nos peurs.

— Exact…

— As-tu des preuves que Pierre va te quitter ? continue Charlotte Zen.

— Bien sûr que non !

— Es-tu amoureuse de Pierre ?

— Oui.

— Tu l'aimes vraiment ?

— J'aime sa présence, elle me fait du bien, Pierre me rassure.

— Tu aimes sa présence… Très bien, mais lui, l'aimes-tu vraiment ? »

La « réponse écran » étant percée, je réponds :

« Je ne sais pas… Cela ne fait que trois mois. Mais j'ai besoin de lui et j'ai peur qu'il me quitte.

— Tu as vraiment peur ?

— Oui, j'ai peur, j'y pense tout le temps, je n'en dors plus.

— De quoi as-tu peur ?

— Qu'il me quitte, je l'ai déjà dit !

— De quoi as-tu vraiment peur ?

— J'ai peur de me retrouver seule…

— Voilà pourquoi tu aimes "sa présence". C'est cela ta vraie peur ?

— Peut-être…

— Pourquoi as-tu peur d'être seule ?

— Parce que seule, je n'existe pas. J'ai besoin d'être aimée.

— Seule, tu n'existes pas ? Tu disparais ?

— Non ! Mais je préfère être amoureuse.

— D'accord, mais tu n'es pas amoureuse de Pierre.

— C'est vrai…

— Est-ce si triste que ça d'être seule puisque tu ne l'aimes pas ?

— Je ne sais pas…

— Es-tu vraiment seule avec toi-même ?

— Je ne sais pas…

— Je répète : es-tu vraiment seule avec toi-même ?

— Non.

— Es-tu vraiment amoureuse de Pierre ?

— Non… »

Savez-vous ce que j'ai fait ? C'est moi qui ai quitté Pierre ! Je ne l'aimais pas. La solitude m'était plus insupportable que de vivre avec un homme que je n'aimais pas. Mais ça, c'était avant ! Avant de découvrir que l'on n'est jamais seul avec soi-même si l'on apprend à aimer et à respecter la personne que l'on est.

Dans ce dialogue intérieur de vérité, la peur que Pierre me quitte cachait mon désir sous-jacent de le quitter. Il s'agit en l'occurrence d'un mécanisme de « projection » que Claire m'a expliqué.

Repérer les mécanismes de « projection »

Cela consiste à attribuer à l'autre ce que l'on ne veut pas voir en soi. De la même façon, on peut reprocher à l'autre ce que l'on ne supporte pas en soi – une pensée, une intention, un défaut… Je ne veux pas voir ma peur de la solitude, je ne veux pas voir que je n'aime pas Pierre, alors… j'ai peur que Pierre me quitte.

Un dialogue intérieur de vérité est un questionnement profond qui va chercher la vérité en utilisant les adverbes « pourquoi ? », « vraiment », en posant la question « est-ce vrai ? », en perçant les « réponses écrans » et en défaisant les mécanismes de « projection ».

Autre exemple de dialogue intérieur de vérité :

« Mon chef ne m'aime pas, je le sens, cela me stresse ! »

Je ne travaille pas en entreprise, mais j'ai quand même un chef qui peut être un metteur en scène ou un producteur.

J'ai eu très peur pendant les premiers jours du tournage de *Demain nous appartient* qu'une nouvelle productrice influente que je trouvais froide et distante avec moi « ne m'aime pas ». Vu qu'elle n'avait pas été à l'origine de mon choix, j'étais persuadée qu'elle voulait m'évincer. Cela m'a d'abord tracassée, puis un soir, impossible de dormir ! Il faut savoir qu'une productrice peut briefer du jour au lendemain ses scénaristes pour vous faire subir un AVC foudroyant ou vous envoyer dix ans en Chine pour y monter une crêperie bretonne. Or, je voulais rester bien vivante en France dans cette série. C'était plus fort que moi, dans mon lit, je pensais : « Elle ne m'aime pas… je le sens… elle va m'exfiltrer tranquillou… » Et quand une idée noire me prend, elle m'entête. J'allais passer une nuit blanche ou devoir prendre un assommoir dans ma pharmacie.

Méthode ADIVA : allongée sur mon lit, j'ai effectué dix respirations royales. En fermant les yeux, j'ai constaté que mon cœur battait doucement. J'ai accueilli mon sentiment de peur véritable avec bienveillance, je me suis dit « j'ai peur... », c'est ainsi. J'accepte et j'aime mes émotions. Puis j'ai entamé un dialogue intérieur de vérité :

« La productrice ne m'aime pas ! J'en suis sûre... a affirmé Charlotte Stress.

— Est-ce vrai ? a répondu Charlotte Zen.

— Oui, à la cantine, elle m'a à peine regardée et elle a à peine répondu quand je lui ai dit bonjour !

— Cela veut-il dire qu'elle ne t'aime pas ? As-tu des preuves ? En es-tu certaine à 100 % ?

— Non. Je le sens. C'est mon intuition...

— Stop avec ton intuition ! "Ta chef ne t'aime pas", ce n'est pas vrai. Elle ne te l'a pas dit. Ce n'est pas prouvable, c'est une supposition, une interprétation, une projection, un scénario, mais rien de vrai !

— Je te dis que c'est vrai.

— Mais tu n'as aucune preuve ! Ce n'est que du ressenti.

— Peut-être... a commencé à avouer Charlotte Stress.

— Si tu n'as pas de preuves, laisse passer ta peur... Réfléchis au comportement de cette productrice. Pourquoi serait-elle distante avec toi ?

— Parce qu'elle ne m'aime pas...

— Elle n'est distante qu'avec toi ?

— Euh... Non. Un peu avec tout le monde.

— Pourquoi ? Elle n'aime donc personne ?

— Euh... Non.

— Essaie de te mettre à sa place. Pourquoi agit-elle comme cela ?

— Elle doit être très stressée, elle joue gros avec cette série.

— Son comportement que tu ressens comme distant n'est donc pas contre toi. Cette productrice ne fait qu'exprimer son stress, qui la rend moins disponible.

— OK… Je comprends… C'est juste. Mais j'ai encore peur !

— Est-ce vraiment de la productrice que tu as peur ? demande Charlotte Zen en perçant une “réponse écran”.

— J'ai peur que la série ne marche pas ! J'ai peur de ne pas être bonne, cela fait tellement longtemps que je n'ai pas joué… J'ai peur de rater ce retour à la télévision dont j'ai rêvé !

— D'accord, je t'entends. Tu as peur de ne pas être à la hauteur et tu prends tout mal, y compris le soi-disant comportement distant de la productrice. En synthèse, tu n'as aucune preuve que cette femme ne t'aime pas, tu reconnais qu'elle a elle-même beaucoup de pression ; en fait, ta vraie peur est de rater ton retour.

— Oui… »

Ces dialogues intérieurs de vérité peuvent paraître étranges. Nous ne sommes absolument pas habitués à converser avec nous-mêmes de façon structurée, volontaire, en laissant s'exprimer plusieurs avis en soi.

Deux préjugés tenaces sont à éradiquer ici.

Se parler à soi-même ne veut pas dire que l'on est foldingue !

Avoir plusieurs avis en soi, n'être pas fait que d'un seul bloc, que notre personnalité soit multiple, tout cela est complexe, c'est une vérité. Alors autant l'exprimer ! Mon échange intérieur est cohérent et structuré. Je fais simplement appel à toutes ces ressources qui sont en moi, à tous ces aspects de ma personnalité qui sont complémentaires et peuvent m'aider à faire émerger ma vérité.

Acceptons d'être multiples, complexes, d'avoir en soi, à la fois des ressources de joie et de tristesse, de peur et de confiance, de sympathie et d'animosité.

L'intérêt d'un échange intérieur de vérité est de n'avoir recours qu'à soi-même ; ainsi, nous n'avons besoin d'aucun tiers qui ignore ce qui se trame véritablement en soi.

En écrivant cela, je m'aperçois à quel point cette autonomie recommandée peut choquer et semble socialement transgressive.

Si l'on devient autonome pour réfléchir, on peut sûrement aussi devenir autonome pour ressentir, pour être heureux, pour vivre, on peut être heureux et tranquille dans notre isolement, on ne va donc plus se parler, l'instinct grégaire va disparaître avec l'humanité puisqu'il faut bien rentrer en contact pour procréer... Euh, non ! Même pas, ça aussi on peut le faire seul !

Stop au scénario catastrophe. Les autres, c'est un peu l'enfer et beaucoup le paradis. Si je prône l'autonomie et le dialogue intérieur de vérité, c'est simplement parce que la solution est en nous. Il est impossible ou factice de vivre en harmonie avec les autres sans l'être avec soi-même.

Le travail sur soi que je propose a pour finalité notre bien-être avec les autres. Le recours systématique à un tiers, si tendre soit-il, nous empêche de nous connaître véritablement, de supporter avec sérénité notre solitude quand elle se présente, d'aller tout au fond, au bout de soi-même.

Nous sommes multiples, c'est notre richesse, et nous pouvons parfaitement nous parler à nous-mêmes sans folie. Il en va de notre bien-être, de la connaissance approfondie de qui nous sommes, de ce que nous avons à offrir aux autres et à la vie.

Avoir un échange intérieur, c'est être capable de faire face à notre propre regard qui est souvent, à tort, le plus dur qui puisse être porté sur soi. D'où l'importance de notre autobienveillance.

Dans ce dialogue intérieur de vérité que j'ai eu à propos de cette productrice, j'ai utilisé une nouvelle technique importante : l'empathie.

Être en empathie

Se mettre vraiment à la place de l'autre est une démarche plus ardue qu'on ne pense. Elle est très efficace pour résoudre un conflit ou une incompréhension. Il est toujours riche de s'intéresser vraiment aux acteurs de notre vie, de s'interroger à leur sujet : quelle est leur motivation ? Leur histoire ? Leur culture ? Leur perception personnelle et unique de la situation commune que nous vivons ? En quoi sommes-nous différents ? Qu'est-ce qui nous rapproche ? Pourquoi telle personne agit-elle ainsi ? Quelle est son intention ? Est-elle vraiment contre moi ? Négative ? Quel est son stress ? Quelles sont ses peurs ?, etc.

Toutes les questions que l'on peut se poser pour mieux connaître les autres sont intéressantes.

Dans mon échange intérieur de vérité au sujet de la productrice, l'empathie m'a permis de comprendre son comportement et de calmer mes peurs. Vous voulez connaître le fin mot de l'histoire ? La productrice était bien stressée et n'avait rien de particulier contre moi, aucune animosité, au contraire. Elle a cessé de travailler pour notre série et en partant, à ma grande surprise, elle m'a appelée pour me souhaiter bonne chance et me dire qu'elle avait eu plaisir à travailler avec moi.

Il s'agissait donc bien d'un scénario dans ma tête, d'une interprétation erronée de la réalité, d'une peur dont la cause n'était pas « vraie ».

Exiger des preuves

J'aime beaucoup cette notion, toute simple, de preuves. Sans preuves, pas de vérité. Rien n'existe sans preuves.

Nous sommes des êtres *a priori* rationnels, pragmatiques, les pieds posés sur terre, nous sommes physiques avant d'être intellectuels comme en témoignent nos origines biologiques, et pourtant… Il est stupéfiant de constater à quel point nous pouvons croire passionnément sans la moindre preuve…

Nous aimons, nous croyons en Dieu et nous avons peur, sans preuves.

Exigeons des preuves avant de croire ! Je laisse libre chacun de demander des comptes à son Dieu, mais des preuves d'amour se réclament aisément et surtout… demandons des preuves à nos peurs, à notre cerveau émotionnel, à notre néocortex ! Attachons-nous à ce qui est vrai, pour l'amour de Dieu !

Il est frappant de voir à quel point la majorité de nos idées noires n'est pas vraie. Ces pensées qui nous tourmentent n'ont souvent aucune matérialité. De grâce, ne gâchez pas votre plaisir de vivre, n'abîmez pas votre santé, votre sommeil avec des peurs qui ne sont pas vraies !

Un dialogue intérieur de vérité est donc un outil puissant qui permet d'exprimer tous les aspects de notre personnalité, la complexité de notre sensibilité et de notre réflexion. Ce dialogue intérieur permet de faire émerger notre vérité.

Or, la vérité – souvenez-vous de la pyramide de vie du sage indien – s'oppose à la peur.

Nous possédons en nous bien plus de connaissances et de compétences que nous ne le pensons.

Nous connaissons notre vérité, la réalité de ce que nous vivons et la vraie cause de nos émotions.

Nous avons simplement peur de regarder notre vérité en face.

Pourquoi ? Parce que la vie nous fait souvent perdre confiance en qui nous sommes, perdre l'amour que nous avions naturellement pour nous-mêmes. C'est ainsi. Mon *optimisme vrai* vous propose de les retrouver.

Il y a deux choses passionnantes dans la vie : apprendre et aimer.

Commençons par nous-mêmes.

À la fin d'un dialogue intérieur de vérité, il reste une étape essentielle à ma méthode ADIVA : A comme Action !

Troisième et dernière étape : l'action

« Au commencement était l'action... » Souvenez-vous des deux grenouilles dans le pot de crème...

Aucune peur ne résiste à l'action, c'est un des angles de la pyramide de vie du sage indien. Je ne sais pas si « l'oisiveté est mère de tous les vices », car je n'aime pas ce mot « vice », moralisateur, mais je sais que l'inaction nourrit la peur.

L'action redonne le sentiment d'être vivant, utile, de contrôler notre vie.

Quel que soit le résultat d'un dialogue intérieur de vérité, une action est toujours nécessaire.

Que nos peurs subsistent ou s'éloignent, que nous les reconnaissions vraies ou pas, il est toujours nécessaire de décider d'une action pour les atténuer et éviter qu'elles ne reviennent.

Après mon dialogue intérieur de vérité sur Pierre, je l'ai quitté !

Après mon dialogue intérieur de vérité au sujet de la productrice, j'ai décidé d'aller vers elle, de ne pas me fermer ni de me placer sur la défensive.

Quand j'ai douté de moi en tant qu'actrice, j'ai travaillé davantage, j'ai appris les dialogues bien à l'avance, je les ai recopiés sur mes cahiers, j'ai répété, je me suis détendue et j'ai fait appel à ma mémoire pour susciter en moi des émotions positives, je me suis souvenue de ces rôles que j'ai réussi à tenir, de ces personnages que j'ai joués qui ont été appréciés et de mes récompenses. J'ai quand même reçu un prix d'interprétation au festival de Berlin ! « Charlotte Stress, souviens-toi de ton Ours d'argent qui dort quelque part dans un placard… Ressors ton Ours, fais-le briller ! »

Les qualités dont nous avons fait preuve restent toujours en nous.

Quand j'ai peur, je me rassure, par des actions concrètes et la récolte de preuves.

Écrire nos plans d'action

J'écris souvent mes plans d'action dans mes carnets, pour qu'ils soient matérialisés, structurés, gravés dans le papier et suivis, contrôlés.

Cela fait un peu maîtresse d'école (j'aurais adoré exercer ce métier !), mais je vous conseille vraiment d'écrire. Les cahiers ne sont pas réservés aux enfants. Écrire ce que l'on ressent, les événements marquants de notre vie, écrire ce que l'on décide, avoir à portée de main un joli carnet de développement personnel, de progrès ou d'*optimisme vrai*, un ouvrage intime dans lequel vous pouvez faire le point, noter vos sentiments, vos peurs, vos bonheurs, tout ce qui est bon pour vous, vos démarches, vos actions, vos engagements, vos objectifs. Écrire, c'est exprimer, sortir de soi, structurer, apaiser. On y voit plus clair quand on écrit, on est plus léger aussi.

Mon carnet est en papier recyclé, avec des strass et une grosse spirale, très « girly », il s'appelle ADIVA !

31

Vaste plan antiparasitage

Il y a ces petits riens qui enchantent la vie,
et d'autres qui nous la gâchent.

Je traite mes grandes peurs, mes émotions négatives profondes, avec ADIVA et ces petits riens qui me gâchent la vie avec un plan antiparasitage.

Ainsi, je fais le tour complet de mes agents stressants, pour favoriser ma sérénité.

Un petit rien peut devenir, s'il n'est pas traité, un gros agent stressant. Une foule de petits riens peuvent provoquer un stress lourd.

Je suis une vraie combattante du stress ! Parce qu'il est mon ennemi numéro 1.

On découvrira un jour toute l'étendue de son pouvoir nocif. Je le traque où qu'il soit, dans les grandes causes, et dans les petits riens.

Le diable se cache dans les détails.

Prenez votre sac à main ou votre sacoche ! Videz-les. Ils sont plutôt légers ? C'est agréable, non ? Soupesez individuellement tout ce qu'il y a dans votre sac. C'est léger aussi. Un rouge à lèvres, un trousseau de clés, un carnet, un miroir, une lettre d'amour…

Tout est léger individuellement. Plongez tous ces petits objets essentiels dans votre sac et il devient lourd.

Il est temps de vider votre sac.

Dans la vie, il y a des petits riens qui nous enchantent, et d'autres que l'on ignore bien qu'ils nous gâchent la vie.

Prenez le temps de faire un vaste plan antiparasitage contre tous ces agents stressants, petits ou grands. Je vous garantis à l'issue un vrai sentiment de bien-être, de pouvoir sur votre vie.

Écrivons, dans notre carnet, toute la liste de ce qui nous stresse, nous parasite. Tout. Dans ma liste, par exemple, figure le couvercle en faïence de mes toilettes qui est fêlé. Ce n'est pas du tout grave, je vous l'accorde. Mais cela me stresse à chaque fois que je le remarque… Combien de temps vais-je attendre pour le changer ?

1. Vous listez tout.

2. Vous mesurez : petit ou gros stress. Pour cela, vous donnez une note d'intensité à votre agent stressant de 1 à 10. Cela vous aidera, dans votre plan d'action, à hiérarchiser vos priorités.

3. Vous datez : quand votre agent stressant a-t-il commencé ?

4. Qui est influent ? Écrivez « Moi » ou « Pas moi ». C'est-à-dire : avez-vous une influence sur cet agent stressant ou pas du tout ? ça vous appartient, ça rentre dans votre champ d'action ou ça vous dépasse ? ça appartient à un autre que vous, à l'univers ?

Il arrive que la réponse soit nuancée. Si c'est « principalement vous », mais pas totalement, écrivez « Moi ».

5. Action !

Si vous avez écrit : « Pas moi », reconnaissez votre impuissance et réjouissez-vous ! Ça fait du bien. Nous ne sommes pas responsables de tout. Il faut bien faire la part des choses entre ce qui nous incombe et ce qui ne nous incombe pas. Rien à faire, donc. Oubliez. Changez votre regard, examinez d'autres beautés, laissez faire l'univers…

Par exemple, une amie était stressée qu'il pleuve à son mariage. Là, clairement, ce n'est « Pas moi ». Elle n'y peut rien. Mon amie laisse faire l'univers ou Évelyne Dhéliat.

Je suis stressée d'être victime d'un attentat. Tout à fait compréhensible dans le contexte actuel, mais infiniment improbable. Je peux faire preuve de prudence, mais je ne vais pas rester cloîtrée chez moi ! Je vis en liberté. Donc, « Pas moi ».

Je stresse parce que j'ai peur de tomber malade. Gros stress. C'est « Moi » ou « Pas moi » ? Bon exemple. Je vous laisse répondre…

Plan d'action : votre plan d'action ne porte que sur les agents stressants sur lesquels vous avez une influence, signalés « Moi ».

Pour chaque agent stressant, vous décidez d'une action corrective et d'une date. Vous vous engagez à la mener dans le délai et écrivez : « Je m'engage. »

Vous allez bien sûr traiter en premier lieu des agents stressants de force 10, notamment avec ADIVA, mais je vous recommande de ne pas repousser aux calendes grecques ces « petits riens » de force 3-6 qui vous gâchent la vie.

Pour au moins un d'entre eux, vous décidez d'une action à court terme.

Ainsi, je décide dès demain de changer mon fameux couvercle en faïence. L'idée ne me réjouit pas, mais je vais le faire. Je m'y engage.

Je l'ai fait. J'ai porté dans le bus ce lourd paquet. Et j'ai bien fait ! Pourquoi ? Parce qu'à chaque fois que je regardais cet objet dégradé, je pensais à mon inaction, à mon incapacité à régler tous ces petits problèmes qui m'embêtent la vie. Mon couvercle était devenu symbolique, il me narguait depuis des mois.

Ensuite, on tient notre planning et on le consulte régulièrement. Si on ne le tient pas, on s'interroge : pourquoi ? Pourquoi est-ce que je n'ai pas fait cette action prévue dans mon plan antiparasitage ? Le manque de temps n'est jamais une excuse. « Désolé, je n'ai pas eu le temps ! » veut presque toujours dire « Désolé, je n'en avais pas envie ! »

Si vous tenez votre planning d'actions, en vous félicitant pour chaque action menée, je vous garantis une vraie sensation de bien-être. Agir contre notre stress, ses grandes causes et ses petits riens, c'est retrouver notre pouvoir, notre liberté de mener la vie que l'on souhaite avoir, en limitant au maximum tout parasitage.

32

La liste de mes agents plaisants

Plaisir : sensation d'un accroissement de puissance.

Friedrich Nietzsche

N'oubliez jamais de vous récompenser.

Le plaisir est l'ennemi du stress, il est aussi le sel de la vie.

Après avoir combattu avec méthode vos agents stressants, n'oubliez pas de dresser la liste de vos « agents plaisants ».

Qu'est-ce qui vous procure vraiment du plaisir ?

De nouveau, il ne faut rien oublier, ne rien s'interdire. Plaisir intellectuel, plaisir émotionnel, plaisir sensuel.

Si vous avez du mal à dresser cette liste, alors vous êtes vraiment super stressé ! Le stress vous accapare au point de vous faire oublier que le plaisir existe.

Souvenez-vous : quand avez-vous ressenti pour la dernière fois du plaisir ? Quel genre de plaisir ? Comment faire pour le reproduire ?

Listez vos plaisirs, quels qu'ils soient, et de la même façon que pour votre liste d'agents stressants, mentionnez une note d'intensité pour chaque plaisir. Ces plaisirs sont-ils dépendants de vous ou de facteurs extérieurs, d'autres personnes que vous ?

Que pouvez-vous faire pour retrouver régulièrement ces plaisirs ?

De la même façon, écrivez une date, faites-vous un planning de vos plaisirs. C'est une façon de prendre soin de soi qui est valorisante et peut être considérée comme une récompense à votre action antistress.

Dans mes plaisirs, il y a des loisirs, des moments de joie, des instants vécus seule, des moments partagés avec des êtres que j'aime ou inconnus, il y a le plaisir simple de comprendre chaque matin que je vais bien, il y a aussi toute ma liste de mes agents plaisants solitaires dont voici quelques exemples.

Admirer la beauté, le talent, l'Homme à son meilleur.

Je fixe une date pour aller au musée d'Orsay, je reste plusieurs minutes devant *Le Bal du moulin de la Galette* de Renoir, *Les Joueurs de cartes* de Cézanne, *Nuit étoilée sur le Rhône* de Van Gogh… Au retour, je longe la Seine, le pont Royal, le pont du Carrousel, je fais un détour pour le plaisir. Devant le Louvre, je grimpe sur le pont des Arts, en bois, où j'ai moi aussi accroché un cadenas. Quand était-ce… ? Où est-il ? Enfoui parmi des milliers d'autres. Il y a des couples qui viennent du monde entier. Je les observe du coin de l'œil et les envie un peu. Je repense à mon amoureux, à ses baisers, au lierre bleu qui courait dans son cou, à ses promesses. J'aime cet instant. Mon ventre se noue. Mon regard s'embue.

Mon plaisir sensuel

Ce livre traitant de vérité, au chapitre du plaisir, je me dois de parler de sexualité. Elle fait parfois partie de ma liste. Mon amie Lili le place tout en haut. Mais ce n'est pas pour moi une priorité. Les princes qui me plaisent ne courent pas les rues et je ne conçois pas le sexe sans amour. Alors… je suis seule dans mon lit avec mes chats !

Sur les conseils de Lili, pour parfaire mon autonomie, j'ai fait l'acquisition d'un sex-toy, godemiché en français. Ça sonne quand même mieux en anglais.

J'étais un peu gênée dans cette boutique fréquentée du quartier des Halles où Lili m'a emmenée. On y trouve toutes sortes de choses stupéfiantes à poser dans son panier comme chez Sephora. J'avais cette peur, qui n'était pas vraie, que mon père se pointe à tout moment en m'ordonnant sur-le-champ de rentrer à la maison ! Devant la multitude d'objets insolites, mon éducation catho-bourgeoise me fouettait le sang. J'ignorais l'existence de ces pâtes en forme de verge à servir au coin du feu avec un bon bouillon de poule. De même, adepte des culottes Petit Bateau, je ne connaissais pas ces sous-vêtements comestibles. Le marchand très en verve en faisait la promo :

« Goûtez, messieurs dames ! On dirait de l'hostie !

— Non merci, c'est gentil… Jésus, Marie, Joseph… »

Le pompon a été le choix du sex-toy et la joie non dissimulée du marchand qui, flairant ma gêne, extirpait de leur boîte les différents objets pour en crier tous les avantages. Lili a longuement hésité sur la taille, la forme et la couleur. J'ai suivi au plus vite les conseils du marchand qui proposait aussi une sorte de Viagra bio pour hommes et femmes que j'ai refusé. Ah non ! Ne pas forcer mon désir.

Lili plaisantait :

« C'est l'enfer ce Viagra, ça n'arrête pas ! Quand on sera vieux et Alzheimer, les femmes auront les seins et les fesses refaits à neuf, les hommes une érection en béton, mais personne ne saura plus quoi faire avec ! »

Mon sex-toy ne me sert pas vraiment. Je n'y arrive pas, il me manque quelque chose. Peut-être l'homme autour ! J'ai toujours respecté l'expression « faire l'amour ». Pas par éducation, par goût. Je ne juge pas les êtres qui, comme Lili, aiment le sexe pour ce qu'il peut être, un plaisir intense. Je connais bien Lili et d'autres amies consommatrices, j'ai toujours perçu dans leur quête sexuelle une recherche masquée d'amour. Pour être plus heureux, la question à se poser est : « De quoi ai-je vraiment envie ? » et de creuser. On est parfois surpris par nos « réponses écrans ».

Je ne regrette pas mon achat, je suis de nature curieuse. Il est toujours intéressant d'essayer. Je l'ai fait ! Lili m'a juré que s'il m'arrivait malheur, elle se précipiterait chez moi pour le jeter. Il est inconcevable que mon vieux père éploré tombe nez à nez avec l'objet.

Il m'arrive de me caresser, parfois jusqu'au plaisir, mais essentiellement sans intention sexuelle. Je caresse mes bras, mes cuisses, mon ventre. J'ai longtemps manqué de caresses. Je m'étonne que l'on se caresse si peu soi-même. Il n'est pas question ici de masturbation.

Avez-vous essayé de vous caresser le bras, le cou, l'épaule ? C'est très agréable. Une manière douce de s'appréhender. Au départ, j'éprouvais de la gêne. Mes caresses appartenaient à ma fille, à Lili ou à un amoureux. Maintenant, je me caresse ! La plupart du temps sans sexualité.

« Je me caresse… » J'ai conscience que cette phrase peut porter à sourire. Pourquoi ? On touche ici un double tabou, d'origine culturelle, religieuse. Le sexe et la solitude. A-t-on le droit de se procurer soi-même du plaisir ? Pourquoi tout acte solitaire serait-il honteux ? Je me suis libérée de ce carcan. J'ai découvert la joie et la vertu de la solitude, et j'aime mes caresses. Cet apprentissage sensuel m'a bouleversée. Dans ma timidité à me toucher, m'effleurer, dans ma difficulté à être concrètement tendre avec mon corps, j'ai reconnu cette façon que j'avais d'être dure avec moi-même. Ma vie était dure, je devais l'être aussi avec moi-même.

Par quelques caresses, j'ai changé mon rapport à moi-même. Je suis devenue plus tendre.

Essayez, caressez votre bras, votre épaule, sans sourire.

Tendresse bien ordonnée commence par soi-même.

N'oubliez jamais la liste de vos agents plaisants.

C'est votre récompense.

33

L'amour de soi

Ce n'est pas assez de s'aimer beaucoup,
il faut encore se bien aimer.

Anatole FRANCE

Avez-vous vu *Huit femmes*, le film de François Ozon ? Un huis clos savoureux, où huit femmes, suspectées de meurtre, chantent, dansent, se battent et s'enlacent. Parmi les étoiles du film, une brillait plus encore, Danielle Darrieux. Dans une scène d'anthologie, elle avoue à sa fille avoir tué son père, son mari donc, parce qu'elle « ne pouvait plus le sentir ». En un regard glaçant, son sourire angélique se fige et l'inoubliable Danielle joue la haine juste après la tendresse. Cette femme douce et maternelle était une tueuse, aussi sombre que lumineuse, complexe et multiple.

Comme ce personnage, à l'image de ces huit femmes, nous sommes multiples.

Pourquoi évoquer *Huit femmes ?* Parce que c'est moi ! C'est nous ! Huit femmes vivent en moi. Au moins. Il y a Charlotte Stress, Charlotte Zen, Charlotte Cortex, Charlotte Love, Charlotte

Clown, Charlotte dans les nuages, Charlotte à la framboise, Charlotte Sombre et la pauvre petite Charlotte…

J'aimerais vous parler de toutes ces femmes, tous ces hommes qui s'animent en nous, se contredisent et cohabitent cahin-caha, dont la chorale forme notre voix. Tous ces êtres, tous les aspects de notre personnalité parfois contradictoires, toutes nos sensibilités, nos humeurs, nos actions, il faut les accepter, les assumer et les aimer. « S'aimer soi-même est le début d'une histoire d'amour qui durera toute une vie. » (Oscar Wilde.)

À l'origine de l'optimisme, il y a notre regard, en premier lieu celui que nous posons sur nous-mêmes. Comment peut-on être optimiste sans croire en soi ? Comment peut-on être optimiste vrai sans accepter ni aimer tout en nous, l'ombre et la lumière ? Dans mon *optimisme vrai*, je dresse le constat de qui je suis, de mes actions, je regarde tout en moi, avec attention, bienveillance, sans me juger, car tout ce que j'ai fait, qui n'était pas toujours idéal, je l'ai toujours fait avec une bonne raison. Tout ce que j'ai fait dans ma vie, le meilleur et les conneries, je l'assume, j'en prends l'entière responsabilité. C'est moi et personne d'autre. Et je ne me juge pas, j'ai fait comme j'ai pu, quand j'ai pu.

On est sévère avec soi-même, c'est un tort. En vérité, on fait toujours au mieux, même quand on fait le pire.

Je suis principalement responsable de ce qui m'est arrivé. Les dieux et les autres n'y sont pour pas grand-chose. C'est en affirmant ma part de responsabilité que je deviens véritablement actrice de ma vie, que je la mène et peux la changer. Si je ne suis responsable de rien, alors je subis ma vie, je n'ai aucun moyen de l'influencer puisque tout ce qui m'arrive est dû à des causes extérieures à moi-même. « C'est pas moi, c'est les autres ou le destin » n'est pas juste, pas vrai. Penser ainsi nous victimise, nous retire notre pouvoir d'agir. Bien sûr, il y a la foudre, le hasard et l'ombre du destin mais le plus souvent, on peut affirmer : « Si, si, c'est bien moi, et j'ai fait au mieux ! Je suis auteur et acteur de ma vie, pas victime. »

Suis-je un monstre ?

Il n'y a qu'une seule question à se poser : suis-je un monstre ?

Si vous hésitez à répondre, on en parlera en message privé.

Je peux vous affirmer que 99 % des personnes qui liront ces lignes répondront : « Non, c'est vrai, je ne suis pas un monstre. »

Très bien. Alors aimez tout de vous ! Tout ! Vous avez fait au mieux.

Pouvez-vous faire encore mieux ? Bien sûr. Personnellement, j'essaie chaque jour, sans pression, avec le seul désir d'offrir le meilleur de moi-même. Parfois, je me vautre, je régresse, je fais pire qu'avant ! Je l'accepte et je me reprends. Mon intention était bonne. Si je le peux, je me rattrape mais je fais toujours au mieux, avec toutes ces femmes en moi, mes émotions, mes peurs, mes pensées, mes espoirs, mon histoire.

Se féliciter !

Pour nous encourager à progresser, à faire mieux, à être plus heureux, il est indispensable de commencer par nous féliciter de qui nous sommes et de tout ce que nous avons fait.

Ce n'est pas de l'autosatisfaction gratuite ou de la flatterie de fable, je ne suis pas un renard, je ne le serai jamais. J'observe ma façon de fonctionner et suis très attentive aux personnes autour de moi. En vérité, notre mal-être, notre déprime, notre tristesse, viennent souvent d'un regard trop critique posé sur nous-mêmes. Nous constatons notre pauvre petite vie. Nous pensons qu'elle ne changera plus, nous voyons tout ce que nous avons raté, le pire obsédant et le temps qui passe. Nous pensons qu'il n'y a plus grand-chose à faire si ce n'est grappiller de-ci, de-là quelques bons petits moments avant la fin. C'est le constat de Charlotte Stress, de Charlotte Sombre et de la pauvre petite Charlotte. Heureusement qu'il y a ces autres femmes en moi qui prennent le pouvoir !

Être optimiste vrai, c'est bien se connaître, bien s'aimer, avancer et se féliciter.

Un enfant que l'on critique n'avance pas, ou mal. Si nous lui donnons notre confiance, si nous l'aimons, l'aidons, alors il s'éclaire, grandit et fleurit. Pour nous, c'est pareil.

Faisons le constat bienveillant, inconditionnellement constructif de qui nous sommes, acceptons toutes ces personnes en nous dont l'alliage nous rend riches et vibrants, uniques. Acceptons tout ce que nous avons fait et fixons-nous de nouveaux objectifs.

J'ai passé la majeure partie de ma vie à ne pas m'aimer, je me suis même détestée. Sous mes sourires, je me sentais inutile, une imposture, un parasite.

Après ma greffe, j'ai compris que si je ne m'aimais pas davantage, je m'éteindrais vite. Ne pas s'aimer, c'est s'auto-détruire. Et on y arrive très bien. Si je ne croyais pas en moi, j'allais arrêter ma course. Il est vital d'aimer qui l'on est. Cela n'a rien à voir avec l'égocentrisme qui dissimule une détestation de soi et des autres. Aimer qui l'on est ne signifie pas être prétentieux au détriment d'autrui, cela n'est pas s'asseoir sur ses lauriers en répétant « je suis génial et je m'aime » ! Non, c'est simplement poser sur soi un regard bienveillant, compréhensif, protecteur, motivant, inconditionnellement constructif.

Pouvez-vous dire à voix haute maintenant ou le penser très fort : « J'aime la personne que je suis » ?

Quel effet cela fait-il ? Cela vous est impossible ? Allons bon ! Il y a donc du travail !

Avant la fin de ce livre, il vous faudra pourtant le proclamer. Oui, je peux être directive et entêtée quand j'ai la conviction de ce qu'il est bon de faire.

Tout aimer en soi

Pourquoi ? Pour ne pas se morceler. C'est ravageur. Au marché, je prends les meilleurs fruits et laisse les autres. Pour soi, c'est impossible. On ne peut pas « laisser » une part de soi ou la mépriser. C'est tout ou rien. Et rien n'est pas une option. Alors c'est tout.

Si vous vous dites : « J'aime beaucoup cet aspect de ma personnalité, mais je déteste cet autre... », cela ne marche pas. Toute votre attention, votre énergie, vos trois cerveaux, seront minés par cet autre aspect que vous détestez.

J'en profite pour affirmer que je déteste le mot « détester ». Quelle perte de temps et d'énergie ! Vous remarquerez que les personnes qui « détestent » beaucoup font en fait une projection. Ils détestent tout ou partie d'eux-mêmes et ne le supportent pas. Ils projettent à l'extérieur leur propre détestation. Le mépris des autres et le mépris de soi-même vont de pair.

En moi, je ne déteste rien. Chez les autres, non plus. Je suis d'accord ou en désaccord. Je m'approche ou je m'éloigne, j'embrasse ou je combats, mais je ne déteste pas. Je n'aime pas le contraire de l'amour. Je m'octroie rarement le droit de juger et de détester.

Et vous, qui êtes-vous ? J'ai énoncé toutes mes Charlotte. À vous !

Quels sont ces femmes ou ces hommes en vous ?

Dans votre cahier spécial, écrivez votre prénom en pensant profondément à qui vous êtes. Apposez les traits dominants de votre caractère comme je l'ai fait. Imaginons que vous vous appeliez France, petit hommage à une grande chanteuse courageuse qui disait : « Résiste ! Prouve que tu existes ! » Vous pouvez d'ores et déjà écrire : France Stress et France Zen. Ces deux aspects existent en chacun de nous. Complétez la liste maintenant. Pouvez-vous trouver au moins huit femmes, huit hommes en vous ?

Charlotte Sombre

Pour vous aider, je vais vous parler de qui je suis vraiment. Je vais illustrer ces Charlotte en moi que vous ignorez.

Vous connaissez Charlotte Stress, Charlotte Zen, Charlotte Cortex, Charlotte Clown mais pas Charlotte Sombre. Je vais vous la présenter.

« L'homme a besoin de ce qu'il y a de pire en lui s'il veut parvenir à ce qu'il a de meilleur. » (Friedrich Nietzsche.)

Un soir, c'était il y a longtemps, je sortais de l'hôpital où je venais d'apprendre que l'on devait me traiter à l'AZT. Je n'avais pas le choix. Après dix ans de contamination, mon taux de globules blancs chutait. Le virus se multipliait, il fallait agir. Seul l'AZT était disponible. C'était une chance. Avant, il n'y avait rien. Une chance et un cauchemar. Ce médicament était très agressif. J'ai vomi pendant un an à me tordre, je me suis cachée, je suis retournée vivre chez mes parents. Quand notre vie vacille, nous retournons vers ceux qui l'ont créée.

En sortant de l'hôpital, j'étais triste, pire que ça même, désespérée, enragée, mon sac était déformé par ces boîtes d'AZT aux comprimés énormes que mon père pilait. Le médecin avait bien insisté : non seulement les effets secondaires étaient lourds, mais il n'y avait aucune garantie que ça marche…

Je rentrais à la maison, à pied. Il faisait nuit. J'ai pensé comme je l'ai fait plusieurs fois dans ma vie : « Si ça ne marche pas, je pourrai toujours me suicider. » Il pleuvait fort. Comme dans les films, la météo était raccord. Le goudron trempé reflétait les néons. Dans la rue, il y avait des panneaux publicitaires éclairés. Tous montraient cette campagne pour une marque de luxe avec sa nouvelle muse. Je la connaissais bien. Nous avions presque le même âge. Chanteuse et comédienne, elle se trémoussait sur l'affiche en faisant l'oiseau. Tous les cinquante mètres, je la voyais avec ses plumes et son sourire ingénu, elle était partout, sur le trottoir, sur les murs, sous les abribus... Elle m'avait remplacée dans un film pour lequel j'avais répété pendant des mois. La pauvre n'y était pour rien. C'était moi la naïve, la pauvre petite Charlotte avait confié au metteur en scène pour me rapprocher du personnage que j'étais séropositive... La jolie muse sur l'affiche avait tout, la santé, le succès, la fortune, la grâce... Amour, gloire et beauté. Moi, j'avais l'AZT. Au bout de quelques panneaux, j'ai craqué. Avec le bout chromé de mon parapluie, j'ai défoncé l'affiche, j'ai volé dans les plumes de la muse. Je me souviens, c'était du plexiglas. J'étais surprise, ça résistait, mais je m'acharnais. On aurait dit une folle. À cet instant, je l'étais. Je voulais pulvériser l'oiseau et n'ai fait qu'un petit trou. J'ai ri et hurlé, j'ai couru.

Voilà ce que peut faire Charlotte Sombre.

Quand un amoureux dont j'étais ivre m'a ignorée, plongée dans le silence le plus complet du jour où je lui ai avoué mon secret, j'ai pété les plombs. C'était insupportable d'être ainsi méprisée, niée. Je criais dans la rue : « Je ne suis pas une merde ! », les passants se retournaient. De nouveau, j'étais enragée, folle. Quand notre souffrance est trop vive, on se déconnecte du réel. C'est le principe de la folie. J'ai glissé dans sa boîte aux lettres des excréments. Je voulais que cet homme, si propre sur lui, comprenne, en saisissant son courrier, ce qu'il m'avait fait penser de moi-même.

Sous un ciel radieux, lors d'une réunion familiale d'été, le spectacle de ma cousine, très blonde, mariée à un jeune homme bien élevé, fortuné, qui n'avait d'yeux que pour elle, entourée de leurs quatre enfants parfaits, m'est devenu insoutenable. Tout à coup, j'ai vu rouge. Finis le bleu du ciel, le bleu marine, le blond. J'avais envie de la gifler, de tous les gifler. Ma main tremblait. Je me suis échappée. On a pensé que j'avais fait ma « star ». Pas du tout, je souffrais. Le spectacle du bonheur parfois m'enrageait.

C'est bien la souffrance et rien d'autre qui corrompt l'âme des hommes. Quand on souffre, on fait n'importe quoi. On se détruit, pour que meure la souffrance.

Charlotte Sombre s'est calmée, je vous rassure. Sa folie est passagère. Je suis parfaitement connectée au réel. Mais Charlotte Sombre est en moi pour toujours. C'est ainsi. Et je l'aime parce qu'elle en a bavé. Elle a, comme on dit, des circonstances atténuantes. Nous en avons tous. Je la rassure autant que je peux. Je l'écoute, je l'apaise. Elle aussi a fait de son mieux. Ç'aurait pu être pire.

« Ce qui ne tue pas rend plus fort », ça rend méchant aussi, ça rend con, amer, égoïste, sombre…

Avec le temps, la connaissance, ma volonté, mon *optimisme vrai*, avec l'acceptation de qui j'étais, j'ai fait grandir ma part lumineuse, d'amour et de zen. Mon but n'est pas d'être idéale ou sainte, juste de vivre mieux, plus longtemps, sereinement avec les autres.

La pauvre petite Charlotte

Avec Charlotte Sombre, la pauvre petite Charlotte n'est pas du tout optimiste vraie !

C'est la cousine bretonne de Calimero, ce poussin noir désemparé. Elle aussi a longtemps vécu en moi et elle est toujours là. Elle disait :

« Je n'ai pas de chance... C'est vraiment trop injuste ! »

« Le sort s'acharne contre moi... »

« Je suis maudite ! »

« Je suis seule et divorcée... »

« Le cinéma et la télévision m'ont fermé leurs portes à jamais... »

« C'est normal qu'on ne s'intéresse pas à moi, je suis nulle... »

« J'ai un gros ventre, un cou de bison et les dents jaunes... »

« Tout le monde réussit sauf moi... »

« Marion Cotillard n'attrape même pas la grippe ! »

« J'ai encore raté ma quiche ! »

« Et mon lave-linge *made in China* qui vient de me lâcher, quelques jours après la fin de garantie que j'ai mis des heures à retrouver. Pas de bol... »

« Et ce mec sur Meetic qui m'a plantée... décidément, c'est trop injuste ! »

« Cette vie n'est pas pour moi... »

Contrairement à Charlotte Sombre, la pauvre petite Charlotte n'éprouve aucune colère, elle est simplement abattue, elle rend les armes, elle pleure sur son pauvre sort comme une Madeleine.

Il est arrivé plein de choses à la pauvre petite Charlotte.

Ces dernières années, je l'ai envoyée en voyage à l'autre bout du monde pour qu'elle ouvre les yeux. Elle revient régulièrement me faire un coucou, elle ne peut pas se passer de moi. C'est normal, on a vécu tellement longtemps ensemble. Quand elle a besoin de s'épancher, je lui souris en patientant. Elle ne dit pas que des bêtises. C'est vrai que parfois le sort s'acharne. Et alors ?

Pour la calmer, j'ai essayé de lui faire comprendre qu'il y avait dans le monde ou dans notre rue toujours plus malheureux que soi, mais ça ne marche pas. Parce qu'au fond, la pauvre petite Charlotte, elle s'en fout des autres. Ce n'est pas parce que la faim dans le monde existe qu'elle n'a pas le droit d'être malheureuse. Tout est relatif. On voit midi à sa porte, pas sous les tropiques.

Ce qui calme la pauvre petite Charlotte, c'est de l'écouter, c'est mon « accueil émotionnel » bienveillant, sans la juger. Si je l'ignore ou la refoule, elle revient plus forte encore, car c'est une entêtée. J'ai ma technique pour l'amadouer, j'abonde un peu dans son sens et je sors mon « Mais ! ». Puis je fais parler Charlotte Love ou Charlotte Cortex : « Oui, la vie est dure, mais elle est aussi changeante, fascinante, complexe, superbe… Regarde ta vie, ma pauvre petite Charlotte, tu ne t'en es pas si mal sortie ! Et ce n'est pas fini… Le sort s'acharne mais la roue tourne et nous pouvons l'aider à tourner… »

Et Charlotte Clown bondit. Elle sort de son chapeau un proverbe chinois, longtemps inscrit sur mon frigo : « Tu ne peux pas empêcher les hirondelles du malheur de voler au-dessus de ta tête, mais il ne tient qu'à toi qu'elles ne fassent pas leur nid dans ton chignon ! »

Je ne fais que des brushings.

Charlotte dans les nuages

Cette Charlotte-là est très présente en moi. C'est ma part rêveuse, idéaliste, spirituelle. Elle pense et chante dans sa salle de bains :

« Un jour, mon Prince viendra… Robbie Williams m'épousera ! »

« Un jour, j'aurai un Oscar ! »

Charlotte dans les nuages fait beaucoup rire Charlotte Cortex.

« Un jour, toutes les maladies seront vaincues. Les hôpitaux deviendront des thalassos ! »

« Bientôt, je retrouverai mon corps de jeune fille. »

« Je gagnerai au loto ! »

Charlotte Cortex rétorque que j'ai une chance sur 26 millions et que cette arnaque d'État qui fait rêver et ruine les pauvres gens devrait redistribuer beaucoup plus d'argent.

Charlotte dans les nuages rêve encore :

« Maman, tout là-haut, veille sur moi… »

« Qu'y a-t-il tout en haut des nuages ? »

« Mes rêves me font vivre… »

« Je rêve d'écrire, de refaire l'actrice, de chanter… »

Marguerite Duras, dont j'aime les livres, détestait ce mot : « rêver ». Forcément, ça m'a interpellée. Je comprends son point de vue. Comme moi, elle était attachée à la réalité des choses. Les rêves étaient des pièges vides, le contraire de la vie.

Il ne s'agit pas de passer sa vie à rêver.

J'aime les rêves réalistes. C'est cela être optimiste vrai. Je rêvais d'écrire un livre qui puisse aider. Je l'ai fait.

Je rêvais de retravailler dans une série télévisée. C'est arrivé. Je rêvais de trouver l'amour… de moi-même. Je l'ai trouvé.

Je rêvais d'un enfant. Je l'ai eu.

Je rêve de chanter, je le ferai.

Charlotte dans les nuages veut aussi la paix dans le monde, du plus profond de son cœur, comme Miss France. C'est naïf mais sincère.

Au fond de moi, je sais que c'est possible, juste une question de temps. En fait, nous ne souhaitons que cela. Vous connaissez la théorie des papillons, dont le battement d'ailes peut faire trembler le monde ?

Battons des ailes ensemble avec Charlotte dans les nuages !

Elle croit aussi au merveilleux, à un dieu, aux anges. Surtout depuis son expérience de mort imminente.

Charlotte dans les nuages ne nomme pas Dieu, ne lui prête pas d'habits ni d'écrits, elle réprouve les religions tueuses, mais elle croit dur comme fer en un dieu, une force supérieure, invisible, créatrice, chef de toutes les âmes humaines.

Charlotte à la framboise

Finissons par le dessert. Charlotte à la framboise, c'est ma part gourmande, la croqueuse de vie, la jouisseuse, l'amoureuse de l'instant présent.

Charlotte à la framboise a fait une consommation abusive de chouquettes fraîches. Quand elle est déprimée, elle peut se vendre pour un paquet de Petit Écolier qu'elle ingère en un temps record, éparpillant autour de son lit les emballages vides avec un plaisir transgressif de ménagère en burn out.

Charlotte à la framboise fuit les blancs de poulet et toute cuisson vapeur. Faut que ça fonde ou que ça croque. La vie est un délice sucré.

Quand elle décide de succomber, elle le fait toujours avec plaisir, sans la moindre culpabilité. Quoi que vous mangiez, faites-le avec plaisir.

Charlotte à la framboise n'aime pas, elle jouit, elle est sensuelle. Entre l'amour incertain et le plaisir garanti, elle a choisi.

Quand sa psy lui a dit que ses petites boulimies comblaient un manque affectif en reproduisant des rituels rassurants de l'enfance, elle a éclaté de rire.

Elle aime les caresses et les baisers. Elle enlace ses chats et embrasse plus que de mesure sa fille qui l'envoie balader. Mais Charlotte à la framboise, comme la pauvre petite Charlotte, est entêtée. Elle revient inlassablement, comme la marée, quémander des baisers.

Charlotte à la framboise déguste la vie à la recherche permanente du plaisir immédiat.

En cas d'excès, Charlotte Cortex et Charlotte Stress parviennent à la raisonner. Il faut alors trouver un compromis entre viande maigre et Häagen-Dazs et faire des efforts pour rester en bonne santé.

Charlotte Clown vient à la rescousse de Charlotte à la framboise en racontant une histoire : un homme qui aimait les femmes, le bon vin et le tabac alla trouver le médecin, car il voulait vivre cent ans. Il entendit l'évidence :

« Ne fumez plus, ne buvez plus et calmez vos ardeurs ! fit le docteur.

— Et je vivrai cent ans ? dit l'homme, prêt à ces sacrifices.

— Pas sûr, mais ça vous paraîtra tout aussi long ! »

Laissons conclure Charlotte Zen et Charlotte Cortex. La vie est ainsi, un compromis permanent entre plaisirs immédiats et bienfaits différés. Une vie sans volonté a peu de sens, une vie sans plaisir non plus. Jouissons et faisons des efforts pour plus tard.

Un jour, j'ai écrit toutes ces femmes en moi et, devant le miroir, je les ai nommées. Les yeux dans les yeux, j'ai déclaré : « Je suis toutes ces femmes, c'est comme ça. C'est. J'aime et je respecte la personne que je suis. J'aime toutes ces femmes en moi qui font de leur mieux, inconditionnellement et sans exception. »

Seul l'amour inconditionnel nous répare. Pas de diététique en amour, il doit être entier, jamais morcelé, pas demi-écrémé.

L'amour de soi est formidable. Rien ne lui résiste. Le mépris, la honte et la culpabilité fondent comme un ice-cream au soleil.

Tant mieux, car de quoi sommes-nous vraiment coupables ?

Qui peut me dire ? De rien, je vous l'assure.

Alors sourions, aimons, avançons.

34

Aimer notre corps, ce vaillant chevalier

Nous habitons notre corps
bien avant de le penser.

Albert CAMUS

Je pourrais écrire un livre entier sur les affres de mon corps et ce que je ne supportais pas en lui. Tout d'abord, qu'il me rappelle ma maladie. Mon corps a commencé à changer avant ma greffe cardiaque. Épuisée, je perdais toute forme, j'étais très amaigrie, un Modigliani.

Le joyeux cocktail de médicaments que j'ai dû prendre jusqu'à ce jour m'a tout simplement déformée. C'était le prix à payer de ma survie, je l'ai fait volontiers.

À tous les êtres dont le corps reste marqué par la maladie, je déclare : vous êtes une œuvre d'art ! Un Picasso, un Botero, une Vénus de Milo, une interprétation unique de la vie. La beauté illustre n'est jamais dans la norme. Réjouissez-vous de ce corps vaillant, nouveau, vivant.

Nue, je ressemble à une grosse grenouille, et alors ? Je m'en fous ! La beauté naît d'abord dans le regard. Et je me trouve canon !

Au temps des chevaliers, la valeur d'un homme tenait au nombre de ses cicatrices. Les corps intacts étaient vains, sans saveur. Les balafres n'effrayaient pas, bien au contraire, Joffrey de Peyrac éblouissait. La chair entaillée était la preuve de luttes gagnées. La fougue sert au combat comme au lit. Le courage était sexy. Il le reste. C'est émouvant un corps qui s'est battu.

Aux amazones qui ont perdu un sein dans la bataille, je dis : « Bravo mesdames, vous êtes formidables ! Quel courage et quelle chance ! Vous pouvez désormais reconnaître les vrais amoureux… Votre corps est façonné par la victoire et si vous vous approchez tout près du miroir, vous apercevrez, au fond de votre regard, une fierté nouvelle qui brille comme un trophée. »

Mon corps a sûrement perdu de sa féminité, pourtant je me sens plus femme que jamais. Aimante, généreuse et résistante. La féminité doit tenir à l'âme plus qu'aux formes.

La beauté de mon corps et le désir qu'il peut susciter m'importent infiniment moins que sa santé.

Depuis quelques mois, j'ai le bonheur de connaître des bouffées de chaleur. Alors ça, c'est le pompon ! Ça part du bas du ventre et ça remonte, la cocotte-minute se met à bouillir et la vapeur s'échappe à la base du cou. Je m'évente avec ce que je trouve, je deviens muette et ne tiens plus en place. Cette semaine, au restaurant, c'était infernal. Je cherchais autour de moi un chauffage responsable en interrogeant la table :

« Vous avez chaud, vous aussi ?

— Non…

— Ah bon, ça doit être moi… »

Quelques secondes plus tard, sous l'effet d'une autre bonne vieille bouffée :

« Mais là, en ce moment, sérieux, vous avez chaud ?

— Non, il fait bon.

— Alors c'est vraiment moi… C'est dingue, ce truc !

— Quoi ?

— Rien… »

Un jeune acteur craquant et compatissant a fait un trait d'humour :

« C'est mon magnétisme, ma Chacha !

— Oh, tu es chou ! Alors c'est torride… »

Il paraît qu'avec le temps, rien ne s'arrange. Mais vous voulez que je vous dise, je m'en fiche, je m'en tamponne le coquillard avec une feuille de houx !

Je suis heureuse de vieillir. J'en ai rêvé. Et j'aime mon corps comme il est.

Si je veux l'embellir, je le fais, mais je ne le critique jamais. S'il est moche, gros, vieilli, ce n'est pas sa faute. Tout est dans le regard et je me mate avec les yeux de l'amour.

Être obsédé par nos prétendus défauts revient à mépriser notre corps, à le morceler.

Aimons notre corps tel qu'il est, tel qu'il devient, avant qu'il ne se rebelle comme un enfant délaissé.

Répétez après moi : « J'aime la personne que je suis et chaque cellule de mon corps ! »

J'en prends le plus grand soin. Il est mon compagnon, je l'aime et je le lui dis. Cela vous fait sourire ? Je vous comprends. Essayez simplement d'incarner mon conseil, juste un instant, faites vivre ces mots avec sincérité : « J'aime la personne que je suis et chaque cellule de mon corps. » Que ressentez-vous ?

J'ai véritablement pris conscience de mon corps, « je l'ai pensé » comme dit Albert Camus, pour la première fois pendant ma rééducation post-greffe. Je le voyais se battre avec courage, obéir aux ordres, avancer pas à pas en s'agrippant à la rambarde, supportant mes cris, mes humeurs. Et pourtant il est toujours là, changé bien sûr, mais en vie.

Pour cela, je le remercie. Chaque jour. Non seulement je parle toute seule, mais je m'adresse aussi à mon corps, le soir ou le matin, en massant mon ventre rond, mes bras, mes cuisses ou en démaquillant mon visage avec patience et douceur.

Je remercie mon corps de se battre pour moi à chaque instant. Je lui dis qu'il est mon chevalier. Que ferais-je sans lui ?

Pour le récompenser, je lui fais du bien. Je l'entretiens, le nourris, le vivifie. Je fais de l'exercice, dans la mesure de ce qui m'est permis, je me détends, je médite, je marche et je m'organise régulièrement des rituels de bien-être.

Mon rituel du bain

Un rituel de bien-être, c'est se faire du bien, rien que du bien, concrètement, physiquement. C'est le décider, le planifier, s'en réjouir et s'y tenir. Prendre quelques minutes, une heure, de temps en temps ou de manière régulière, ce que je préconise, pour récompenser son corps, et donc soi-même !

Chaque semaine, par exemple, j'ai mon rituel du bain. En ce moment, la mode, c'est la douche, ça fait moderne, femme active qui n'a pas le temps de se prélasser. Je prends des douches aussi, mais j'adore me prélasser. Rien n'est meilleur. L'art de ne rien faire, de temps en temps. Après l'action, goûtons au réconfort, au délice de la passivité.

Nous sommes souvent pressés, nous nous agitons pour donner du rythme à notre vie, mais... Prenons le temps de nous prélasser. Ce mot même sonne comme un péché. Peut-on faire une pause sans se sentir coupable ? Décidez-le, nous disposons tous d'« une minute à soi ».

Mon rituel du bain est un vrai délice, très accessible, je l'organise chez moi, pas dans un spa.

Je commence par mettre un peu de musique dans le salon qui résonne à travers le mur. Je place à côté de la baignoire un pot de thé glacé parfumé, préparé du matin. Je ferme la porte à clé en laissant le vasistas entrouvert pour ressentir un filet d'air frais. Je fais couler mon bain, pas trop chaud, avec un peu de mousse et quelques gouttes d'huile essentielle bio. C'est bon marché et agréable, lavande aspic ou eucalyptus, dix gouttes au maximum pour ne pas se brûler les fesses. J'allume une bougie *made in France*, pas fabriquée en Chine, inodore pour ne pas polluer l'air, qui forme la seule lumière. J'aime ses reflets mouvants jaune-orange, brun clair projetés dans l'ombre. Puis, lentement, doucement, je me plonge dans ma petite mer tropicale en pleine ville.

Pendant quelques minutes, je sors du temps, du bruit et de la lumière électrique. Dans la pénombre, j'écoute l'eau qui ruisselle sur mon corps. Je me détends. Profondément, la tête légèrement en arrière. Je pense, je rêve, puis je ne pense plus. Je glisse dans l'eau jusqu'à immerger mes oreilles. Et là, j'écoute le plus doux des concerts, les battements de mon cœur. C'est clair, comme au bout d'un stéthoscope. Les yeux fermés, je joue ma petite musique, sourde et lancinante. J'habite mon corps vaillant et déguste son repos.

Essayez le rituel du bain ou tout autre rituel que vous inventerez avec pour seul objectif, votre bien-être corporel.

Vieillir...

« La vieillesse est un naufrage. » Cette affirmation de Chateaubriand, reprise maintes fois, est une nouvelle qui réjouira tous les gens de mon âge et plus ! C'est bien dit mais c'est faux. Je ne suis pas embarquée sur le *Titanic*. J'éprouve même un certain plaisir à vieillir. Je m'agite moins, je suis plus attentive, plus observatrice, plus sage, plus philosophe, plus vraie. N'est-ce pas au fond être plus vivante ?

À quelques mois de mon demi-siècle, j'affronte clairement les signes du temps. Ma peau s'affine et se strie. Je plisse de toute part, l'éventail se referme.

Plus jeune, on me disait jolie. Je n'entends plus ce mot et me console avec cette citation de Proust : « Laissons les jolies femmes aux hommes sans imagination. »

Je rêve de devenir une vieille dame et à la fois, en femme coquette, je mentirais si j'écrivais que les signes de vieillissement me réjouissent. Disons que je les accepte, je fais avec, de bonne grâce, et j'en ris ! Je me moque sincèrement de mes poils rebelles, de mes muscles qui fondent et de mes fesses plates comme des crêpes. Pourtant, je vous assure que mon fessier avait l'arrondi velouté d'un abricot d'été. Il en a fait tourner des têtes ! En vérité, les quelques hommes de ma vie motivés par leur seul désir charnel m'ont peu apporté.

Physiquement, il me reste quelques atouts dont je ne me prive pas de faire la liste : ma crinière naturellement sans cheveux blancs, ma poitrine entre Samantha Fox et Maïté, et une certaine vivacité, un reste de ciel dans le regard.

Stoppons la flagellation, mettons en avant nos atouts !

Parfois, Charlotte dans les nuages qui n'est pas très sage rêve de métamorphose et Charlotte Stress a vraiment peur de perdre toute séduction…

L'autre matin, je regardais ce téléshopping américain, mal doublé mais bien ficelé. Il faut les voir, ces Américaines vitaminées, reines du shopping, qui crient sans cesse « yes ! », « great ! », « amazing ! », « buy now ! ». Le show est incroyable. À côté, enrobée voluptueusement dans ma couette sans volonté, je me sens « *big* limace », faune de Burgess, ravioli vapeur... Coupable, j'écoute la bonne parole, fascinée par ces images incessantes dont la seule vision m'épuise. J'observe la femme blonde au corps de rêve moulé dans un body fluo. Je pense à son âge, à ce qu'elle mange, à sa vie. Se nourrit-elle de graines comme la belle Arielle Dombasle ? Quel est son secret ? Ce matin, elle vante un super-mixer, une centrale vapeur qui lui fait les joues rouges et surtout, objet de toute ma convoitise, une ceinture miracle. Pendant qu'elle cuisine et repasse, Abdoboost sculpte son ventre par des stimuli électriques provoquant sur son visage lisse un léger rictus qu'elle enrobe d'un beau sourire blanc.

Mais c'est formidable ! On n'a qu'à mettre sa ceinture et vaquer à ses occupations. Je craque et brandis ma carte bleue. J'achète Abdoboost payable en trois fois en résistant à la téléopératrice, elle aussi vitaminée, qui veut me vendre le pack duo : ceinture + centrale. Je veux les abdos de la fille en body ! Pour le pressing, on verra plus tard.

Livrée en 48 heures, directement de Chine, ma ceinture n'a pas l'air bien solide. La notice est incompréhensible. Pas grave, je me harnache et je branche.

Je n'ai jamais réussi à régler correctement l'intensité des décharges. C'était à fond tout le temps. Enfin sept minutes exactement, de pure torture... Je faisais des bonds tel Zébulon dans l'appartement. Comment cette femme pouvait-elle cuisiner et repasser en étant électrocutée toutes les trois secondes ? Le mystère reste entier. À chaque stimulus, j'effrayais mes chats avec d'incontrôlables cris. Même mes voisins se sont inquiétés. Toc, toc à la porte.

« Tout va bien, Charlotte ?

— Oui, oui, c'est... Abdoboost ! »

Le summum a été atteint quand en relisant la notice j'ai vu écrit en gros : « No pacemaker ».

J'ai hurlé, arraché ma ceinture, gardé mon ventre, préservé mon petit cœur et mon système nerveux.

Que puis-je dire sur le vieillissement qui soit optimiste et vrai ?

Vieillir, c'est d'abord continuer de vivre. Personne ne veut mourir jeune et belle comme Marilyn Monroe.

Le charme ne vieillit pas. Si le désir physique s'émousse, et c'est tant mieux, nous n'allons quand même pas passer notre vie à nous pourchasser, le désir de bienveillance, d'avoir un « aimant » plus qu'un amant devient plus intense. Il y a là, je crois, une voie, un espoir.

C'est qui le chef ?

Quand j'ai « pensé mon corps » dans un contexte de rééducation, j'ai eu une fulgurance. Je m'en suis entretenue avec les plus grands professionnels de santé, dont aucun ne m'a contredit. La voici.

Quand vous approchez de votre bouche votre dessert préféré, que se passe-t-il ? Elle s'ouvre. Mais comment ? Qui a donné l'ordre aux muscles des mâchoires et de la langue de s'activer ? Notre cerveau. Pour faire court, nous envoyons à notre corps des signaux électriques ultrarapides, en permanence et sans en avoir conscience, qui animent nos muscles. Notre corps compte 100 000 milliards de cellules qui veillent chaque jour à son bon fonctionnement et à sa défense. Elles sont mues par des flux, des signaux, mais qui les commande ? Qui ordonne à mon pancréas de bien sécréter ? Qui félicite mes globules blancs d'être de bons guerriers ? Personne. On laisse faire la nature et on pense à autre chose. Ça roule tout seul. Ah bon ? Connaissez-vous sur cette terre un organisme humain qui « roule tout seul » ? Ces impulsions qui viennent d'en haut, ces signaux positifs que la vie est belle, ces ondes de zen, l'information consciente que les dangers sont éloignés et la motivation générale de mon métabolisme, qui les transmet ? Personne. Je voudrais parler au responsable de mes ressources humaines ! Désolé, madame, il est occupé à d'autres pensées…

Mon corps était une armée de 100 000 milliards de cellules sans chef. J'ai ressenti une sorte de vertige. On laisse notre corps se dépatouiller tout seul alors que nous disposons dans notre boîte crânienne d'un organe à la puissance sans pareil…

Action ! Je vous rassure, je ne fais pas l'appel tous les jours de mes organes vitaux. Mais j'envoie à mon corps, ce vaillant chevalier, des messages profondément positifs, reconnaissants, motivants.

Essayez, c'est génial de parler à son corps, d'y penser très fort. Les yeux fermés, lors de séances de relaxation profonde, vous pouvez visualiser vos flux sanguins, aériens et les mouvements de votre corps. Vous vous concentrez sur votre cœur, vos poumons ou sur toute partie sensible, et vous invitez tout votre corps à les aider.

Je vais vous faire une confidence : à l'exception des quelques pathologies expliquées dans ce livre, je ne suis jamais malade ! Je n'ai pas de bronchite, ni de rhume, ni de grippe, ni d'angine, ni quoi que ce soit d'autre.

Alors, je vous invite, sans rire, à consacrer un peu de temps « à penser votre corps ». Devenez le chef de votre belle armée.

35

Faire le vide en soi

De la méditation naît la sagesse.

BOUDDHA

Tout le monde parle de méditation. À raison. C'est formidable !

Je l'ai découverte il y a longtemps avec Sophie, ma sophrologue providentielle. Puis je l'ai abandonnée quand Sophie est partie, j'étais trop agitée, préoccupée pour méditer seule, et je n'étais pas prête, à vrai dire ça me barbait !

J'ai repris la méditation il y a quelques années et je ne peux que louer ses bienfaits.

Je la pratique plusieurs fois par semaine pendant une durée qui va de dix à trente minutes.

Méditer m'offre une pause, tout simplement, en dehors de tout, du temps, de l'espace où je me trouve, loin de moi-même. Méditer, c'est arrêter de penser, se remplir d'un vide salutaire, « faire le vide en soi pour capter d'autres plénitudes », dit joliment Maryse Elot.

Je laisse faire l'univers

C'est le lâcher-prise total. C'est ma trêve. « Débranche, débranche tout ! » chantait notre France Gall.

La clé est dans ce « tout ». Ne jamais faire les choses à moitié.

Quand je médite, je deviens un simple organisme vivant, un procaryote en apesanteur.

Je dépose les armes, je ne vibre plus, je ne pleure plus, je ne ris plus, je me concentre sur la forme la plus simple de la vie, un souffle, un battement de cœur et je laisse faire l'univers…

Tout s'éloigne de moi. Je ne suis plus Charlotte Valandrey, plus mère, plus fille, plus femme, je n'ai plus rien à faire, rien à penser, plus de passé, de futur, je n'ai qu'à être, qu'à vivre l'instant dans sa forme la plus naturelle, légère, essentielle.

Méditer m'apporte du bien-être, de l'énergie, du repos physique et cérébral, avant de reprendre ma course. C'est une pause presque indéfinissable. Quand je médite, je m'en vais ailleurs, dans un espace où il me semble entendre mon âme, comme quand j'étais enfant.

Il est scientifiquement prouvé que méditer renforce notre système immunitaire. Ça rallonge nos télomères ! Ne me demandez pas ce que c'est précisément, c'est au niveau des chromosomes, un signe de longévité. Plusieurs médecins me l'ont confirmé.

Je ne vais pas vous expliquer comment méditer. Faites-le à votre façon. Il y a des livres documentés pour cela, mais mieux encore, de même qu'on n'apprend pas le tango en lisant, de même je vais vous livrer mon secret.

Je ne peux pas méditer chaque jour avec une sophrologue de qualité, or j'ai besoin d'une présence, d'une voix…

Possédez-vous un smartphone comme une majorité de Français ?

Savez-vous le relier en Bluetooth à une enceinte ? Renseignez-vous, si j'y suis arrivée, c'est facile. Sinon, branchez vos écouteurs et téléchargez d'urgence l'application Petit BamBou. Je n'ai pas pour habitude de faire de la publicité, mais vraiment, c'est génial. Vous n'avez qu'à vous laisser porter, à écouter la douce et vraie voix de la jeune femme ou du jeune homme qui vont vous accompagner dans votre initiation ou votre perfectionnement à la méditation. Les dix premières séances sont gratuites, puis il y a un forfait illimité moins cher qu'une seule séance de sophrologie. Je médite avec Petit BamBou ! C'est pratique, rapide, concis, à la carte, bienveillant, extrêmement bien écrit, remarquable de justesse. Vous recevez des mails réguliers d'encouragement, vraiment, pour moi, c'est une découverte.

Essayez. Juste une fois et voyez par vous-même.

Ma relaxation

Si j'ai besoin d'une pause, sans pouvoir méditer, sans Petit BamBou, je me détends, profondément, selon ma technique.

Il est nécessaire de se relaxer comme il est nécessaire de dormir.

Sans aller jusqu'à l'état méditatif, tout le monde est capable de se laisser aller profondément, tout en restant conscient.

Pour cela, il est nécessaire de s'asseoir confortablement ou de s'allonger dans un endroit apaisant.

Si vous le souhaitez, vous pouvez mettre un cadre horaire à votre relaxation.

Assis ou allongé, commencez par fixer un point dans la pièce ou dans le paysage. Regardez ce point sans arrêter et concentrez-vous sur votre souffle. Respirez le plus lentement et le plus profondément possible. Effectuez dix respirations royales. Inspirez par le nez, expirez par la bouche.

Concentrez-vous sur votre souffle, ressentez l'air aller et venir en vous.

Pensez : « Je m'autorise à me détendre, je me laisse aller, je lâche prise, mes mains sont ouvertes, mes paumes à plat, je suis bien. »

Continuez de fixer le même point, puis remarquez du coin de l'œil tout ce que vous apercevez en le nommant mentalement : le haut de la fenêtre, un cadre, un meuble, le dessus du lit ou un paysage. Nommez tout ce qui est à la périphérie de votre vision fixée sur le point. Continuez cet exercice en répétant intérieurement tout ce que vous voyez sans jamais quitter votre point des yeux. Puis essayez de visualiser tout à la fois, sans modifier votre regard. Cet exercice mental va faire « bugger » votre cerveau, c'est très agréable. Vous allez lentement fermer les yeux en ressentant comme un frisson de bien-être.

Une fois les yeux fermés, pour approfondir votre état de détente, vous allez vous concentrer sur les sons que vous percevez : la rumeur de la rue, un chant d'oiseau, le tic-tac d'un réveil, votre cœur, votre souffle... Mentalement, nommez ces sons, un à un, puis essayez de tous les percevoir en même temps. Portez votre attention sur tous ces sons à la fois. De nouveau, votre cerveau va « bugger », comme nous l'avons déjà fait de manière visuelle, car il est incapable de se concentrer sur plusieurs choses à la fois. Et vous allez entrer dans un état de détente plus grand encore.

Pendant tout le temps de votre relaxation, continuez de respirer lentement et profondément.

Dans votre relaxation, effectuez un « balayage corporel ». Promenez votre esprit de vos pieds au sommet de votre crâne et inversement en nommant les parties de votre corps que vous rencontrez. Au passage, autorisez, par votre esprit, chacune de ces parties à se détendre, profondément.

Quand la sensation de bien-être apparaît, concentrez-vous sur quelques mots aidants que vous choisissez à l'avance, affirmatifs, au choix selon votre envie.

Personnellement, j'utilise souvent les mots « confiance », « enthousiasme » ou « je vais bien ».

Fixer un point, respirer en maîtrise, peut se faire n'importe où. Votre niveau de relaxation sera différent, mais vous pouvez appliquer ces techniques où et quand vous le voulez. Je le fais dans le bus, dans l'avion, en voiture (quand je ne conduis pas bien sûr !), dans une salle d'attente… Évitez de méditer dans tout lieu qui réclame votre attention, dans la rue par exemple, si vous ne souhaitez pas embrasser un panneau de signalisation.

L'ancrage

Dernier conseil, l'ancrage. Nous sommes concrets avant d'être mentaux. « Nous habitons notre corps avant de le penser. »

Lorsque vous parvenez à atteindre un état de détente satisfaisant, effectuez au même instant un mouvement des mains, exercez une pression. Personnellement, je joins le pouce et l'index de chaque main pour former une sorte de rond, comme un œil, selon un rituel zen.

Joignez fort vos deux doigts ou exercez une vraie pression avec vos mains en effectuant le geste de votre choix, en conservant votre état de relaxation. Ce geste simple va associer la pression de vos mains à votre état intérieur. Vous allez effectuer ce que l'on nomme un ancrage de cet état. L'intérêt de cette pratique, en reproduisant ce geste dans un autre contexte, est de retrouver instantanément l'état intérieur de bien-être auquel vous l'avez associé. Répétez cet ancrage à chaque séance de relaxation pour le renforcer. Ce geste deviendra comme un interrupteur corporel ; il déclenchera votre bien-être et vous rappellera cet état qui reste en vous.

Je pratique l'ancrage depuis des années. Si vous me voyez, index et pouces joints, c'est que j'ai besoin de retrouver dans l'instant un état de calme, de sérénité, si essentiel à ma vie.

36
Mon décor zen

Là, tout n'est qu'ordre et beauté,
Luxe, calme et volupté.

Charles BAUDELAIRE

Quelques mots sur ma chambre. Important, car elle est le lieu principal où je me relaxe et médite. Elle n'a rien de spécial, elle est de taille standard et donne sur l'immeuble d'en face. Elle n'est pas « luxueuse », mais mieux que ça, elle me plaît. J'ai été dans des palaces et n'ai jamais aussi bien dormi que dans ma chambre.

Un matin, en l'observant de près, j'ai compris que tout ne m'y plaisait pas. J'ai retiré quelques objets encombrants, dépourvus de sens, déposés là par habitude ou paresse, j'ai changé la disposition des meubles, et j'ai fait de ma chambre un lieu clair, lumineux, chaleureux, simple, rangé, avec des rideaux pour filtrer le jour et, face à moi sur le mur, une grande photo d'une petite fille qui marche sur un fil sous une pluie d'étoiles. J'ai disposé de petites ampoules douces, un grand drap crème pour recouvrir mon lit double, j'ai peint ma vieille commode et j'ai fait de cette pièce anodine un cocon où je me sens bien. Le soir, parfois, j'allume des bougies. Mes chats me rejoignent et s'enroulent sur un coin du lit.

Le reste de l'appartement est plus désordonné, car je vis avec une adolescente, bientôt femme, qui pense à tort que bazar rime avec liberté. C'est faux, il n'y a pas de liberté sans cadre. Je veille au respect de mon petit temple zen et je m'emploie, au quotidien, à convaincre ma fille des bienfaits du rangement.

Je veux bien chercher le sens de ma vie mais pas mon portable dix fois par jour. Je n'étais pas ordonnée, j'étais même plutôt bordélique.

Un jour, j'ai craqué. Ce temps que je perdais, stressée, à chercher mes affaires, mes papiers m'était insupportable. J'ai découvert les bienfaits du rangement, le bonheur des placards ordonnés ! J'ai trié alors que j'entassais. J'ai classé, organisé, un peu chaque jour. J'ai gagné beaucoup de temps. Au début, cela réclame des efforts mais vraiment, ça en vaut la peine. Je me sens mieux, plus en maîtrise, plus sereine. Notre décor est le reflet de notre esprit. Il est notre écrin, notre environnement visuel, sonore, olfactif. Y prêter de l'attention, c'est aussi se respecter.

Si vous avez envie de zen, d'ordre, de calme et de volupté, si votre décor ne vous ressemble pas, agissez. C'est simple, facile, agréable et valorisant.

37

La confiance en soi

Qui a confiance en soi conduit les autres.

HORACE

Horace est ce philosophe et poète romain, enrôlé de force dans l'armée de Brutus avant qu'il ne retrouve la beauté et le pouvoir des mots. On lui doit le fameux *carpe diem*, si essentiel, que je garde à l'esprit pour vivre la beauté, l'intensité et tous les enseignements de l'instant présent : « Cueille le jour sans te soucier du lendemain… »

La confiance en soi occupe les esprits depuis des millénaires et le mien depuis quelques années. Elle est un concept fondateur bien que complexe, immatériel, infini de mon *optimisme vrai*.

Avoir confiance en soi, pour avoir confiance en la vie…

Je vais tenter de me frotter à ce principe vital.

Pourriez-vous, avant de continuer, répondre à cette question : qu'est-ce que la confiance en soi ? Dans quelle mesure avez-vous confiance en vous ? Pourquoi ? Qu'est-ce qui construit votre confiance ? Qu'est-ce qui l'atténue ?

J'attache beaucoup d'importance à tout ce qui vient de soi. Vos réponses à ces questions sont essentielles. Dialoguez avec vous-même pour y répondre avec la plus grande précision, la plus grande vérité. Cela vous aidera.

Ma confiance en moi est un peu comme la météo française, elle fluctue. Mais je ne connais plus d'extrêmes. Je n'éprouve pas d'excès de confiance ni de déficit trop grand. La plupart du temps, j'ai confiance en moi, tout simplement.

Je m'y suis intéressée quand j'ai compris à quel point ce principe, cette énergie étaient nécessaires à mon bien-être, à mon action constructive, à une vie plus sereine et à ma vraie capacité d'aider les autres.

Et quand ma confiance baisse, descend à un niveau critique, je la redresse, car j'en connais maintenant les principes actifs.

La confiance en soi n'est pas l'estime de soi

Il est tout d'abord nécessaire de distinguer la confiance en soi, dont nous avons conscience, de l'estime de soi, qui est inconsciente et nous échappe.

La confiance en soi, c'est croire que nous possédons les ressources nécessaires pour atteindre les objectifs que nous nous fixons, surmonter les difficultés et vivre de la manière la plus heureuse possible.

L'estime de soi, c'est un regard intime que l'on pose sur soi-même, une considération profonde que l'on a pour la personne que l'on est, ou pas.

On peut avoir confiance en soi et une faible estime de soi-même. Cela conduit à des tensions intérieures. On avance en reculant, on zigzague. On voudrait se faire du bien, mais on n'y arrive pas vraiment. Parfois même on s'autodétruit.

Comment connaître l'estime de soi puisqu'elle est inconsciente ?

Si vous constatez que malgré vos efforts, votre volonté consciente, vous avez de réelles difficultés à vivre plus heureux, à atteindre vos objectifs de bien-être, alors une force intérieure vous contrarie. Elle s'oppose à ce que vous recherchez. Cette force, ce courant contraire peuvent provenir d'une faible estime de vous-même.

L'estime de soi est profonde dans la mesure où elle se construit très tôt, dès la petite enfance. Elle dépend de l'amour reçu en grandissant, de notre valorisation et des événements intervenus dans cette période fondatrice de notre vie.

Par définition, notre inconscient nous est inaccessible.

Lors d'un dialogue intérieur de vérité, sans atteindre cette dimension, on peut tout à fait ressentir intimement cette force contraire qui nous empêche d'avancer comme nous le voulons.

Si vous avez le sentiment qu'au fond, derrière les apparences, sous le visage que vous offrez aux autres, un courant contraire vous gâche la vie et mine votre bonheur, alors je vous invite à consulter un professionnel qui pourra vous aider à éclairer votre part inconsciente, à revenir à la base de votre estime de soi pour la renforcer.

Nous pouvons faire beaucoup de choses nous-mêmes, répondre à une majorité de nos questions, mais il est essentiel de connaître nos limites qui sont : accéder à notre dimension inconsciente et surmonter les traumas graves de la vie.

J'ai construit mon estime de soi avec un psy et j'entretiens ma confiance en moi désormais de façon autonome en observant les quelques principes suivants.

Premier principe de la confiance en soi : l'égalité

Personne n'est supérieur ou inférieur, nous sommes simplement différents, uniques et égaux. C'est fondamentalement, constitutionnellement vrai.

Qui peut mesurer qui nous sommes ? Nos qualités ? Nos défauts ? Nos talents ? Nos faiblesses ? Personne. Et pourtant tout le monde essaie, en dépit de notre devise nationale. On ne compte plus les tests, les questionnaires, les critères d'évaluation, toutes ces cases dans lesquelles on doit tenir…

Mais notre âme, notre nature sont des oiseaux rebelles qui n'appartiennent à aucune cage.

Non seulement notre nature n'est pas mesurable, mais elle évolue.

Je suis bien différente de la jeune femme que j'étais. Tant mieux.

J'ai de la valeur et les autres ont de la valeur. Vous avez de la valeur. Ne laissez jamais quiconque vous dire le contraire.

On peut nous reprocher notre comportement mais pas qui nous sommes.

Friedrich Nietzsche, philosophe inspiré, n'est pas plus grand que Monique, ma caissière préférée du Super U. Emmanuel Macron n'est pas supérieur à Neymar. Cette prostituée africaine que j'ai rencontrée porte de la Chapelle n'est en rien inférieure à la femme que je suis.

L'inverse est aussi vrai.

Nos destins, nos cultures, nos responsabilités, nos capacités diffèrent, mais nous avons tous de la valeur.

Quelle que soit la personne à qui vous avez affaire, un chef, un employé, une amie, une caissière, votre idole, votre pire ennemi, pensez : « J'ai de la valeur, tu as de la valeur, j'ai à apprendre de toi, tu as à apprendre de moi. »

C'est un principe actif puissant de notre confiance et de notre communication.

Nietzsche, j'en suis certaine, serait de mon avis. Le philosophe du « surhomme » invite au dépassement de soi-même, pas des autres. Nietzsche a-t-il plus impacté l'humanité que Monique ? Peut-être, mais pas dans mon quartier, ni dans le cœur de ses quatre enfants. Monique me marque tout autant. Et l'impact de Nietzsche sur notre société n'en fait pas forcément un être supérieur à ma Monique. Les gens simples m'ont toujours plus inspirée que les êtres reconnus. Cela doit tenir à leur sincérité, si proche de la vérité qui m'est chère.

Deuxième principe : ne jamais nous dénigrer

Je me remets en question, mais je ne me critique jamais. Je ne dis rien de négatif ou de blessant à mon sujet.

Quand je rate ma quiche, je ne dis pas « quelle conne je fais » ! Je pense que je ne suis pas encore prête pour « Top Chef », mais je ne m'insulte pas. Même pour rire.

Je me respecte pour être respectée et je respecte les autres pour qu'ils me respectent.

Comme chante mon amie Lorie, « je suis *ma* meilleure amie » ! Cette chanson populaire appliquée à soi-même est un vrai challenge. Je suis mon alliée pour la vie, en toutes circonstances, même dans ma cuisine.

Sérieusement, si ce n'est pas moi, qui d'autre ?

J'ai de la valeur depuis ma naissance jusqu'à ce jour, tout le temps, même quand je rate ma quiche ou mon mariage.

Troisième principe :
connaître nos qualités et fêter nos succès

Il y a un exercice que j'aime faire de temps en temps pour booster ma confiance, quand Charlotte Sombre pointe le bout de son nez.

Je réfléchis à mes succès.

La première fois que l'on fait cet exercice, on pense aux succès de notre vie. Puis quand on le refait, on mentionne nos succès obtenus dans la semaine ou le mois.

Qu'est-ce qu'un succès ? Quelque chose que l'on réussit et qui nécessite des efforts. N'allez pas me dire que vous n'avez rien réussi dans votre vie ! Laissez votre « pauvre petite Charlotte » tranquille !

Charlotte Zen et Charlotte Cortex savent très bien ce que j'ai réussi.

J'ai fait quelques beaux films, j'étais bien dans *Les Cordier, juge et flic*. J'ai fait un bel enfant. Et j'ai réussi à vivre.

L'autre soir, j'ai même réussi ma quiche ! J'ai vaincu la malédiction de la quiche plate, qui gonfle un peu et redescend beaucoup. Il faut au moins huit œufs, j'en mettais quatre, avec de la crème, battre longtemps et laisser cuire à feu doux. Pour moi, disciple de Picard, c'est un vrai succès ! Ma fille préfère que je cuisine pour elle, « ça a meilleur goût », dit-elle, peut-être celui de l'amour. Parce qu'il m'en faut de l'amour pour rester dans ma cuisine !

Je réussis à écrire ce livre malgré mon travail d'actrice, un genou qui vacille et ma crainte de ne pas être à la hauteur. J'écris en pensant à vous. Je calme mes idées grises. Je ne sais pas si mes mots auront du succès mais les écrire, aller au terme de cet ouvrage, parvenir à structurer ma pensée pour la partager, est un succès.

Ce matin, à Sète, je me suis levée alors que j'étais fatiguée. Dans la salle de bains, je me trouvais moche, les traits tirés, les rides creusées. Je me suis dit que j'étais belle ! J'ai mis du « trompe-couillon » comme disait ma grand-mère, j'ai souligné mes yeux d'un trait bleu marine et posé sur mes lèvres du gloss brillant. J'ai fait une grimace de clown et un vrai sourire, c'est un succès.

J'ai appris mon texte par cœur alors que j'avais peu dormi. J'ai été aimable avec tout le monde alors que mon genou me faisait un mal de chien. C'est un succès.

À certains moments dans ma vie, me lever de mon lit, me brosser les dents, sourire aux gens dans la rue, étaient des succès. Le soir, je les notais pour me donner du courage.

La liste de nos succès est plus longue qu'on ne le croit. Tous nos succès sont signifiants. Ils ont un impact plus ou moins important, plus ou moins immédiat sur notre vie, mais ce sont des succès, des pierres, des cailloux ou des briques entières qui construisent chaque jour notre confiance et dopent notre capacité d'action. Voilà pourquoi il est essentiel de les reconnaître, de les célébrer.

Faites la liste de vos succès. Commencez par les succès de votre vie, ceux qui vous viennent à l'esprit. Si dans votre recherche vos « échecs » surgissent, souvenez-vous qu'ils sont avant tout des expériences.

Quand vous referez l'exercice – je le fais chaque mois –, vous penserez à vos succès récents, à ces victoires intimes que personne autour de vous ne comprend, mais dont vous connaissez la valeur.

Une fois cette liste dressée, relisez-la, ça fait un bien fou !

Ensuite, seconde étape tout aussi essentielle : écrivez à côté de vos succès les qualités que vous avez utilisées pour les obtenir.

Je prends mon exemple. Pour réussir ma quiche, j'ai fait preuve de patience, de curiosité, de persévérance et d'amour. Oui, il y avait tout cela dans ma quiche aux œufs bio. Je suis une mère aimante. Cela me touche de l'écrire, car je ne l'ai pas toujours été.

Pour jouer dans *Les Cordier, juge et flic*, j'ai fait preuve, je l'espère, d'un certain talent, de patience, d'adaptabilité, de courage quand j'étais malade sans le dire, de concentration, de discipline, de ponctualité, de capacité de travail, d'écoute pour mes partenaires, pour les techniciens…

Recherchez toutes les qualités qui vous ont permis d'obtenir vos succès et notez-les.

Il y a une chose formidable avec les qualités, c'est qu'on ne les perd jamais ! Elles restent en nous, parfois en sommeil, mais elles ne nous quittent jamais. Expliquez-moi pourquoi nous serions incapables de faire preuve de rigueur ou de courage, si nous l'avons déjà fait ?

Si nos qualités sont en repos, à nous de les réveiller ! Elles n'attendent que ça.

Quand vous avez terminé d'écrire la liste de vos qualités, relisez-les !

De nouveau, ça fait un bien fou. Et surtout, tout est vrai. Vous êtes donc capable de succès, vous en avez la preuve.

Quatrième principe : apprivoiser nos fantômes du passé

Définition de fantôme : « Illusion de l'esprit ; personne, chose ou événement qui n'existent plus et continuent de nous hanter ; séquelle imaginaire du passé. »

Définition de séquelle : « Suites, complications plus ou moins graves, tardives ou durables d'une maladie, d'un accident. »

Définition de passé : « Ce qui a été et n'est plus. »

Que reste-t-il de mon passé ? On dirait le titre d'une chanson.

Il me reste des souvenirs, heureux, moins heureux, d'autres flous, des séquelles, des blessures, dont certaines tardent à se refermer, et surtout, il me reste, moi !

On l'oublie, mais je suis mon passé, son souvenir vivant, sa survivante ! Mon passé me constitue, il a façonné la personne que je suis. Enlevez-moi un seul de ces moments, une seule de ces émotions et je serai une autre que moi. Je ne le souhaite pas.

En quoi mon passé affecte-t-il ma confiance ?

Parce qu'elle s'est construite et déconstruite dans mon passé.

Parce que les fantômes, les séquelles de notre passé et la souffrance qui les accompagnent entament et limitent notre confiance présente.

À la lumière de mon *optimisme vrai*, que puis-je faire ?

- Accepter ce passé que je ne peux pas changer.
- Changer mon regard sur lui.
- Penser qu'il est aussi un puits de joie.
- Cesser de me replonger en vain dans mon passé.
- Démasquer certains fantômes, atténuer certaines séquelles en modifiant leur impact sur mon présent.

Voilà un sujet complexe que notre passé, une étendue immense aux contours incertains. Et quand Doris Lessing, prix Nobel de littérature, affirme : « Nous fabriquons notre passé, c'est peut-être la plus grave imposture », je suis touchée et je perds pied... Mais je me reprends vite !

J'ai souffert de mon passé, de ses fantômes. Ma mère aussi. Je l'ai vue périr de mélancolie. Je sais peu de choses du passé de ma mère.

Activiste de la non-souffrance, avec mes propres armes, je suis déterminée à faire un sort à ce passé malheureux qui n'existe plus.

Avez-vous vu ce dessin animé merveilleux appelé *Coco ?* C'est l'histoire d'un petit Mexicain aux grands yeux qui veut devenir chanteur et a besoin pour cela de retrouver ses aïeuls dans le ciel… Formidable conte, imaginatif et juste. À tel point que j'en ai pleuré. La vie de l'autre côté y est montrée. Nos disparus dansent tout là-haut tant que l'on se souvient d'eux.

Le film commence par « le jour des Morts », très joyeux, où l'on célèbre leur souvenir. Chaque famille mexicaine crée un autel composé de fleurs, de bougies, de fruits, de photographies…

J'ai fait cela aussi chez moi en rangeant un jour. J'ai réuni sur mon bureau quelques clichés, des objets, des souvenirs et j'ai allumé quelques bougies.

À côté d'une vieille ordonnance, j'ai posé une lettre d'amour d'un homme disparu, le portrait de ma mère avec son pull marin, une photo de moi enfant sur la plage avec mes cousins, le bracelet de maternité de Tara et un article de magazine que Maman conservait, où l'on me voit aux Césars dans une robe haute couture de Christian Dior…

Après l'avoir composé avec soin comme un bouquet, j'ai contemplé mon autel de fortune, du passé. Tout y était, ou presque. Je passais d'un objet à l'autre en laissant vivre mes souvenirs… Allez-y, prenez-moi, entêtez-moi, car je vais bientôt vous ranger. Je revoyais mon bébé traité contre mon virus… J'entendais Maman jouer du piano… Et, dans mes mains, il y avait du sable et des paillettes… Agacée, bouleversée, j'ai eu la tentation d'y mettre le feu. Puis j'ai eu une pensée pour mes chats, mes voisins et la Matmut. Quand Charlotte Sombre et Charlotte Clown sont parties, je me suis recueillie, j'ai murmuré : « Je t'accepte, mon passé, et je te laisse en paix. » Sur les flammes, j'ai refermé mon pouce et mon index mouillés de salive dans un geste zen.

Puisqu'on ne peut pas le changer et qu'il nous constitue, puisque nous sommes faits de lui et que nous ne sommes pas des monstres, puisque nous aimons en fin de compte la personne que nous sommes, inconditionnellement, sans la moindre réserve, alors acceptons notre passé et laissons-le en paix.

Changer notre regard

En vérité, comment étaient-ils, nos passés ? Je suis certaine qu'ils ont des points communs. Forcément, on se ressemble, vous ne m'auriez pas suivie jusqu'ici. La curiosité pure n'existe pas, on se cherche toujours dans un livre, un film, un regard, une autre vie.

Quand je regarde mon passé dans sa totalité, dans la mesure du possible, je constate que des pans entiers, des mois, des années, m'échappent alors qu'ils ont bien existé. Au hasard, étais-je heureuse le 20 septembre 1978 ? Je n'en ai pas la moindre idée. Et au printemps 1979, que faisais-je ? Je ne sais plus, rien de marquant en tout cas, à moins que mon cerveau n'ait inhibé ces passages pour me protéger, qu'il ne les ait provisoirement effacés de ma mémoire consciente… Peut-être, mais passé un certain âge, tout nous revient si l'on veut bien s'écouter, voir. Le puzzle prend forme. Tous les côtés de l'iceberg émergent. C'est ce moment, que l'on peut situer à « mi-vie », où nos désirs basculent.

Aux tumultes de l'aventure on préfère la sérénité et on veut faire la paix avec notre passé.

Ces absences, ces non-souvenirs, tous ces « blancs », que sont-ils ?

Selon cette règle déjà vue, le pire nous marque davantage que le meilleur, tout ce dont je ne me souviens pas, tout ce temps neutre formant l'essentiel de mon passé au quotidien, n'a pas dû être si sombre que ça. Dans son ensemble, notre passé est toujours meilleur qu'on ne le pense.

Notre passé est aussi un puits de joie

Bien sûr ! Nous avons tous des souvenirs heureux. Qui a vraiment échappé à la joie ? Elle est un sentiment naturel, vital, que la peine ne contient pas longtemps.

Je pense opportunité ! J'équilibre ! Je me sers de ce passé qui me constitue pour faire renaître, quand j'en ai besoin, une émotion positive en moi.

Avez-vous déjà fait la liste de vos souvenirs heureux ?

Après avoir composé l'autel de mon passé, j'ai voulu rechercher de vrais souvenirs heureux. J'ai fouillé mes placards, mes tiroirs, j'ai retrouvé mon Ours d'argent, une carte de ma grand-mère des Vosges, et j'ai repris le bracelet de Tara, la même lettre d'amour, la photo de Maman et celle du Val-André... Ces mêmes objets comportaient des souvenirs différents, influencés par mon humeur et ma volonté. C'est bien cela notre passé, une photographie aux reflets changeants, éclairée par notre regard et la lumière du présent.

Cesser de se plonger en vain dans notre passé

« Une bonne journée est celle où le passé s'est tenu à peu près tranquille », dit Jean Rostand.

Encore faudrait-il que nous le laissions tranquille !

J'ai pas mal ressassé mon passé, avec ce désir fou, comme après un accident, de revenir en arrière.

J'étais animée par une triple volonté.

- Je voulais ressentir les émotions familières d'un passé que je connaissais. C'est une tentation quand l'inconnu de l'avenir nous effraie.
- Je voulais changer mon passé. C'est un rêve courant qui se heurte à l'impossible et nous fait souffrir. « Si c'était à refaire » n'existe pas.
- Je cherchais dans mon passé une vérité qui m'aurait échappé, des solutions, des réponses. Mais il n'en contient aucune. Il est comme notre cerveau limbique, le royaume des émotions. Nos solutions sont ailleurs.

Se plonger sans cesse dans son passé est un piège, une fuite du présent, une forme de non-vie. La nostalgie est un alcool, dangereux et délicieux, à déguster sans addiction.

Démasquer les fantômes de notre passé

Je m'intéresse à l'impact de mon passé dans mon présent, aux émotions négatives qu'il suscite encore, à ces mots qui résonnent.

Si mon passé a été douloureux, je n'en serai pas une « victime multiple ». Je cesse de souffrir de ce qui n'est plus. Je le décide. Je fixe le cap.

Nos fantômes ne demandent qu'à être apprivoisés. Quels sont-ils ? Nos souvenirs malheureux, nos séquelles, nos fausses croyances…

Se défaire de nos croyances limitantes

Ce sont des croyances que nous entretenons à propos de nous-mêmes, qui nous limitent, brident notre potentiel et diminuent notre confiance.

Ce sont des pensées tenaces, qui émergent régulièrement ou dans la difficulté, des phrases comme « je n'y arriverai pas », « je n'y suis jamais arrivé, alors pourquoi maintenant ?… », « de toute façon, je n'ai jamais de chance », « je ne suis plus bon à rien », « je n'ai aucun talent », etc.

Nous construisons ces fausses croyances sous la pression du regard des autres, de nos proches, de leur jugement et des épreuves que nous traversons.

J'ai longtemps cru, comme je n'avais aucun diplôme, que je n'étais pas bonne à grand-chose ! Alors je n'osais rien, j'avais tout le temps besoin que l'on me rassure.

L'*optimisme vrai* permet de nous défaire de nos croyances limitantes.

Si des pensées comme « je n'y arriverai pas », « je n'arri – verai pas à être optimiste », « je n'arriverai pas à être plus heureux… » traversent votre esprit, posez-vous une seule question : est-ce vrai ? Est-ce vrai que vous n'y arriverez pas ? Est-ce certain ? Avez-vous des preuves de ce que vous affirmez ? Pourquoi dites-vous « je n'y arriverai jamais » ? Parce que vous n'y êtes pas arrivé avant ? Et alors ? Thomas Edison a effectué 25 469 essais avant d'inventer la première ampoule électrique. Il devait être optimiste et persévérant. J'ai mis trente ans à construire mon optimisme vrai, à faire jaillir ma lumière !

Ce n'est pas VRAI que « vous n'y arriverez pas ».

Essayez, encore et encore, en écoutant votre vrai désir, en forgeant votre motivation, vous verrez bien par vous-même.

Qu'avons-nous entendu dans notre passé à propos de nous-mêmes ou des autres qui nous marque encore aujourd'hui, nous limite et influence négativement l'idée que nous avons de nous ? Souvenons-nous de ces phrases qui résonnent des dizaines d'années après qu'elles ont été prononcées…

Sans préciser qui a tenu les propos suivants et qui les a reçus parce que je suis une femme apaisée, qui veut aider et non régler ses comptes, j'ai entendu :

« Tu n'es pas intelligente, heureusement que tu es jolie ! »

« Tu finiras caissière ! », à la lecture d'un bulletin scolaire.

« Tu es une peste ! »

« Je n'aurais jamais dû épouser ta mère… »

« Tu es toxique ! »

Etc., etc.

Vous voyez le genre de phrases ?

Faites revenir ces mots qui font mal, pas par masochisme, au contraire, pour vous en défaire. Vous ne pouvez guérir d'une émotion qu'en la ressentant pleinement.

Puis posez-vous cette question : ces mots que j'ai entendus sont-ils vrais ?

« Tu n'es pas intelligente » : est-ce vrai ? Non, c'est faux. Peut-être pas assez pour intégrer l'école Polytechnique, mais suffisamment pour me réaliser et vivre aussi heureuse que possible.

« Tu es une peste » : c'est faux ! Je l'ai juste attrapée.

« Tu finiras caissière » : encore faux. Je tiens dans ces mots l'origine de ma tendresse pour ce métier. Ils contiennent, en apparence, un double mépris. Pour l'enfant qui les reçoit et pour ces dames caissières. Mais allons plus loin : l'intention de ce parent était-elle négative ? Pourquoi a-t-il tenu ces propos volontairement excessifs ? Méprisait-il vraiment les caissières ? Pas du tout. Voulait-il vraiment le mal de l'enfant ? Bien au contraire, il voulait l'inciter à mieux travailler à l'école. C'était maladroit, au pire imbécile, mais l'intention était bonne. C'est vrai. Je connais bien cette personne que j'aimais.

Les mots ont un pouvoir, une énergie. Certains agissent comme des bombes à retardement.

Avec le temps et mon regard adulte, je deviens capable d'objectivité, de recul. Je comprends maintenant que l'intention était bonne. Cela me fait du bien et répare un peu les dégâts. Je laisse ces mots faux se détacher de moi…

« Tu finiras caissière », c'est faux. Et quand bien même ! J'aurais connu Monique plus tôt. Cette phrase, qui est à l'origine d'une croyance limitante sur ma capacité à étudier, je l'ai gommée, éclairée de ma vérité.

« Je n'aurais pas dû épouser ta mère… » Ça fait mal… Effet ricochet… Maman n'est plus là pour se défendre. Si mon père ne l'avait pas épousée, ma sœur et moi n'existerions pas. Est-ce vraiment cela qu'aurait voulu mon père ?

« Je n'aurais pas dû épouser ta mère... » Est-ce vrai ? Non, bien sûr ! C'est faux. La vérité, c'est qu'il l'a fait. Et il a eu avec elle deux filles formidables ! Qu'exprime vraiment mon père en parlant ainsi ? Quelle est sa véritable intention ? Il tente de rejeter son passé pour expliquer son mode de vie actuel et son attirance pour des femmes d'une nature différente de celle de ma mère.

Mon père m'aime, je le sais, j'en ai eu la preuve. Il nous aime, ma sœur et moi, bien qu'il ne le dise pas. Lui aussi a souffert, toujours sans le dire. Quand on souffre, on fait et on dit n'importe quoi.

« Tu es toxique ! » m'avait lancé un amoureux avant de me quitter. Effet ricochet... J'avais la hantise d'être contagieuse.

Suis-je toxique ? Non. J'en ai même la preuve. Je reçois des témoignages magnifiques qui affirment le contraire. La joie de vivre est la seule contamination dont je sois responsable. Tout est faux !

Gardons toujours à l'esprit que les mots que l'on reçoit portent avant tout la croyance, la vision et l'intention de l'autre. Rechercher cette intention, même des années après, est salutaire, car souvent, elle est positive.

Quand on éclaire « ces mots qui résonnent » à la lumière de qui nous sommes aujourd'hui, de la vérité de notre présent, ils s'estompent.

Pour entretenir notre confiance en soi, il est indispensable de régulièrement questionner le jugement des autres, quel qu'il soit, et de penser par nous-mêmes, nous savons vraiment qui nous sommes. C'est à nous-mêmes que revient le rôle de façonner notre personnalité, pas aux autres.

Ces phrases que vous avez entendues, ces mots qui vous reviennent, revivez-les pleinement tant qu'ils ne sont pas partis, prononcez-les avec votre voix de femme, d'homme d'expérience, en confiance, écrivez-les, faites-leur face !

Sont-ils vrais ? Vraiment vrais ?

Je vous laisse répondre.

Nous sommes tous capables de résilience

Les séquelles de notre passé viennent de nos traumas…

Je ne connaissais pas l'origine de ce mot « résilience » qui vient des sciences physiques et définit la capacité d'un corps à reprendre sa forme initiale après un choc.

Les psys en ont fait une métaphore.

Je reste perplexe devant ces nombreux livres traitant de résilience, qui avancent qu'elle ne peut intervenir qu'en présence de certains facteurs favorables comme l'amour d'un tiers auquel on se raccroche ou un souvenir heureux comme une lueur dans la nuit.

Il est scientifiquement prouvé que la résilience d'un être traumatisé peut intervenir qu'il y ait une lueur ou non dans sa nuit. En clair, nous sommes tous capables de résilience, peut-être différemment mais tous capables de survivre aux drames qui nous frappent. Comme en témoigne l'histoire de l'humanité.

Il est fondamental de croire en notre capacité de dépasser nos traumas. D'essayer. Ne pas penser « il y a moi et les autres, les faibles et les forts ».

Nous sommes tous des résilients. Chaque jour, nous nous levons et nous continuons de vivre. Nous avons tous les capacités de faire face à ce que nous vivons.

Ce qui m'importe, c'est d'atténuer les séquelles du passé, quelles qu'elles soient, pour libérer notre énergie vitale, notre potentiel et notre confiance. Tout trauma engendre une souffrance. Toute souffrance est limitante.

C'est un mythe de croire que la souffrance transcende les Hommes, inspire le poète, nourrit l'artiste. L'homme n'est transcendé que par sa volonté de vie, son besoin d'amour et de s'accomplir. Il est naturellement mû par son ego, son instinct, ses émotions et son désir d'être heureux.

Je suis une combattante acharnée de la souffrance du passé.

Quand les fantômes de mes souvenirs malheureux reviennent danser autour de moi, je les laisse virevolter, je les accepte puisqu'ils sont là, et je pense très fort : « Vous n'êtes que des fantômes, tout est fini, passé. J'ai grandi, j'ai changé, je suis une femme d'expérience, optimiste vraie. Dans mon présent, je vais bien. »

« Nul ne guérit de son enfance » : FAUX

Je suis en désaccord total avec cette phrase péremptoire que l'on prête à Jean Ferrat, Françoise Giroud ou André Malraux.

Ces mots illustres et littéraires sont définitifs, dramatiques, pessimistes et faux.

S'agit-il vraiment de guérir ? Mon enfance n'est pas une maladie. Elle est beaucoup plus que ça, elle me constitue, elle est moi.

« Accepter » est de nouveau un mot-clé qui laisse enfin « le passé être le passé », comme l'écrit Homère.

J'entends par « accepter » reconnaître l'existence de ce qui est, a été, avec la plus grande neutralité, sans jugement et surtout sans culpabilité.

Accepter ne veut pas dire que j'approuve ! Bien sûr que non. Je me bats dans mon présent pour dénoncer ce dont j'ai souffert et tenter d'y mettre un terme. C'est même l'objet de ce livre.

Accepter pour avancer, passer à autre chose qui nous fait du bien.

J'ai effacé tout sentiment coupable. C'est essentiel. La culpabilité est destructrice, limitante, dépréciatrice.

Un enfant n'est responsable de rien. Il appartient à l'enfance, à son monde, à ses pensées, à ses rêves, à ses désirs et grandit normalement protégé, aimé par les adultes. Quand ce schéma est changé, l'enfant abusé se sent naturellement coupable. Il n'est pas digne d'être aimé, protégé, il est donc abusé. C'est sa faute.

Non.

À l'enfant coupable en moi, j'ai dit : « Tu es digne d'être aimée, digne d'être protégée, tu as de la valeur. »

Je vais vous livrer la façon dont j'ai atténué les séquelles de l'abus subi quand j'étais fillette.

Longtemps, je l'ai inhibé. Il a sûrement eu un impact sur ma sexualité, provoqué ma peur, ma curiosité et ma culpabilité, le tout formant ce que Freud nomme une névrose.

Tout d'abord, lentement, j'ai laissé émerger son souvenir, sans le refouler de nouveau.

Dans cette colonie de vacances, nous buvions tous les matins un grand bol de café au lait que j'adorais. Du jour où ça s'est passé, je n'ai plus supporté l'odeur même du café. Cette détestation a formé la seule séquelle consciente. Quand le souvenir s'est fait plus net, j'ai couru chez un psy. Nous avons longuement échangé... Un jour, j'ai accepté. Tout simplement. J'ai pris dans mes bras de femme cette enfant apeurée en moi. Je l'ai rassurée. Je lui ai ôté toute forme de culpabilité. Puis j'ai cessé de me remémorer la scène pour y chercher je ne sais quelle vérité. J'ai regardé la femme que j'étais devenue et j'ai déclaré que je ne serais pas une victime multiple. C'est passé, terminé, accepté. C'est ainsi. C'est. Je suis une femme résiliente qui s'attache à vivre au mieux son temps présent.

Je suis choquée et meurtrie de lire que les abus sexuels dans l'enfance seraient bien plus nombreux qu'on ne le croit. Il s'agit là de traumas profonds puisqu'ils touchent l'être dans sa construction. Mon expérience n'a pas été, à ma connaissance, destructrice. Mais chaque trauma, chaque abus est unique et vécu différemment par chacun. J'invite toute personne concernée à s'exprimer intimement, véritablement, courageusement, librement sur ce sujet, à sortir de soi ce poison, cette expérience de vie. C'est vital. Et n'oubliez pas : « J'ai de la valeur, je ne suis coupable de rien... »

Ai-je guéri de mon enfance ? De mes traumas ? Oui, plutôt. Tout reste en moi et me constitue, mais je n'en souffre plus.

38

Le rire est optimiste vrai

La comédie est bien plus près de la vie réelle que le drame.

Henri BERGSON

Il est le propre de l'Homme, nous dit Rabelais. Nous sommes les seuls êtres vivants à disposer de cette fonction unique. Cela m'a toujours interpellée. Seuls les Hommes ont conscience de leur mort et sont capables d'en pleurer et d'en rire. Il y a dans cette spécificité un mystère, une clé. La vie serait-elle une farce, une illusion ? Les dieux sont-ils morts de rire ? C'est étrange, aux quelques moments de ma vie où j'étais proche de la perdre, j'ai eu cette sensation, ce vertige. Puis j'ai ri. J'ai dépassé ces moments.

Le rire a le pouvoir d'éloigner tout ce qui nous est défavorable. Il fait trembler les mensonges, la tristesse, la dépression et préserve la jeunesse.

Le rire est une affaire très sérieuse. Il est formidablement thérapeutique, vivant, ancré dans le présent, vrai. C'est une apothéose instantanée.

Je prends la vie très au sérieux, mais qu'est-ce que je ris !

Sucrer nos larmes

« Le rire sucre les larmes », écrit Robert Sabatier. Que c'est joli et juste !

J'ai pleuré, mais j'ai toujours ri, j'ai même pleuré de rire, j'ai sucré mes larmes.

Charlotte Clown existe en moi depuis toujours. Je ris des malheurs de la pauvre petite Charlotte. Quand je ris, je me soigne aussi. Je ris pour me relever, quand j'ai besoin de joie. Un mécanisme vital s'enclenche en moi.

Je ris aussi pour agrandir mon bonheur quand il vient, pour l'ancrer en moi. Nous nous souvenons de nos rires.

« Quand on est dans la merde jusqu'au cou, il faut marcher la tête haute ! » Mon amie Lili est hilarante. Elle fait partie d'une association qui amuse les enfants malades. Lili s'est beaucoup entraînée sur moi. Je lui dois mes plus grands fous rires.

Quand elle me raconte ses aventures amoureuses, notamment la dernière avec cet homme qui a tatoué sur son sexe « Häagen-Dazs », elle est irrésistible.

Devant son arrogance, elle lui a demandé :

« Tu n'écris pas le parfum ? Question de place ? Dommage, j'adore Macadamia Nut Brittle… »

Quand avez-vous ri pour la dernière fois ? J'espère en lisant ce livre !

« Souris puisque c'est grave », chante Alain Chamfort. J'ai ri à l'hôpital. On rit aussi quand on n'en peut plus.

Il y a quelques jours, j'ai croisé dans la rue une amie que j'avais perdue de vue depuis des années. Je marchais d'un pas pressé vers un rendez-vous important, mon ophtalmologue, puisque je ne vois plus rien ! Mon amie, heureuse comme moi de notre rencontre impromptue, a cru bon de me faire en accéléré le résumé des drames de sa vie que j'avais manqués. Tout a défilé, Alzheimer maternel, divorce calamiteux, dépression, contrôle fiscal, amants méchants… Je l'écoutais en compatissant, hochant la tête, tout en pensant à mon rendez-vous de longue date que je ne pouvais pas rater. J'allais lui proposer qu'on se revoie quand elle a conclu les larmes aux yeux :

« Et tu ne sais pas ce qui m'est arrivé la semaine dernière ?

— Non…

— Ma voisine s'est jetée par la fenêtre, elle n'a pas supporté son divorce.

— Effectivement…

— C'est horrible. J'étais tellement choquée, toute la journée j'avais la tête ailleurs. Figure-toi que j'ai oublié de fermer la porte et Choupette… »

Mon amie pleurait.

« Tu te souviens de ma chienne ?

— Euh… Non, qu'est-ce qu'elle a, Choupette ?

— Elle s'est fait écraser là, exactement à cet endroit… »

Ma malheureuse tendait le doigt vers le coin de la rue…

Savez-vous ce que j'ai fait ? J'ai éclaté de rire. Mais j'ai ri ! C'était terrible. La voisine, Choupette, c'était trop, juste trop.

Bien sûr, elle s'est vexée et m'a quittée sans un mot. J'étais désolée, mais c'était plus fort que moi. Mon cerveau a jugé que j'avais terriblement besoin de rire.

L'excès en tout nuit, surtout en drames. Il faut rire puisque c'est grave. Autrement, c'est sans fin. J'ai rappelé mon amie.

Le rire a ce pouvoir éclatant, immédiat de mettre un terme, même provisoire, au drame. Sucrons nos larmes ! Ce sucre-là est excellent pour la santé. Rions !

Mon ophtalmo m'a prescrit de nouvelles lunettes. Je me suis souvenue de cette publicité où l'éternelle Sharon Stone s'exclame en admirant ses chaussures, puis au loin les collines de Hollywood : « Les verres progressifs, c'est génial ! Je vois bien de près, je vois bien de loin ! » J'ai donc choisi pour la première fois cette solution deux en un.

L'opticien m'a prévenue qu'il fallait compter un certain temps pour s'adapter aux verres progressifs… Un certain temps ?

J'ai rapporté mes lunettes, car chaque matin en regardant mon miroir, puis par la fenêtre, je criais à la manière de Sharon : « Je vois RIEN de près, je vois RIEN de loin ! »

39

La tentation du drame

Qui vole un œuf vole un œuf !

Avez-vous bien lu ma citation ?
« Qui vole un œuf vole un bœuf », c'est faux. C'est pessimiste, dramatique et culpabilisant.

J'ai piqué des bonbecs quand j'étais gamine, des chouchous pour les cheveux et même un bouquet de fleurs, mais jamais la caisse. J'ai fumé un petit joint à vingt ans, mais je n'ai jamais été toxicomane, contrairement à une gentille rumeur qui courait quand j'étais amaigrie.

Qui vole un œuf vole un œuf. C'est tout, c'est la vérité. La suite, on ne la connaît pas. On peut s'arrêter là et bien tourner. Et « qui vole un bœuf est drôlement costaud » !

Je suis fascinée par cette tendance courante qui consiste à dramatiser sa vie. Certains y trouvent même du plaisir, une forme de raison d'être. J'ai croisé quelques personnes qui n'ont jamais voulu sortir de leur souffrance et reproduisaient des comportements qui l'alimentaient. Par la souffrance, ils avaient le sentiment d'exister.

Au Super U en attendant aux caisses ou dans le bus, je suis toujours interloquée en écoutant ces hommes et ces femmes qui racontent leurs petits et grands drames avec une sorte de jubilation à peine contenue. Ils semblent heureux d'avoir au moins quelque chose à vivre, à dire, à partager. Si je coupe le son en n'observant que leurs gestes, leurs visages, j'ai l'impression qu'ils racontent leurs dernières vacances.

Je vois deux raisons à ce comportement que je respecte bien qu'il mérite d'être modifié :

- la croyance que le malheur est plus accessible que le bonheur : puisqu'il ne vient pas, alors « à moi, le drame ! » ;
- la fascination du pire.

En lisant ce roman prodigieux, bien que rugueux, qu'est *Voyage au bout de la nuit* de Céline, je suis tombée sur plusieurs pépites dont cette phrase qui m'a fait poser le livre, le temps d'écouter son écho : « C'est peut-être ça qu'on cherche à travers la vie, rien que cela, le plus grand chagrin possible pour devenir soi-même avant de mourir. »

Que c'est beau et tragique ! Seul le drame nous révélerait à nous-mêmes. Il nous faut ça, une ultime émotion, un dernier choc, un tsunami, négatif bien sûr, pour connaître notre vraie nature et celle de la vie. Fascination du pire…

Il n'y a pas de grand chagrin à rechercher, il est en soi, on le connaît. On sait déjà tout ce que l'on perdra. Oui, la vie se termine, on vieillit et on souffre, mais si elle n'était qu'un drame, on y mettrait vite un terme.

« Nous ne sommes pas capables d'être longtemps malheureux », affirme Chateaubriand.

Il existe quelque chose d'encore plus puissant que tous les chagrins : le plaisir de vivre, la jouissance de la vie ! Quiconque y goûte, ne serait-ce qu'un instant, est accro. Puis il y a la magie, l'attraction du mystère, quelque chose qui nous pousse à percer le désespoir, à défier la « gravité ».

Parler d'instinct de vie est réducteur quand on connaît l'ampleur de nos malheurs. Se relever est bien plus qu'un réflexe vital. Nous touchons là à l'essentiel, au merveilleux, à notre âme, au « Sens »…

Le malheur n'est pas plus accessible que le bonheur, il est plus obsédant. J'ai eu ma période tragique où la pauvre petite Charlotte régnait sans partage.

Puis j'ai changé d'obsession, j'ai ouvert les yeux, j'ai « examiné d'autres beautés ». J'ai accepté « ce grand chagrin » en moi et je me suis souvenue du plaisir de vivre.

40
Se réaliser

Nous sommes de l'étoffe dont les rêves sont faits,
et notre petite vie est entourée de sommeil.

William SHAKESPEARE

La bonne nouvelle, c'est que la majorité de nos rêves est réalisable. Ce sont nos « vrais rêves », ceux qui nous habitent, auxquels nous ne penserions pas si nous n'avions pas en nous les capacités de les réaliser. C'est ainsi que fonctionne notre cerveau. Vivons nos rêves vrais. Osons !

Voilà un des objectifs majeurs de mon livre. Aider chacun à se réaliser. C'est ambitieux, mais c'est ma volonté.

Se réaliser ne veut pas dire réussir au sens matériel ou social du terme, car on peut réussir sans se réaliser. On peut être riche et se sentir vide.

Se réaliser, c'est devenir le meilleur de soi-même, respecter ses valeurs, donner un sens à sa vie en utilisant ses talents.

Qu'est-ce qu'une valeur ? C'est tout simplement ce qui nous est essentiel dans la vie.

Répondez à cette question : qu'est-ce qui est essentiel pour vous dans votre vie ? Une valeur, c'est un mot. Un système de valeurs, ce sont les cinq premiers mots qui vous viennent à l'esprit. Demandez-vous s'ils forment vraiment vos valeurs, puis, une fois votre système établi, si votre vie est en harmonie avec lui.

Qu'est-ce qu'un talent ? Ce n'est pas nécessairement artistique. Un talent, c'est quelque chose que l'on fait avec plaisir et mieux que les autres.

Connaissez-vous vos talents ?

Pour se réaliser, il est nécessaire de se défaire de ses peurs. Il est une peur dont je n'ai pas encore parlé, celle de dépasser notre modèle parental. Il forme pour nous un repère, une norme.

N'ayons pas peur de « dépasser » nos parents ou de nous réaliser de manière différente sans avoir le sentiment de les trahir. Cette peur, si on ne l'identifie pas, si on ne la maîtrise pas, peut nous empêcher de nous réaliser vraiment, d'aller au bout de nos talents et nous ramener inlassablement à notre modèle parental.

Autre peur, qu'il me paraît important d'identifier, celle d'exprimer notre vraie valeur, tous nos talents, le meilleur de nous-mêmes quel qu'il soit.

Pour bien exprimer cette notion essentielle, je vais citer Marianne Williamson, écrivaine américaine, qui a inspiré Nelson Mandela pour son discours d'investiture.

« Notre peur la plus profonde n'est pas de ne pas être à la hauteur, mais d'être puissants au-delà de toute limite. C'est notre propre lumière et non notre obscurité qui nous effraie le plus. Nous nous posons la question : qui suis-je, moi, pour être brillant, radieux, talentueux, merveilleux ? Mais en fait, qui êtes-vous pour ne pas l'être ? »

Quel est votre « vrai » rêve ?

Pour se réaliser, il faut se choisir un rêve. Or, nos « vrais » rêves sont réalisables.

Je rêve que Robbie Williams m'épouse ou que je tienne dans mes mains un Oscar. Ce n'est pas un vrai rêve. C'est un fantasme ou une blague, une production de Charlotte Clown.

Ce dont je rêve, de manière récurrente, avec force, du plus profond de moi, représente ce que je veux réellement vivre. Nos vrais rêves, ceux qui nous ressemblent, sont des signaux. Ils nous rappellent régulièrement ce dont nous serions capables si nous nous en donnions vraiment les moyens, « si nous laissions briller notre lumière ».

Il est psychologiquement prouvé que nous avons en nous les capacités de réaliser nos rêves profonds, fréquents, personnels, récurrents, vrais. Si ce n'était pas le cas, notre cerveau serait tout simplement incapable de les concevoir. Il n'y penserait même pas. Vous comprenez ?

Si vous pouvez le rêver, vous pouvez le faire. » (Walt Disney.) Nos « vrais » rêves sont réalisables. Ce n'est pas démagogique, c'est vrai !

Ce que l'on appelle « vivre son rêve », c'est simplement se réveiller un matin du bon pied en se disant : pourquoi pas moi ? Si ce rêve est présent en moi depuis si longtemps, cela veut dire quelque chose. S'il est en moi, c'est qu'il est réalisable. La meilleure façon de le savoir, c'est d'essayer de le réaliser. Action !

Un jour, j'ai décidé de vivre mon rêve. Je voulais retravailler, écrire, être plus heureuse. Je l'ai fait. J'ai mis en place un plan d'action, j'ai donné le meilleur de moi-même, j'ai fait tout ce qui était en mon pouvoir pour que cela marche, j'ai travaillé, je me suis armée de courage, je me suis motivée et action ! J'ai réalisé plusieurs de mes vrais rêves.

Bientôt, je vais même chanter !

Faites la liste de vos rêves ! Oui, encore une liste. De tous vos rêves, y compris celui de prendre un café avec George Clooney ou un thé avec Nicole Kidman.

Parmi ces rêves, soulignez ceux qui correspondent réellement à un désir profond, qui vous ressemblent. Vous constaterez alors que ces rêves-là sont tout à fait réalisables. Ce sont de « vrais » rêves. Vous avez les capacités de les réaliser.

Parmi ces rêves vrais, choisissez-en un, un seul à la fois ! Et… action !

Il n'est jamais trop tard. Souvenez-vous qu'Emmanuel Kant, au XVIIIe siècle, a écrit la *Critique de la raison pure* à soixante ans ! Cet âge vaudrait aujourd'hui au moins quatre-vingts printemps !

Se réaliser n'est pas nécessairement réaliser un exploit. C'est agir au plus près de qui l'on est, devenir le meilleur de soi-même.

Je connais des mères de famille, des pères au foyer qui se réalisent, des artistes, des infirmières, des entrepreneurs et des chauffeurs de bus qui se réalisent.

Et vous, où en êtes-vous ?

Avez-vous le sentiment de vous réaliser ?

Que faites-vous pour cela ? Que pourriez-vous faire ?

Vouloir se réaliser, continuer de le faire, c'est être vivant, toujours en devenir, c'est être confiant, optimiste, échapper à l'ennui et à l'amertume. Réalisons-nous. Essayons !

41
Les vertus de ma solitude

Rien ne peut être fait sans solitude.

Pablo PICASSO

« La solitude, ça n'existe pas », superbe chanson de Gilbert Bécaud interprétée par une sublime voix, celle de Nicoletta.

Longtemps, la solitude m'a été insupportable. J'avais besoin de distractions. La solitude, c'était rentrer chez moi, claquer la porte et n'entendre que le silence, comme un lac sourd qui m'engloutissait.

Souvent, j'ai rusé. J'ai eu des chats, des canaris, j'ai fait marcher non-stop mon poste de télévision et jouer fort de la musique, mais au fond de moi, je savais que j'étais seule.

Quand j'ai eu Tara, en garde alternée, elle disparaissait une semaine sur deux. Je savais que je la reverrais, mais quand je claquais la porte, j'étais seule.

Sur les lits d'hôpital, j'étais seule.

Solitude, je te connais ! Et tu gagnes à être connue.

Cela fait des années que je ne vis plus en couple, et je ne sais pas si j'en serais à nouveau capable.

La solitude a bien des vertus. Elle m'a appris à me découvrir, elle a rendu possible mon travail d'introspection. J'ai découvert toutes mes Charlotte. C'est dans la solitude que j'ai appris à m'aimer. Pas entourée, pas distraite.

Dans la solitude, j'ai écrit, j'ai chanté, j'ai rêvé, j'ai découvert mon corps, je me suis caressée. J'ai même connu, je dois vous l'avouer, des moments de grâce, de bien-être intense, de liberté exquise, loin des autres qui souvent nous jugent et veulent nous changer.

« Solitude, douce absence de regards. » (Milan Kundera.)

Je savoure ma solitude

La société montre du doigt la solitude. Les personnes seules sont forcément bizarres, à part, sinistres.

Cette idée bien sûr me déplaît. Si tout le monde avait le goût de la solitude, la société et son modèle collectif se porteraient mal.

Voilà pourquoi la société, les médias, les religions, veulent nous faire croire qu'on ne peut pas être seul et heureux.

C'est faux. Je le vis. Je suis heureuse toute seule, avec mes chats, comme je suis heureuse avec ma fille quand elle est là, comme je l'ai été avec un amoureux.

La solitude est inhérente à la vie. Une vie sans solitude n'existe pas. Autant s'y habituer, bien le vivre, y trouver des opportunités.

Je connais des personnes comme mon amie Lili qui ne supportent pas d'être seules. Pourquoi ? Que se passe-t-il quand on est seul, privé de distraction ? On se retrouve dans un face-à-face avec soi-même qui n'est pas aisé. Mais qu'il est riche, fort, inoubliable ! Avec mes Charlotte, je ne suis jamais seule.

La vraie solitude, c'est d'être un inconnu à soi-même.

Je ne prône pas la solitude, comprenez-moi bien, je dis qu'il est bon d'être seul parfois et d'apprécier sa propre compagnie. Et surtout, je fais une différence entre la solitude et l'isolement.

Ma solitude peut être vivifiante, mais je ne pourrais pas vivre isolée, durablement coupée des autres.

« Chez moi, (souvent) il n'y a que moi », chante Nicoletta, mais parfois, il y a ma fille, mes amis, ma famille, et dehors il y a tout le monde ! Je sors. Je parle dans le bus, aux terrasses des cafés, dans mon club de sport, mon travail. Je m'ouvre aux autres, autant que possible. Je recherche ces moments d'échange avec plaisir, curiosité.

Aimons nos moments de solitude, si longs soient-ils, savourons-les, ils nous ouvrent à la vie et nous mènent à nous-mêmes.

42

Balayons nos regrets

Il faut vivre chaque journée comme elle vient
et refuser tant les regrets que
les inquiétudes pour l'avenir.

Jim FERGUS

Les plus belles chansons sont des contes philosophiques.
« Avec le temps », « Y a d'la joie », « L'Hymne à l'amour »,
« L'Aigle noir », « La Vie en rose », « La Bohème », «(Qu'on me donne) l'envie… », et même « Tata Yoyo » !

Nous devrions faire davantage ce que nous chantons.

Non, rien de rien, non, je ne regrette rien, c'est payé, balayé, oublié, je me fous du…

C'est vrai, je ne regrette rien.

À quoi ça sert, non pas l'amour, mais les regrets ? Je vous le demande.

À ne pas refaire les mêmes erreurs ? Il suffit pour cela d'apprendre de nos expériences et de réfléchir à ce qui nous rend plus heureux.

Je n'aime pas les regrets et n'en ai aucun, je n'aime pas me flageller.

Comme la Môme, je ne regrette rien, car j'ai fait au mieux. On fait toujours au mieux.

Quant aux autres, je leur sais gré du bien qu'ils m'ont fait et me feront encore.

Quant au mal, je préfère accepter plutôt que pardonner, mais il est rare, le mal que l'on nous fait avec intention.

Le concept de pardon, d'origine religieuse, n'a pas vraiment de sens pour moi. Il comprend un jugement qui ne me va pas et me semble tout permettre. « Fais ce que tu veux, tu pourras toujours être pardonné ! »

Qu'est-ce que ça veut dire pardonner ? Est-ce seulement possible ?

On dit « je te pardonne », mais le fait-on vraiment, puisque tout reste en soi ? Il y a dans le pardon une forme d'annulation qui ne correspond pas à la réalité.

Je préfère de loin l'acceptation au pardon, qui est juste, neutre, vraie, possible.

Acceptons, c'est déjà très bien, et ne regrettons rien !

43

Croire au merveilleux

La plus belle chose que nous puissions éprouver, c'est le mystère des choses.

Albert EINSTEIN

Je ne peux pas terminer ce livre, ancré dans la réalité, notre vérité, sans évoquer le merveilleux, le beau mystère, l'irrationalité, Dieu.

Voltaire dit : « L'univers m'embarrasse, et je ne puis songer que cette horloge existe et n'ait pas d'horloger... »

Je crois au merveilleux, à l'incompréhensible, je ne nie pas ce que je ne comprends pas, qui nous échappe pour l'instant. La magie existe, c'est évident, elle est autour de nous, chaque jour, dans le sourire de ma fille, la perfection d'une fleur, le battement de nos cœurs. Je crois à quelque chose de l'autre côté des étoiles, à un « sens » qui apparaît ou apparaîtra.

Je crois à la part divine des Hommes. « Divin » signifie pour moi qui me dépasse, qui tient de la magie, n'est pas explicable.

Il y a en nous de la magie, celle de la vie. Notre cœur qui bat, ce n'est pas de la médecine, c'est magique. Le big bang, ce n'est pas de l'astronomie, c'est divin.

Comment créer la *Cinquième Symphonie*, le *Requiem* ? Comment écrire *Crime et châtiment*, *Les Misérables*, peindre une *Nuit étoilée* aperçue d'un asile de Saint-Rémy-de-Provence, chanter « Imagine » sans une part divine en nous ?

Je ne suis ni John Lennon ni Mozart, mais la magie, c'est pour tout le monde. Nous l'exprimons simplement de manière différente.

Le merveilleux, le divin, le magique, sont vrais. Ils existent. Que ceux qui n'y croient pas me démontrent le contraire.

Le merveilleux, c'est aussi poser sur ce que nous connaissons déjà, un autre regard, nouveau, émerveillé. C'est rester attentif à la beauté de notre monde, être optimiste vrai.

Avez-vous déjà regardé, par nuit claire, les étoiles au-dessus de nos têtes ? Vous êtes-vous déjà demandé, comme ma fille l'a fait quand elle était enfant, ce qu'il y avait « au bout du ciel » ? Imaginez-vous dans une fusée magique qui perce toutes les galaxies, tous les trous noirs, et vole encore et encore, à l'infini. Jusqu'où vous emmènera-t-elle ? N'est-il pas là le secret ?

L'univers insaisissable, la perfection éblouissante d'une ruche, la mécanique sublime des cellules contractiles de notre cœur existent bien.

Tout cela est vrai.

Quand la réalité est insupportable, quand la foudre frappe, je me souviens du merveilleux.

Un jour, mon cœur s'est arrêté de battre vingt-deux secondes. J'ai fait cette expérience vertigineuse que l'on nomme « mort imminente ». D'autres que moi ont apporté ce témoignage.

J'ai vu l'après-vie terrestre, je l'ai vécu, ressenti. Je me suis vue partir, j'ai été projetée loin, à la vitesse de la lumière, en spirale, j'ai entendu des voix familières, j'ai vu un grand flash blanc à moins que ce ne fût de nouvelles couleurs ? J'ai ressenti un bien-être infini, indiscible. J'ai flotté dans une autre dimension où tout semblait évident, doux, comme si le mystère était enfin percé.

Et je me suis réveillée dans mon lit ! J'ai exigé mon billet retour.

Je me suis demandé dans quelle mesure il ne s'agissait pas d'une hallucination ou d'un rêve inspiré par d'autres expériences de mort imminente. Mais je n'avais rien lu de tel, je ne connaissais pas les EMI.

J'ai découvert le témoignage édifiant et semblable au mien de Philippe Labro bien après.

Je n'étais pas sous morphine, je l'ai vérifié, j'étais vacillante, tout au bout de la fragilité. Et me voici !

Je partage cette expérience dont la beauté, le calme, l'infinité me troublent encore pour affirmer ma conviction : le merveilleux est éternel, « l'après » existe.

Croire au merveilleux, c'est croire en soi.

Épilogue optimiste et vrai

Le secret
des centenaires

Ce qui me gêne, ce n'est pas mon âge,
mais l'âge des gens qui ont mon âge.

Roger FERDINAND

Mon cousin « Jano le coach » a eu plusieurs vies professionnelles. Sa dernière expérience était humanitaire. Il a dirigé pendant trois ans une maison de retraite dans un grand groupe en souvenir de sa grand-mère bretonne Bernadette. Jano a récemment arrêté, car les maisons de retraite, c'est avant tout un business, où la rentabilité l'emporte sur l'humanité. Enfin pour l'instant…

Car ma révolution pour un monde meilleur est en marche ! Ne riez pas, nous en sommes tous les acteurs.

Voici les choses qui m'indignent sur cette merveilleuse planète : la rentabilité sans humanité, le non-respect de la vie, la politique sans âme, la corruption qui affament les peuples, les souffrances évitables, les croyances limitantes, et toute forme de gâchis.

Jano m'a invitée dans son EHPAD à Cannes, loin du palais des festivals, pour y lire mes poèmes préférés devant un parterre de personnes très âgées et dépendantes, dont une majorité était en fauteuil roulant.

J'ai retrouvé avec plaisir ces mots qui me font frissonner, Victor Hugo : « Demain, dès l'aube, à l'heure où blanchit la campagne... » Gérard de Nerval : « Je suis le Ténébreux, – le Veuf, – l'Inconsolé... » Pierre de Ronsard : « Cueillez dès aujourd'hui les roses de la vie... » Paul Éluard : « Tu es le grand soleil qui me monte à la tête. Quand je suis sûr de moi... »

Régulièrement, je levais la tête pour regarder mon public. Certaines dames s'étaient endormies, d'autres me regardaient comme une bête curieuse, j'entendais :

« C'est qui, elle ?

— Une actrice de la télé, Charlotte Valandrey !

— Qui ?

— Valandrey !

— Connais pas ! On n'a pas le chanteur aujourd'hui ? »

Quelques voix récitaient ces vers en même temps que moi. Je m'étonnais que ces femmes se souviennent encore de ces poèmes par cœur. « Nous perdons en dernier la mémoire de ce que nous avons aimé », m'a dit Jano.

Après ma lecture, il m'a fait visiter l'établissement et tenait à me présenter ses centenaires. Cinq femmes. Aucun homme !

« Il n'y a pas de messieurs ?

— 90 % de femmes en maison de retraite, le rêve ! » a répondu Jano.

Immédiatement, j'ai pensé : « Mais qui est le sexe faible ? » Mesdames, nous sommes de vrais roseaux, amoureuses de chênes !

Je me suis empressée de demander à ces vénérables centenaires le secret de leur longévité, sujet qui m'interpelle depuis longtemps.

La première dame, qui avait été mercière, m'a répondu sans hésiter :

« Le travail, mademoiselle ! J'ai travaillé toute ma vie ! Le secret, c'est qu'il ne faut pas rouiller.

— C'est vrai, de l'action ! »

J'ai embrassé la dame et continué ma ronde.

« Et vous, chère madame ?

— Je ne sais pas si je peux le dire… »

La petite femme timide, repliée dans son fauteuil coquille, avait le regard malicieux.

« Je vous en prie.

— Le plaisir, tout simplement. J'ai pris beaucoup de plaisir dans ma vie… À tout. Je ne me suis jamais ennuyée… Et un petit verre, tous les soirs », a-t-elle ajouté.

La troisième dame avait la tête dans les nuages, elle me souriait sans répondre. La centenaire avait la maladie de la mémoire. Ses mots s'étaient envolés. Elle ne parlait plus, mais ne manquait aucune animation. Quand je me suis éloignée, elle a d'un coup attrapé mon bras. La femme l'agitait en riant fort. Je me suis agenouillée en tenant ses mains, tendant mes deux bras. Histoire sans paroles.

La dame suivante avait passé toute sa vie à Paris. Elle avait cet accent parisien que l'on n'entend plus, une gouaille à la Arletty.

« Bonjour, chère madame !

— Bonjour, mademoiselle. C'est gentil de venir nous voir. Merci pour la poésie.

— Je vous en prie.

— Je vous connais, vous savez, et je vous aime bien.

— C'est très gentil.

— Vous passiez à la télé avec mon chéri !

— Votre chéri ?

— Pierre Mondy ! Sacré Pierrot… J'ai tenu un café à la butte Montmartre, j'ai fait tous les métiers ! Vous ne me posez pas la question à moi ? Je vous ai entendue avec mes voisines.

— Si, bien sûr, c'est quoi votre secret ?

— Les emmerdes ! Ça conserve. Les princesses, ça fait pas de vieux os. Vous ne faites pas trop princesse, vous.

— Non, je suis plutôt du côté “emmerdes”. »

La dernière centenaire était tout sourire, bien en chair, elle m'attendait en faisant depuis le début des commentaires à voix haute. L'œil rieur, elle m'a tendu une main ferme. Elle avait un fort accent du Sud. J'adore les accents, cette marque terrienne dans la voix. Je me souviens de son prénom, Augustine, cent un ans et une bonne santé, à l'exception de son audition qui m'obligeait à hurler :

« Bonjour, bravo pour votre forme, chère madame !

— Merci, jeune fille ! »

En fait, elle prononçait « jeuneu filleu » !

« C'est quoi votre secret ?

— Comment ?

— Votre secret ?
— Qué secret ?
— Votre longévité !
— Vous posez la même question que monsieur le maire. Je vais vous le dire, mon secret, mais faut vous le rappeler parce que c'est le meilleur.
— Promis.
— Approchez-vous, jeune fille, je vous entends pas. » J'ai collé mon oreille sur sa bouche quand elle a hurlé :
« Faut pas être méchante ! »
J'ai éclaté de rire. « Faut pas être méchaaannteu ! » J'étais dans un film de Pagnol.
C'est vrai...

C'était une belle journée de printemps. Dans le jardin, il y avait des mimosas, l'air était doux. Notre banc était recouvert de jaune poudré. Je suis restée un moment parmi ces femmes souriantes qui vivaient depuis un siècle et m'appelaient « mademoiselle ».

Au retour, quand l'avion, avant d'amorcer un grand virage vers Paris, a longé la côte, il me semble avoir vu la grande maison ocre à côté de la mer avec les mimosas. Faut être travailleuse... Pas méchante... Avoir des emmerdes... Et du plaisir... Je peux donc devenir centenaire ! Je riais toute seule sur mon siège bleu. En quelques mots, ces dames inspirantes m'avaient donné une leçon d'*optimisme vrai*.
À méditer, pour les cinquante prochaines années !

Remerciements

Merci à Jano, Tara, Jean-Pierre, Aude, Mathieu et Nathalie.

Merci à tous ceux qui ont pris le temps de me connaître vraiment.

Merci à mes deux Charlotte, Bernadette, Louise, Anne, Philippe, Marie-Laure, Stéphanie et Roberto.

Merci au docteur Franck Bouyssou, à Chantal Lallemand, Emmanuel M., Elsa, Ariane, Bénédicte, Delphine, Marie-Flore et Valérie.

Table

12629

Composition
PCA

Achevé d'imprimer en Slovaquie
par NOVOPRINT SLK
le 6 mai 2019

Dépôt légal juin 2019
EAN 9782290206447
L21EPLN002541N001

ÉDITIONS J'AI LU
87, quai Panhard-et-Levassor, 75013 Paris

Diffusion France et étranger : Flammarion